媒介批评
第十二辑

张　柠　柳　珊　主　编
王　鑫　魏宝涛　副主编

广西师范大学出版社
·桂林·

图书在版编目（CIP）数据

媒介批评. 第十二辑 / 张柠，柳珊主编. --桂林：广西师范大学出版社，2021.12
ISBN 978-7-5598-4554-2

Ⅰ. ①媒… Ⅱ. ①张… ②柳… Ⅲ. ①传播媒介—研究 Ⅳ. ①G206.2

中国版本图书馆 CIP 数据核字（2021）第 262526 号

广西师范大学出版社出版发行
（广西桂林市五里店路 9 号　邮政编码：541004）
　网址：http://www.bbtpress.com
出版人：黄轩庄
全国新华书店经销
广西广大印务有限责任公司印刷
（桂林市临桂区秧塘工业园西城大道北侧广西师范大学出版社集团有限公司创意产业园内　邮政编码：541199）
开本：720 mm × 970 mm　1/16
印张：19.75　　　字数：310 千
2021 年 12 月第 1 版　　2021 年 12 月第 1 次印刷
定价：60.00 元

如发现印装质量问题，影响阅读，请与出版社发行部门联系调换。

目 录

核心话题：算法社会的文化趣味与走向

1/互联网、智能算法与赛博仇恨：人类的情感干预如何可能？／卞清　陈迪

23/智能算法下构建相互透明的人机共生社会／由芳　张俊　贺涵甫

38/从传媒史看算法对广告运营范式的影响／朱晓姝　张波

57/AI时代"深度合成"的传播格局重构与技术风险／宋雪

偶像评论

69/符号·消费·想象：论CP文化／林芳毅

83/中国"嗑CP"社群的惯习流变与场域研究／陈润庭

新媒介学理

95/声音景观的流变与地方性知识的调适
　　　——基于世界非物质文化遗产侗族大歌的探讨／陈守湖

107/小街故事：媒介情境中街景变迁的阐释与反思
　　　——以山西临汾鼓楼街区为例／白紫璇　鲍海波

124/代入、共鸣与疯传：品牌爆款营销类短视频创意传播内在理路／王爽

137/马克思交往异化思想下的网络直播交往分析／王凯文

152/网络剧广告受众的弹幕互动行为研究／张玉　汤佳佳

影像批评

163/二次元青春片：全媒体时代青年文化的电影表达 / 桂琳

176/后末日科幻想象里的性别、自然与解放
　　　　——以《疯狂的麦克斯：狂怒之路》为例 / 王雨童

187/时间概念的文化传播
　　　　——以科幻作品中的时间旅行想象为例 / 戴凌青

208/动画电影在网络互动语境中的文化生产过程研究
　　　　——以动画电影《白蛇》为例 / 曾晓苹

一种描述

222/"阅文风波"与网络文学版权问题 / 赵菁　周恒宇

234/莎士比亚戏剧中的疾病现象与母亲身份缺位引发的伦理失范 / 胡冬芳

图像与视觉文化

248/暴力的三副面孔
　　　　——当代文学媒介中的暴力观念与塑形 / 董外平

262/媒介何为
　　　　——论投影映射中的"屏幕"问题 / 徐书琪

283/延安道路的铸造和表征：延安抗战社会动员的媒介资源利用 / 李亘
　　许加彪

308/编后记

核心话题：算法社会的文化趣味与走向

互联网、智能算法与赛博仇恨：
人类的情感干预如何可能？

卞清　陈迪

摘要：我们似乎生活在一个迅速撕裂和遍地仇恨的年代。网络仇恨以及伴随其而生的仇恨政治正在影响着全球的政治生态。本文对"仇恨"这一古老的人类情绪进行了梳理和反思，并且就赛博仇恨集群的生发机制、智能算法识别以及仇恨干预的现状与困境做出了述评与反思。人类社会的仇恨引擎在哪里？互联网又在其中扮演了什么样的角色？人工智能是否可能干预和引导仇恨？本文认为，尽管赛博仇恨的引擎在何处还未可知，互联网巨头们已然被想象成了应对网络仇恨蔓延的主体。这种将仇恨干预引向科技公司的想象背后还隐含着一种人类情感理应可以通过技术来进行处理和控制的想象。人工智能被进一步想象成是最有效的应对方案。网络仇恨干预在实际操作与尝试中反映出来几个问题，即定义的困境、算法应用的困境、遣散仇恨聚集的困境。

关键词：网络仇恨；赛博社会；人工智能；仇恨干预；情感政治

不知不觉中，我们似乎生活在一个迅速撕裂和遍地仇恨的年代。这种因人类彼此仇恨而产生的孤立、愤怒、恐惧的情绪似乎越来越接近我们的日常生活世界，并迅速普遍化。仇恨政治的边界不断扩大，从极端组织、恐怖主义，到日常生活中的群体敌对、相互谩骂。在互联网世界中，我们随处能够感受扑面而来的敌意和戾气。私人恩怨越来越多地见诸网络，"键盘侠""喷子""隔空对骂"在网络生活中随处可见，个人的不满随时可能倾泻在陌生人身上；网络评论涌现各类极端和仇恨性言论并经常获得大量支持与"点赞"。正式与零散的网络仇恨集群也在快速扩张，恶意与仇恨在互联网野蛮生长，仇恨内容的曝光率愈发显著。Facebook 2020年第四季度的统计显示，目前在Facebook上平均每一万次内容浏览，就会有7—8次能看到仇恨言论。① 来自Reddit社区的透明度报告也显示，除却垃圾邮件和禁令规避（Ban evasion），2020年因仇恨而被永久禁言的账户数量比2019年永久禁言的账户总数还要多。②

网络仇恨以及伴随其而生的仇恨政治正在影响着全球的政治生态。那么，究竟为什么我们在网络上越来越憎恨彼此？数字技术在其中扮演了什么角色？人工智能的仇恨言论识别与干预目前处于什么样的状况？本文期望通过对"仇恨"这一古老的人类情绪进行梳理和反思，就赛博仇恨集群的生发机制、智能算法识别以及仇恨干预的现状与困境进行反思。

一、人类"仇恨"生发于何处？

仇恨被看作是人类的心魔。从生理学意义上来说，它是人类大脑活动生成的一种情感，是愤怒的极端发展带来的情绪。一些科学家研究发现，这种具有破坏力的情感很可能源于人类求生本能，它存在于人类的基因中，出于自我保护而被激发，与人脑一些区域的活动，如脑灰质颞叶前部的杏仁核等密切相关。因此，心理科学家们一直试图通过心理辅导和情感对策来组织和消灭仇恨。小拉什·多兹尔（Rush Dozier Jr.）在《仇恨的本质》一书中梳理了仇恨与

---

① Facebook. *Community Standards Enforcement Report*. Retrieved from https://transparency.facebook.com/community-standards-enforcement#hate-speech

② Reddit. *Transparency Report* 2020. Retrieved from https://www.redditinc.com/policies/transparency-report-2020-1

大脑活动的这一生理机制：

> 在人脑的情感控制中心，神经科学家已经发现了一个关键区域：脑灰质颞叶前部的杏仁核。它的作用是指挥我们对外界刺激产生情感和行动反应。……杏仁核在仇恨、生气、恐惧、欣喜以及爱等许多情感方面都扮演着重要角色，其作用就像是情感和行为的一个警报装置——在我们自觉地意识到发生的情况之前，自动地引发一种反应。这种前意识反应几乎在瞬间之内发生，是我们所有人都与生俱有的行为方式，比如说不自觉地退缩、闪躲、尖叫、迅速移动等。[①]

除却生理本能，小拉什·多兹尔认为，仇恨的生成还与人类的意义系统——文化和欲望有关，并可能有着更为决定性的作用。在这一过程中，狂热、偏执、愤怒、厌恶、恐惧等造就了仇恨生成的情感基础，它带有刻板、顽固、极端、不理智的特征。因此，因爱恨而激发的人类行为可以超越求生的本能而变得极端化，自我献身式的自杀式行为就是这一意义系统的结果。比如第二次世界大战中甘情愿驾驶满载弹药的飞机撞向美国战舰的日本"神风队员"，正是基于为天皇献身的武士道精神。于是，"意义对人类巨大的重要性及其与人脑初级情感中心的本能联系，就为仇恨情感的最初起源创造了基础：狂热与偏狭"[②]。迈阿密大学心理学教授迈克尔·麦古洛（Michael McCullough）指出，积怨和复仇的欲望与追逐目标、满足欲望的心态直接相关。"人类在受到伤害后，便会产生愤怒、憎恨和复仇的倾向。"麦古洛称，"复仇的能力是人类与生俱来的特征之一。仇恨和复仇的欲望在人类文化中是共通的。在人类学家、心理学家和行为科学家研究的人种学材料中，约95%的材料里都出现了憎恨、宿怨和复仇的概念"[③]。从积怨到仇恨再到复仇，这种情绪在研究视野中，也常常具备行动倾向。

[①] ［美］小拉什·多兹尔著，王江译：《仇恨的本质》，新华出版社2004年，第6—7页。
[②] ［美］小拉什·多兹尔著，王江译：《仇恨的本质》，新华出版社2004年，第13页。
[③] George Dvorsky. *Why Your Brain Can't Let Go of a Grudge*. Retrieved from https://gizmodo.com/why-your-brain-cant-let-go-of-a-grudge-1828421174

此外,仇恨——特别是群体性仇恨与身份政治直接相关。从文化的本质来说,仇恨意味着"我们"和"他们"之间的分野。这种分野和仇恨结合在一起可能会产生令人震惊的悲剧行为。仇恨意味着一个明确的敌对"对象",这个对象与"我们"完全相对,呈现出"另类"的特征。如卡罗琳·艾姆克(Carolin Emcke)所说,"仇恨的方向或上或下,每种情况下都有一个垂直视轴,不是仇视'上边',便是仇视'下边',但总是仇恨'另类',因为另类使自身群体感到威胁与压力。这些另类因而也被想象成所谓危险的势力,或所谓品质卑下恶劣的群体;这样,接下来的虐待,甚至灭绝行为,便不仅成了情有可原,更是顺理成章的必要措施"①。因此,仇恨呈现出一种错综复杂的情感特征。它可以使人类扭曲同情,获得快感。所谓"亲者痛,仇者快",看到仇恨的对象痛苦,人们内心常常会反向出现喜悦的快感。

对于仇恨的界定和接纳度受到不同社会语境、文化传统以及政治意识形态的影响。比如,在中国的文化语境中,仇恨并不一定是极端的、邪恶的情感。它往往与家国情怀、忠诚孝义等儒家伦理相连。对仇恨的"牢记于心"可能会是一种被歌颂的正义情感。比如"杀父之仇"必然"不共戴天";"家族之仇"要"世代相传",后代有义务为前代"报仇雪恨";失去家国之仇更要"卧薪尝胆不敢相忘";等等。进而,以暴力行为来实现复仇,便往往被书写为是合乎纲常情理的正义之事,是孝道忠义的表现。所谓"君子报仇,十年不晚","杀人偿命,天经地义"。民国时期著名的施剑翘复仇案就是一例非常典型的事件。1935年,一位名为施剑翘的女子在佛堂射杀军阀孙传芳,轰动一时,但最后却被认定为无罪。林郁沁②认为,这场公开刺杀的暴力事件最终被书写为一场孝女为父报仇的勇敢正义之事,其关键正是在于引发"公众同情",最终"情"超越"法",将"刺杀"转换成为一场"义举",甚至成为女中英雄式的"壮举",成为被认可的暴力。

施剑翘事件是一场从个人家族"私仇"最后蔓延成公共性事件的典型案例,但它所隐含的仇恨主要停留在私人层面,并未促发集体性的仇恨。而一旦

---

① [德]卡罗琳·艾姆克著,郭力译:《何故为敌》,社会科学文献出版社 2019 年。
② [美]林郁沁著,陈湘静译:《施剑翘复仇案:民国时期公众同情的兴起与影响》,江苏人民出版社 2011 年。

仇恨从个人仇恨上升到群体仇恨,从偶发性的仇恨上升到长时间无法解决的对立与世代之仇,它的杀伤力和破坏性就会超越想象。群体性仇恨事件由来已久,往往具有极强的悲剧性特征。它对和平造成了极大的威胁,像野草一样难以彻底消失或是拔除。这也是为什么自20世纪以来,仇恨脱离于其他的人类情感,在很多国家和区域中普遍被界定成一种法定"有罪"的邪恶行为而加以控制。这和"二战"前后在欧洲社会中大量出现的移民歧视密切相关。

人类历史的分界也越来越与仇恨相连。20世纪被称作是种族问题的世纪,而"911事件"更被看作是21世纪的开端。在我们今天的生活世界中,越来越多的恐怖主义事件源于仇恨,随处可见的仇恨言论和暴力事件让我们认识到,我们正生活在一个已然撕裂并不断远离的全球化幻想中。恐怖主义、屠杀、暴力冲突绵延不断,一桩又一桩的恶性事件不断发生,而这些大多和人类不同族群中的群体性仇恨直接相关。正如2016年联合国的报告中提到的,仇恨正在成为我们这个时代的主流:

> 仇恨正在成为主流。高墙——折磨着前几代人的高墙,尚未对任何问题产生任何可持续的办法——正在回归。由猜忌形成的障碍正在树立,在我们的社会中、在各个社会间偷偷穿过——它们是致命的。对公共自由、民间社会活动者和人权维护者的镇压正在杀伐那些维持社会健康运转的力量。对行政权力起着制衡作用的司法机构正在瓦解。触目惊心的不平等正在挖空对共同利益的感受。[①]

二、媒介与仇恨:从仇恨集群(Hate Group)到赛博仇恨(Cyberhate)

(一)大众媒介与仇恨犯罪

从很早开始,大众媒介就被看作是促发暴力和启动仇恨犯罪的一枚"魔

---

① 联合国人权高专办:《仇恨正在成为主流——高级专员的全球最新情况汇报》,检索于 https://www.ohchr.org/CH/NewsEvents/Pages/GlobalhumanrightsupdatebyHC.aspx

弹"。比如,有学者指出,"连环杀人案在美国猖獗一时的时候,恰好是电影业发生历史性转折的时期"①;"在仇恨犯罪的特殊形式与时事报道之间似乎存在某种联系,特别是有些报道容易被初级神经系统误解,以为那些被传媒大肆报道的人群就是危险的'他们'"②;对同性恋问题的报道与针对同性恋的仇恨犯罪案件数量提升之间有着同步的关系;一些充满血腥和暴力的电子游戏可能会引导和提倡年轻人崇尚一种暴力的仇恨文化;等等。

但是从法理上,人们无法界定是媒介内容直接导致了仇恨犯罪。同时西方新闻自由、言论自由、艺术表现权自由的原则,使得其媒介内容的问责与限制无法真正落地。比如,在20世纪,一则关于音乐唱片引发青少年仇恨犯罪的案例在美国被广泛讨论。一个名叫爱丽思·帕乐的15岁女孩被3个男孩残酷杀害,而这件事情似乎与"杀戮者(Slayer)"重金属乐队密切相关。三位少年杀手承认,他们这么做是为了献给撒旦祭礼,希望给他们自己组织的乐队带来荣耀。而它们组建的乐队名字就叫"仇恨"。其中一位少年回忆,他们连续几个晚上没睡觉,吸食毒品,一遍一遍地听杀戮者乐队的乐曲。而这支乐队的乐曲中经常有宣传酷刑、折磨、强奸和撒旦崇拜主义的内容。③ 他们写过的歌曲有《祭坛》《验尸》《再杀一次》《谋杀的宁静》等。"它钻到你的脑子里",其中一个杀手费奥芮拉谈到杀戮者乐队的音乐,"我深深受到这些音乐的影响","它开始影响到我看问题的方式"。④ 爱丽思的父母对杀戮者乐队以及索尼唱片公司提出了诉讼。这个案例引发了美国各界的讨论,但它最终无法从法律意义上去判定仇恨犯罪与唱片有直接关系。因为在美国《第一修正案》的有关条款中明确写道:"要保护录制唱片的艺术家不因那些因为听音乐而犯罪的人而承担法律责任——坚持艺术表现权的自由。"⑤

2001年的"911事件"成为有组织的全球破坏性仇恨犯罪——恐怖主义的开端,也标志着仇恨犯罪与现代媒介高度结合的时代开启。媒介越来越被卷

---

① [美]小拉什·多兹尔著,王江译:《仇恨的本质》,新华出版社2004年,第204页。
② [美]小拉什·多兹尔著,王江译:《仇恨的本质》,新华出版社2004年,第203页。
③ [美]小拉什·多兹尔著,王江译:《仇恨的本质》,新华出版社2004年,第77页。
④ [美]小拉什·多兹尔著,王江译:《仇恨的本质》,新华出版社2004年,第78页。
⑤ [美]小拉什·多兹尔著,王江译:《仇恨的本质》,新华出版社2004年,第78页。

入这种有组织的、破坏性极强的恐怖主义行动策划之中。恐怖主义组织越来越多地利用媒体进行宣传,或者说,"恐怖主义"正是必须要借助媒介进行表演的仇恨极端行为类型,也就是有学者所说的"媒介恐怖主义"[①]。人们开始意识到,"如果不能引起世界关注,恐怖主义的行动就毫无意义"[②],西方媒介的报道法则与新闻自由原则在很多情况下正是为恐怖主义分子所利用,成为其政治表演的秀场,使得其用最小的成本,最残酷的方式,将仇恨和恐惧的种子释放到全球。比如半岛电视台因伊拉克战争中的报道闻名全球,还经常能独家发布基地组织的采访和讲话。之后人们才反思,半岛电视台在某种意义上正是被恐怖主义高度利用和控制,加剧了恐怖主义的世界影响力,煽动了民众的仇恨和恐惧心理。借用学者的话说,恐怖主义存在的根本逻辑就是制造出媒介事件,由媒介报道来升温和引起关注,加剧全球民众的震惊和恐慌。正是媒介"使恐怖主义从远处的'那里'转移到了我们每个家庭的起居室,转移到了我们自己的生活世界里。就这一点而言,可以说,在当代的几乎每一次恐怖袭击中,大众传媒都是主要的'参与者'"[③]。

此后,大众媒介与仇恨犯罪,特别是恐怖主义的关系在学界被越来越多地讨论。人们开始呼吁媒体要对仇恨事件的报道进行反省,适度报道、减少渲染。但是,由于西方言论自由与新闻自由原则无法动摇,因此呼吁只能停留在学界和媒体行业内外的反省、自律层面,期望媒体自觉增强社会责任心,呼吁平衡报道,或以公民新闻辅助,以达成对仇恨煽动和仇恨犯罪的媒介干预。这使得大众媒介充当仇恨犯罪导火索的事实并没有得到多少改善,更多停留在事后的反省和长时间的自我调整,显示出仇恨干预的无力。

(二)赛博仇恨的群体性聚集

1.仇恨团体/仇恨集群在网络世界的聚集

仇恨团体/仇恨集群(hate group)主要指的是"针对某些人士的种族、民

---

① 邵培仁、王昀:《媒介恐怖主义的蜕变与线上正义的伸张》,《探索与争鸣》2014年第12期,第57—61页。

② Terry Anderson. *Terrorism and Censorship*: *The Media in Chains*. *Journal of International Affairs*, 1993, 47(1), pp. 127-136.

③ 邵志择:《恐怖主义与西方媒介的关系》,《新闻记者》2006年第5期。

族、肤色、国籍、宗教、文化、语言、口音、阶级、职业、外貌、性别、性取向、性别认同及性别气质等而憎恨、讨厌、敌视或者诉诸暴力的有组织集团"①。从"911事件"之后,群体性仇恨与敌对在21世纪愈发普遍化。这类有组织的、敌对目标明确的仇恨团体很快将互联网看作是最重要的阵地之一,互联网也很快成为这些极端组织、仇恨团体动员、表演、扩张的平台和工具。

1997年,Collin在一篇论文中提出"网络恐怖主义"(Cyberterrorism)的概念,认为网络技术可能会成为恐怖袭击的手段。"他们(恐怖主义)在一个我们最脆弱的地方,通过二进制数字来攻击我们"②,比如黑客入侵银行系统,远程遥控炸弹,干扰股市和航空系统,等等。但很快随着社交网络的兴起,网络恐怖主义的概念"转而涵盖恐怖主义者运用线上空间所可能产生的各种行为"③,渗透在社交网络的各类互动之中。第一个专门的仇恨网站大概是1995年上线的"风暴前线"(stormfront),这个网站宣传白人至上,网页中甚至还设有儿童仇恨游戏,吸引儿童在游戏中射杀黑人为乐。④ 而到了2000年,犹太人权组织西蒙·维森塔尔中心(The Simon Wiesenthal Center)的调查报告称,全世界已经有2300多家"有问题"的传播仇恨信息的网站⑤,2009年,仇恨网站总数达到1万家⑥,2014年,这个数字突破了30000⑦。武装分子和仇恨团体很快利用Facebook、MySpace和YouTube等社交网站作为招募新成员的宣传工具。⑧ 正如2009年6月联合国秘书长潘基文在"网络仇恨"专题研讨会上的讲

---

① 参见 https://zh.wikipedia.org/wiki/%E4%BB%87%E6%81%A8%E5%9C%98%E9%AB%94
② Collin B. C.. *The Future of Cyberterrorism*:*Where the Physical and Virtual Worlds Converge*. 11th Annual International Symposium on Criminal Justice Issues,1997.
③ 邵培仁、王昀:《媒介恐怖主义的蜕变与线上正义的伸张》,《探索与争鸣》2014年第12期,第57—61页。
④ [美]小拉什·多兹尔著,王江译:《仇恨的本质》,新华出版社2004年,第150—151页。
⑤ Keith Perine. *The Trouble with Regulating Hatred Online*. Retrieved from http://www.cnn.com/2000/TECH/computing/07/25/regulating.hatred.idg/index.html
⑥ 吴欢:《警惕"网络仇恨"》,《人民日报》2009年7月8日第13版。
⑦ The Simon Wiesenthal Center. *District Attorney Vance and Rabbi Abraham Cooper Announce the Simon Wiesenthal Center's Report on Digital Terrorism and Hate*. Retrieved from https://www.wiesenthal.com/about/news/district-attorney-vance-and.html
⑧ Claudia Parsons. *Hate Goes Viral on Social Network Sites*;*Group*. Retrieved from https://www.reuters.com/article/us-internet-hate-idUSTRE54C4KW20090513

话中所说:"互联网给世界带来了许多好处,改变了人们的工作和生活方式,然而,在信息高速公路上,却仍有数条阴暗的小巷,有人在那里利用信息技术散布虚假信息和传播仇恨,这些'网络仇恨'现象对年轻一代人影响尤为严重。"①

2.赛博仇恨的普遍化:高弹性非正式的网络仇恨集群

除却正式的仇恨组织,赛博仇恨另一个突出的特点是,很多高弹性、非正式的网络仇恨集群因互联网而生,并逐渐走向普遍化的方向,这使得网络上的人类语言越来越极端化。

小拉什·多兹尔将赛博仇恨(cyberhate)定义为:"指利用互联网来传递各种仇恨信息,并招揽那些愿意结伴犯罪以泄怨愤的人。"②但是这些人及其仇恨集群却经常在网络世界中表现出非常暧昧和模糊的样态。仇恨突然井喷,聚集能力极强,其消散也可能非常迅速而不确定。网络仇恨集体不再一定有明确的组织形式,同时这些非正式组织还很可能具有高度弹性的特点。正如一项研究所说,它的高度弹性表现在"用户并不局限于地理位置,而是通过'高速公路'在全球范围内相互联系,这些'高速公路'促进了网络仇恨在不同国家、大陆和语言之间的传播。当这些集群受到攻击时——例如,当遭到社交媒体平台管理员删除时——集群会快速地重新连接和修复自己,集群之间有着强大的连接,由共享的用户所形成,类似于共价键"③。这使得试图解释这种临时性仇恨组织机理的研究往往不能脱离个案去推演到更大的范围。

同时,相比极端组织和仇恨团体,这种非正式的网络仇恨集群往往表现出集体泄愤式的网络情绪政治,并且越来越日常化。正如卡罗琳·艾姆克在《何故为敌》的序言中说,"互联网上,赤裸裸的暴力臆想和充满仇恨的评论不再以假名掩盖。如果几年前有人问我,我能否想象这个社会里又能出现这样的话语,我会认为,这完全不可能。那时我无法想象,公众言论可以再次变得如此粗陋,攻击他人又可以如此不受制约"④。互联网好像成为集体性泄愤的情绪

---

① 王湘江、顾震球:《潘基文呼吁清除"网络仇恨"现象》,检索于 https://news.ifeng.com/c/7fYg9iALlv7

② [美]小拉什·多兹尔著,王江译:《仇恨的本质》,新华出版社2004年,第148页。

③ Johnson, N.F., Leahy, R., Restrepo, N.J. et al. *Hidden Resilience and Adaptive Dynamics of the Global Online Hate Ecology*. Nature,2019,573,pp.261-265.

④ [德]卡罗琳·艾姆克著,郭力译:《何故为敌》,社会科学文献出版社2019年。

放大的平台,仇恨往往依互联网而生。在互联网上接触、找到或者发表仇恨言论已经变得非常普遍。2021年3月,英国数字监管机构Ofcom公布最新调查结果表明:三分之一的用户在过去三个月里访问YouTube等视频共享网站后发现了仇恨内容。① 就连咖啡连锁店星巴克都打算删除其Facebook主页,原因是只要星巴克发布有关社会问题或他们的使命和价值观工作(如BLM、LGBTQ、可持续发展、气候变化等)的帖子时,几乎每个帖子都会收到铺天盖地的仇恨言论和伤害性评论。② 你很难说他们是长期有组织的行动,但仇恨言论总是大量地聚集而来。仇恨政治的边界因此不断扩大,从极端组织、恐怖主义,蔓延到了日常生活中的相互排斥、群体敌对、集体谩骂。这种集群性行为往往是在网络世界中伴生形成的,以泄愤、破坏、表达不满、宣泄情绪和压力为主要目的,并在网络回音壁效应的刺激下越来越极化。

3.赛博仇恨的蔓延背后

赛博仇恨如此蔓延,让人震惊。原来人类并不像我们想象的那样越来越现代和文明。人们不断地质问:为什么我们在网络上越来越憎恨彼此?

首先,网络结构的确可能产生言论极端化的效果,个人的极端观点容易转化成想象中的"集体情感"。人们在现实中往往需要压抑和控制自己的情绪,而在互联网中则好像走进了一片无人看管的自由之地。互联网让人们发现,"我"对于"他"的厌恶和愤怒可以不必隐藏和封锁于内心,而是一种可以被低成本表达而不必承担道德和法律责任的、可以被发泄而无罪的邪恶。通过观看"他们"发现,原来和"我"一样对"他"怀有憎恨之心的大有人在。人类既已存有的群体偏见与相互排斥可以在互联网上被任性地释放而获得快感。正如社会学家阿尔明·纳瑟希教授认为的那样,因为人们在互联网上的行为风险非常低,我们的沟通方式发生了变化,所以行为也随之发生改变。③ 仇恨言论

---

① Ofcom. *One in Three Video-Sharing Users Find Hate Speech*. Retrieved from https://www.ofcom.org.uk/about-ofcom/latest/features-and-news/one-in-three-video-sharing-users-find-hate-speech

② Ryan Mac & Jane Lytvynenko. *Facebook is Worried Starbucks Will Delete Its Page over Hateful Comments*. Retrieved from https://www.buzzfeednews.com/article/ryanmac/facebooks-starbucks-leave-social-network-hate

③ CHIP奇谱:《互联网上人越多的地方戾气越重?》,检索于 https://mp.weixin.qq.com/s/d51VMW4FgafTw43lWMwXMw

在很多国家的法律中不被允许,是一种"法定的罪行"。但是互联网的跨国性使得原有的法律边界和国界线被打破,因此开辟出了巨大的漏洞,长期以来网络世界中的匿名性使得仇恨言论表达的成本和风险降低。此外,互联网的技术结构使得极端而激进的行为和话语具有更强的传播力,算法推动使得人们置身于各自的信息茧房之中,使得极端化的语言越来越凸显在中心位置。正如 2021 年一项研究表明,互联网并不是使人们在网上政治讨论时变得更加激进的原因,而是使更激进的人的行为更加明显。①

其次,网络政治的日益紧张使得"古老的恐惧"被唤醒。仇恨并不是无端产生的。人们必须面对一个事实,人类文明的冲突一直存在且不可调和。正如 2009 年联合国秘书长潘基文将赛博仇恨称为"利用最新的技术传播最古老的恐惧"②,仇恨一直隐藏在社会语境之中,什么样的社会文化条件将唤醒什么样的社会情感。"仇恨总有特定背景及相互关联,使它在其中产生,并自圆其说。为什么某些人咎由自取就'该恨',此仇恨的原因及对它的解释,必须在某个特定历史及文化框架中产生。这些理由必定会被列出、被讲述、说明,而且需一次又一次地不断重复,直至随意使用。"③仇恨问题在人类聚集、生活的地方普遍存在着,积怨、仇视、复仇等冲突在人际、群体、国族之间反复上演。其中,私人仇恨从酝酿到付诸实践的过程都局限于一定的地理空间,仇恨表达的传播面较窄,往往也不具备长久的延续性,即便演化为家族恩怨、世仇等,仇恨意识以"交往记忆"的形式传承下去通常也难以超过三代人。④ 与之相对,在群体性的仇恨中,仇恨者往往具有共同的利益或文化联结,基于政治立场、性别刻板印象、民族优越感、宗教信仰等形成的仇恨团体和仇恨事件比比皆是。随着群体利益格局的变动和文化惯性的形成,群体性仇恨在地理上延展、在历史中延续或不断被唤起,不时演变为极端事件或造成区域性的重大冲突,如接连

---

① E&T editorial staff. *Internet Shown to Amplify and Expose Real-life Trolls, but Not Create Them*. Retrieved from https://eandt.theiet.org/content/articles/2021/08/internet-exposes-real-life-trolls-rather-than-makes-them-study-suggests/

② 吴欢:《警惕"网络仇恨"》,《人民日报》2009 年 7 月 8 日第 13 版。

③ [德]卡罗琳·艾姆克著,郭力译:《何故为敌》,社会科学文献出版社 2019 年。

④ [德]扬·阿斯曼著,金寿福、黄晓晨译:《文化记忆:早期高级文化中的文字、回忆和政治身份》,北京大学出版社 2015 年,第 44—45 页。

不断的枪击案、频频爆发的巴以冲突等。在前互联网时代，地理和时间是仇恨实践中的重要变量。这些私人仇恨、群体性仇恨乃至国家、民族仇恨多多少少都曾受制于时空条件，仇恨的种子从播撒到结出"恶果"尚需要一个预备和"生长"的过程。而进入21世纪，依托通信技术尤其是互联网的发展，仇恨意识开始跨越地理、实时地传播，仇恨者借助数字化手段在全球范围内快速聚集，古老的恐惧在不断被唤醒。

更为根本性的是，在当下网络仇恨更多生成于现实政治、经济利益的博弈和交换之中。在赛博世界中污名化"异族"和煽动仇恨经常被政客们用作保持政治活跃度、巩固政治阵营的手段。例如被戏称为"推特治国"的美国前总统特朗普，曾长期在社交媒体平台发表仇恨言论与煽动性内容，直到2020年败选后仍试图透过此举博得政治关注。因此各方政治行动者出于利己的煽动行为往往是网络仇恨与对立情绪的重要来源之一。此外，仇恨内容经算法推动往往更加具有传播力，这些海量流量意味着巨大的商业价值，影响了科技公司的决策，使得算法被想象成"容忍、寄生甚至生产、推动了人类社会的撕裂与仇恨"[1]。仇恨传播与互联网平台的运维和盈利模式维持着一种微妙的共生关系。互联网平台的可持续发展与经济收益高度依赖网站流量和用户活跃度，对此，平台运营方需要维持内容更新、吸引和调动用户参与平台内容的再生产，而仇恨情绪在一定程度上适应于这个再生产过程。既有研究表明，以更为情绪化的方式产出的平台内容容易获得更高的关注度和传播量，例如在Facebook上表现出"激烈反对"的帖子获得的热度几乎是其他类型帖子的两倍[2]，而一个事关道德或是情绪化的词语平均能够为一条Twitter内容增加20%的传播量[3]。在互联网平台内容的传播中，有着仇恨倾向或酝酿着仇恨情绪的内容间接体现着一种能够盈利的"价值"。无怪乎平台运营方有时甚至直

---

[1] 卞清、陈迪：《"易碎"的智能与"撕裂"的世界——西方主要社交媒体"仇恨言论"的界定、规制与算法困境》，《中国图书评论》2021年第9期，第15—32页。

[2] Pew Research Center. *Critical Posts Get More Likes, Comments, and Shares than Other Posts.* Retrieved from https://www.pewresearch.org/politics/2017/02/23/partisan-conflict-and-congressional-outreach/pdl-02-23-17_antipathy-new-00-02/

[3] William J. Brad, et al. *Emotion Shapes the Diffusion of Moralized Content in Social Networks. Proceedings of the National Academy of Sciences*, 2017, 114(28), pp.7313-7318.

言,即便用户发言违反了网站的仇恨言论规则和其他政策,也不会进行屏蔽,因为判定这些发言"具有新闻价值"[1],肯定了仇恨言论对平台内容生态的相对意义。同时,这种"仇恨经济"也给了一些广告商以获利机会,例如今年初的一份报告指出,广告商在考量往 YouTube 上投放定位广告时,可以搜索"白人的命也是命""白人力量(white power)"等关键词。[2] 正因如此,越来越多的批评认为,互联网平台从仇恨言论中收益,其"商业模式破坏了社会凝聚力"[3]等。

三、智能算法的困境:人类的情感干预如何可能?

(一)互联网巨头:"众矢之的"

作为一种负面与极端的情绪,人类社会自古以来对于仇恨就有着引导、干预,甚至封堵、消灭的冲动和要求。在 21 世纪之前,国家/政府是主要的行动者和裁决者。它们通过不断界定"不道德的敌对与恨""有罪的仇恨"来限制这一情感的蔓延和伤害,维系特定社会文化语境中的团结与安定。但是,在网络世界中,国家的边界被部分打破了。由于互联网的跨国性、跨语言和匿名性等特性,原有的单一国家或地区的仇恨犯罪法律不再适用。以国家为单位的仇恨干预往往鞭长莫及或失去其合法性,网络仇恨犯罪监管和干预的问题陷入瓶颈。

全球互联网目前的状况是,少数科技巨头所搭建的网络平台承载了绝大多数的全球流量。网络世界实际上已经成为由互联网巨头们所联合架设的平台性社会。因此,正如我们在另一篇文章中所提到,尽管赛博仇恨的引擎在何处还未可知,互联网巨头们已然被想象成了是应对网络仇恨的第一责任人。

---

[1] Jessica Guynn. *Facebook after Trump Suspension: Political Speech of World Leaders Will Get Less Preferential Treatment*. Retrieved from https://www.usatoday.com/story/tech/2021/06/04/facebook-trump-suspension-world-leaders-political-speech/7535567002/

[2] Kim Lyons. *Google Updates YouTube Ad Targeting Terms to Remove Hate Speech*. Retrieved from https://www.theverge.com/2021/4/9/22375702/google-updates-youtube-ad-targeting-hate-speech

[3] Sam Shead. *Facebook's UK Boss Says 'When There's Hate in the World There Will also Be Hate on Facebook'*. Retrieved from https://www.cnbc.com/2020/06/30/facebook-vp-there-will-be-hate-on-facebook-if-theres-hate-in-world.html

互联网公司代替了国家/政府,成为规制网络仇恨的主要行动者,从而卷入全球政治的动态变迁中。

更重要的是,这一转变背后还隐含着一种人类情感"理应可以"通过技术手段来进行"处理"和"控制"的想象。人们对于网络仇恨的讨论逐渐从原本的政府职责、人文与哲学批判转变成了信息技术行业规则、互联网公司责任和智能识别技术纷争。互联网使得仇恨言论的研究和讨论再次成为热点,这一领域的中心议题更多围绕高科技公司的企业道德、垄断与权力、算法伦理、人工智能研发能力及其有限性等展开。① 但是,对于网络仇恨的干预不可能完全是技术性的操作。它在一定的社会结构中进行,和国际政治高度相关,其行动决策和效果受制于这一社会结构。科技巨头们实际正站在十字路口,面对进退两难的尴尬,成为"众矢之的":

(1)各国对网络仇恨的监管目标逐渐转向运营社交媒体的互联网公司,因此企业与国家/国际政治体之间的摩擦日益加剧。比如2018年,德国《网络执行法》生效,要求社交媒体平台在接到用户举报后24小时内,对明显违法的仇恨言论进行删除或屏蔽,否则将面临最高5000万欧元的罚款;2019年,澳大利亚出台新法律规定,社交媒体企业若不能及时移除暴力内容,将面临高额罚款,相关负责人还可能被判处监禁;法国近年来也一直在尝试立法要求社交媒体企业对仇恨言论的传播负责。而美国尽管在法律上对仇恨言论相对"宽容",但随着网络仇恨言论愈发引起社会争议,互联网公司在舆论压力中也加快应对仇恨言论的脚步。除却法律规制和政治压力,互联网公司在处理平台仇恨内容的过程中还始终面临全球文化的内在差异和冲突,不得不扮演协调人的角色,并频频因此陷入泥潭。但正如有批评人士指出的,互联网公司实际上缺乏"文化能力"②,没能清晰地认识到特定文化区域内部动态的不稳定性,因而互联网公司在全球各地接连不断地触碰"文化钉子",反而造成地区仇恨

---

① 卞清、陈迪:《"易碎"的智能与"撕裂"的世界——西方主要社交媒体"仇恨言论"的界定、规制与算法困境》,《中国图书评论》2021年第9期,第15—32页。

② Nilesh Christopher. *TikTok is Fuelling India's Deadly Hate Speech Epidemic*. Retrieved from https://www.wired.co.uk/article/tiktok-india-hate-speech-caste

的扩大,甚至在 2018 年缅甸危机中被联合国调查专家认为是起到了"决定性作用"①,引发更为广泛的国际关注。

(2)为应对网络仇恨,互联网公司还面临不断增长的成本、盈利与商业竞争压力。互联网公司正在投入巨大的成本开发和维护智能算法以识别和处理仇恨内容,特别是全球几大科技巨头,它们也不得不承担主要的示范工作。这不仅是回应来自四面八方的监管要求,网络仇恨对于互联网公司而言也是一种商业威胁。例如,大量仇恨用户的聚集会影响平台内的"生态平衡",Twitter 就曾表示,该公司失去众多用户的原因是其社交平台上存在太多"网络喷子"(troll)②。此外,人工审核员也逐渐成为互联网公司的"标配",以填补算法识别的盲区。例如 Facebook 在全球至少雇佣了 1.5 万名内容审核员③,TikTok 在全球雇佣了超过 1 万名人员从事信任与安全工作,其中很大一部分人负责审核平台的上传内容④。在为内容审核工作持续支出、挤占着盈利空间的同时,互联网公司还面对来自彼此的商业竞争压力,它们应对平台内仇恨内容的意愿和效率成为广告商投放广告的考量因素之一。例如超过 1100 家公司曾加入"停止用仇恨牟利"(♯Stop Hate For Profit)行动⑤,抗议 Facebook 放任仇恨内容流行。互联网公司被催促和胁迫着应对仇恨内容的不断生成,夹在成本与盈利的两难局面中。

(3)互联网公司应对仇恨内容的智能算法技术并不完美,但社会各方面却

---

① Chris Baynes. *United Nations Blames Facebook for Spreading Hatred of Rohingya Muslims in Myanmar*. Retrieved from https://www.independent.co.uk/news/world/asia/myanmar-un-blames-facebook-spreading-hatred-rohingya-muslims-a8256596.html

② Nitasha Tiku & Casey Newton. *Twitter CEO: 'We Suck at Dealing with Abuse'*. Retrieved from https://www.theverge.com/2015/2/4/7982099/twitter-ceo-sent-memo-taking-personal-responsibility-for-the

③ Casey Newton. *The Trauma Floor: The Secret Lives of Facebook Moderators in America*. Retrieved from https://www.theverge.com/2019/2/25/18229714/cognizant-facebook-content-moderator-interviews-trauma-working-conditions-arizona

④ Sam Shead. *TikTok Plans to Do More to Tackle Hateful Content after Reports Say It Has a 'Nazi Problem'*. Retrieved from https://www.cnbc.com/2020/10/21/tiktok-says-it-plans-to-do-more-to-tackle-hateful-content.html

⑤ ♯StopHateForProfit. *Statement from Stop Hate For Profit on July 2020 Ad Pause Success and ♯StopHateForProfit Campaign*. Retrieved from https://www.stophateforprofit.org/

对它们处置仇恨内容报以极高的期待。人们在期待一个接近"零仇恨"的社交媒体。比如,一些国家立法责成互联网公司必须对平台内的仇恨内容作出处理,甚至是在明确的"24小时内";更多的批评指出社交媒体的仇恨言论现状应该得到"本质"的改变,而不是一再重复删除、屏蔽或限制的操作;广大的社交媒体用户则不断抱怨平台的智能算法技术不够智能,错误或倾向性的识别结果影响了平台的日常使用。西蒙·维森塔尔中心对目前主流的互联网平台应对数字恐怖主义与数字仇恨的努力做了评级,在2021年最新的报告中,没有任何一个平台获得"A"级别,表现最好的互联网平台也仅获得"B-"。[1] 只要平台内尚存在未处理的仇恨内容,互联网公司就会被视为不作为的实体。

(二)智能算法:想象的"灵丹妙药"

基于必须迅速高效"技术化处理"网络仇恨的主流意见,人工智能被进一步想象成是最有效的应对方案,是控制仇恨的"关键技术",是一服"灵丹妙药"。人工智能在科技公司的公共言说中被不断描述和想象成"必要"而"精确"的。比如Facebook宣称AI识别"十分必要",因为它会在用户发现和举报之前主动删除大部分仇恨言论,从而减少仇恨言论带来的伤害。互联网公司们声称他们正在积极运用智能算法来提升处置平台内仇恨言行的效率。在近几年的仇恨言论清除报告中,互联网公司强调其智能算法识别仇恨言论的能力一直在进步,并给出了愈发庞大的清理数量。比如2020年,Facebook公布其第四季度中约有97%/95%的Facebook/Instagram上的仇恨言论是通过AI主动识别删除的,这都得益于AI的进步。

事实上人们很快发现,网络仇恨言论的生产速度和数量,可能远远超过人工智能所能识别的。仇恨言论仿佛是永远也找不全、删不完的。仇恨言论的识别挑战了人工智能的极限。而互联网公司却始终被要求回应平台内此起彼伏的仇恨事件,被要求对仇恨内容进行更坚决的规制,也不断被询问其智能算法技术的效力究竟几何。这使得互联网公司又需要不断地对智能算法技术"尚不完美"的应用现状做出解释,并承诺算法"必然"会越来越好。它们一方

---

[1] The Simon Wiesenthal Center. 2021 *Digital Terrorism & Hate Report*. Retrieved from https://digitalhate.net/inicio.php

面强调人工智能算法的高效、必要与不断提升的准确度,另一方面又不得不承认算法的"脆弱"和有限性。对继续改进算法的承诺似乎正在成为互联网公司的缓兵之计,以安抚持续对仇恨内容流行感到失望的公众。

此外,AI 处置仇恨言论的数量提升并不足以证明人工智能实际改善了网络仇恨的糟糕状况。反过来说,智能识别数量剧增,隐含着当前社交媒体环境中仇视状况远比我们想象中的还要严重太多。更进一步地说,算法在不断追求精准发现和挖出海量仇恨内容的过程中,是否真的减少了人类相互敌对的冲动?通过机器学习的训练进行识别和删除的循环操作性技术是否真的有效?这种不断"找"和"删"的模式中,不时还出现错找和算法的偏见问题。例如在 2017 年,有人发现 Facebook 公司的一种旨在消除网络仇恨言论的算法用于评估恶意内容时,其提供保护的优先级中,"白人男子"的优先级大于"黑人孩子"。[①] 智能算法因"黑箱"问题和内置人类社会既有偏见而受到批评,人们担忧智能算法在仇恨言论的识别与处置中反而助纣为虐,进一步伤害本应被保护的人群。正如在 2018 年的开发者大会上,Facebook 所承认的那样:"要完全理解人类的语境,还是需要透过人类的双眼。"实际上目前各家互联网公司仍然需要借助大量的人工辅助来完成仇恨言论识别工作。Facebook 预测可能还需要 5—10 年,人类才能开发出能精准理解语意细微差异的人工智能工具,更准确地标记仇恨言论。

(三)智能干预人类:"猫捉老鼠"游戏中的三重困境

总体来看,用智能技术来干预人类仇恨仿佛陷入了一场持久的"猫捉老鼠"游戏中。科技公司在实际操作中正陷入几个困境之中:定义的困境、算法应用的困境、遣散仇恨聚集的困境。

首先,互联网公司运用 AI 技术进行网络仇恨干预的前提是,它们能够精确地定义何为仇恨,以实现操作化的识别和处理。但是,它们所面对的"仇恨",却是人类生活世界中最为复杂、主观而边界模糊的概念之一。正如哲学

[①] Julia Angwin & Hannes Grassegger. *Facebook's Secret Censorship Rules Protect White Men from Hate Speech but Not Black Children.* Retrieved from https://www.propublica.org/article/facebook-hate-speech-censorship-internal-documents-algorithms

家大卫·休谟曾判定,仇恨是一种无法化解的感觉,根本无法定义。[①] 这一问题至今也未能达成共识。2018年,在美国参议院听证会上,共和党参议员本·萨斯向Facebook的总裁扎克伯格提问:"你能定义什么是仇恨言论吗?"这位33岁的创始人回答说:"这个问题真的挺难的。"在实际操作中,互联网公司也一直无法完成精确界定的工作,只能应外界变化而不断完善释义和企业政策。例如Facebook将网络攻击的程度分级并给予攻击者梯度惩罚,又不断调整仇恨言论政策的保护范围,逐步增加对移民、年龄、职业等特征人群的保护;Twitter先后宣布将屏蔽报复性色情内容、恐怖主义言论、"非人类语言"等;YouTube仅在2018年就对相关条例进行超过30次的更新。但是,各家互联网公司的仇恨干预政策都是针对自身的内容生态来制定的,而不同社交媒体平台的传播特性各异,所以关于仇恨言行的定义和严重程度都缺乏行业共识。同时互联网巨头们大多为美国公司,它们一方面需要防止违反言论自由原则,或者过于宽泛的平台约束对用户积极性造成打击,一方面又要避免来自各国各政治实体的压力和风险,因此各平台斟酌定义的过程一直小心翼翼。作为跨国经济实体,互联网公司在经营中往往面临着更为复杂的文化与政治压力,仇恨政策与当地政治氛围、文化情境常常产生冲突。因此,由互联网公司执行的网络仇恨干预常常在定义环节就陷于地方性情境的困境中。

关于仇恨定义的困境,实质上反映了人类文化共鸣与共识的难以达成。仇恨的意识与逻辑与地方文化交织缠绕,尽管仇恨通过数字技术能够在全球范围内传播,但仇恨表达的起点依然始于地方。仇恨的地方性意味着,任何报以普世姿态对仇恨进行的观察和理解都难以深入其根源。全球各地的仇恨表征的相似之处并不意味着对各地仇恨内涵的归纳也可以求取某个"最大公约数"。欲理解特定地区、特定用户的仇恨及其表达,需要的可能是设身处地的换位思考。互联网公司如果继续以局外人的身份来思考其跨国经营策略与平台政策,它们也将继续在各地仇恨的共鸣地带中表演盲人摸象,在定义仇恨的困境中难以自拔。毕竟共识无法通过"想象"达成。

[①] Spencer F S. *Mixed Feelings and Vexed Passions*: *Exploring Emotions in Biblical Literature*. Atlanta, GA: SBL Press, 2017, p. 61.

第二重困境来自算法应用。首先，智能算法需要一个人为界定的前置程序，例如事先给定关于仇恨的修辞、优先保护的对象、表达仇恨的图形或图文组合形式等。然而如上所述，这一人为界定的过程首先就充满坎坷、缺乏深入的共鸣与共识。如果人类对于仇恨的共识尚且不足，我们难以指望智能算法能够将其补足。其次，智能算法需要一个机器学习的过程。通过阅读大量的人类社会文本，智能算法确实能够找到仇恨语句的相似语法、仇恨者与用词的关联性等。事实上，智能算法的学习能力已经在新闻推送、商品推荐等方面展现得淋漓尽致，乃至于引起了对信息茧房、数据隐私等问题的大量讨论。然而，目前智能算法在人类语言的识别任务中，其表现仍有待提升，因为人类语言符号是典型的象征符，能指与所指之间并不一一对应。人类语言的意义随着语气、语境、表达情境、文化环境等因素的改变可以产生不同程度的变化。有些词语甚至只存在于特定的语言文化中。具体到网络仇恨言论的识别任务中，智能算法不仅需要掌握不同语种语法中的仇恨用词方式，学习人类语境生成中的地方性差异，还要掌握不同文化中、通过不同语言表达的"象征性仇恨言论"，例如 Twitter 所禁止的"非人类语言"。并且，互联网的媒介特性为人类仇恨语言的使用增添了更丰富的可能。从单纯的文字、图片、录音等，到集合了各种语言表达方式的表情包、短视频等，仇恨者得以通过各种形式的内容制作表达仇恨言论。例如目前以表情包为方式的"象征性仇恨言论"已大量存在，它们往往以戏谑、讽刺的婉转方式，并不直言偏见、歧视与仇恨，从而降低了被算法捕捉和规制的概率。更危险的是，通过如此象征形式表达的仇恨言论也常常引发人们"狂欢式"的参与，社交媒体中方便快捷的转发操作也有利于这些看似无伤大雅的仇恨象征得到广泛传播，然而狂欢之中，被调侃的那些社会群体未见得能够大度待之，一段网络仇恨的演化可能就此展开。智能算法的标准化在诸如此类的创造性的、非标准化的语言传播中显得捉襟见肘。最后，智能算法通过机器学习还可能形成算法偏见，相应的例子前文已多处列举。算法偏见反映了一个重要事实，即算法的应用是非预期性的。这种无法预料的输出结果不完全来源于预先的人为界定环节，事实上人们确实难以预料取材于我们日常生活的语料素材，究竟会"教导"出怎样的智能算法。人类常常缺乏对融入其中的日常环境的反思，因此也难以想象一个标准化的"智能人"会如何模仿我们,并反过来对我们的发言及发言权做出限制。这意味着无论是期望表现智能算法技术中立的互联网公司,还是那些认可并期待智能算法技术发展的人,都需要做好迎接未知的准备。

第三重困境在于如何遣散仇恨聚集的决策。一方面,各种反仇恨功能的开发,本质上都是减少由公开交流引起的仇恨骚扰,让互联网用户减少互联、社交媒体用户减少社交,从而减少仇恨的流动。最常见的操作是自动化禁言和注销账户,如 Facebook 每天关闭的账户早已超过 100 万个。① 这一做法有利于阻止仇恨用户在社交媒体网络中与其他有相似想法的用户相互连接,但也常因错误封禁账户而遭到用户的抗议。清空或关停评论与留言是另一种方式,如 2020 年韩国三大门户网站运营商 Naver、Kakao 和 Nate 均临时关停体育新闻的评论区,旨在阻止仇恨言论传播。② 也有社交媒体采用了更加温和的方式,将仇恨发言的检测提前至用户发表之前。当用户想要发送疑似仇恨内容的信息时,平台将提醒用户该信息可能具备的危害性。如 Instagram 于 2019 年推出的一项由 AI 驱动的新功能:当用户在 Instagram 上发布可能会令人反感的文字内容时,应用会弹出警告,说明该段文字"看起来与已被举报的其他文字相似",并提供"编辑内容""了解更多"与"不管了就这么发"三种选项。通过这一前置举动,平台方增加了一个仇恨的选择环节,希望借此干预用户的仇恨实践。然而,这些做法也许能够对限制网络仇恨的聚集起到一定作用,却也同时"误伤"和降低了普通用户的交流体验,许多做法多少有些因噎废食的意味。干预网络仇恨若变得矫枉过正,干预行为就变成一种技术性倒退,并且隐含着对自由的牺牲、对正义的不信任。对仇恨集群的遣散操作尚待精准化,但参照前文,这一点的难度不言而喻。另一方面,即便遣散仇恨聚集的操作能够成功,人们也需要担心,仇恨是确实被驱离和压抑了?还是聚集得更加隐蔽了?有研究认为,即便在特定平台上驱逐了仇恨者,他们也只是在这场

---

① John Shinal. Facebook Shuts down 1 Million Cccounts Per Day but Can't Stop All 'Threat Actors', Security Chief Says. Retrieved from https://www.cnbc.com/2017/08/24/facebook-removes-1-million-accounts-every-day-security-chief-says.html

② 界面新闻:《体育新闻板块成仇恨言论重灾区,韩国三大门户网站临时关停评论功能》,检索于 https://www.jiemian.com/article/4794296.html

仇恨的"游击战"中被赶到互联网中更为黑暗的角落而已。① 在深邃的网络世界中,仇恨者的存在感降低了,但并不意味着仇恨者的意愿下降。如果意图干预仇恨,结果只是造成仇恨流动,使得仇恨愈发隐蔽,对其的监控则会成为新的网络仇恨问题。因此遣散仇恨聚集的困境提示人们需要反思:干预仇恨的目的是驱逐吗? 封禁与删除是最好的处理方式吗? 我们有办法转化仇恨者吗? 对这些问题的思考将带领我们超越这场智能与人类的"猫鼠游戏",去寻找更好的介入方式。

(卞清,同济大学艺术与传媒学院副教授;陈迪,同济大学艺术与传媒学院硕士)

Internet, AI and Cyberhate: How is Emotional Intervention Possible?

Bian Qing Chen Di

Abstract: We seem to be living in an age where hatred spreads widely. Cyberhate, accompanying with the politics of hatred, is affecting the global political ecology. This paper pays attention to Hatred, an ancient human emotion, and makes a review and reflection on the mechanism of cyberhate, ACR (Automatic Content Recognition), and the present situation and dilemma of cyberhate intervention. Where is the engine of hatred in human society? What role does the Internet play in cyberhate? Could artificial intelligence intervene in and guide hatred? This paper argues that while the engine of cyberhate is still unknown, the Tech Giants have been imagined as the main actors in the fight against the spread of cyberhate, behind which lies another imagination that human emotions should be handled and controlled by technology. Artificial intelligence is further imagined as the most effective response. Three problems are being reflected in the practice of cyberhate

---

① Chandrasekharan E, Pavalanathan U, Srinivasan A, et al. *You Can't Stay Here: The Efficacy of Reddit's 2015 Ban Examined through Hate Speech*. Proceedings of the ACM on Human-Computer Interaction, 2017, pp.1-22.

intervention, that is , the dilemma of definition, the dilemma of algorithm application and the dilemma of dispersing cyberhate aggregation.

Keywords: Cyberhate; Cyber Society; AI; Hate Regulation; Politics of Emotion

智能算法下构建相互透明的人机共生社会

由芳　张俊　贺涵甫

摘要：在算法的驱动下，智能机器与人类互动，深刻地影响着人类的行为、认知和思考方式，变革着人类社会的结构，并逐渐演化为人机共生社会。人机关系正在嬗变，AI从工具转变成为人类强大的合作伙伴，人机关系更像是人际关系，人类必须考虑如何与它们相处。"界面"是人机关系的链接，通过界面让机器透明被认为是促进人机关系健康发展的一种方法。本文分析了人机共生社会的特点和影响人机关系的因素，提出通过"透明性"界面的设计增进人机互信和团队合作的方法，为构建和谐的人机共生社会提供一些思路。

关键词：人机共生；智能界面；透明度；算法

"惟天地万物父母，惟人万物之灵"[①]，远古先贤们在《尚书·周书·泰誓上》里将能够制造和使用劳动工具，同时具备思维和语言交流能力的人作为超越万物的生命体，破除了人处理"物"时的道德束缚。工具对人类文明的促进

---

① [英]理雅各译释：《尚书·周书》，上海三联书店2014年。

作用难以估量,极大地强化了人延伸自我和获取自然资源的能力。而人作为"万物之灵"的这一定义,其影响一直延续到今天——人类依靠技术和工具来发展自身,并推动着文明进步。

随着科技的不断进步和人类社会发展需求的提升,人们将算法和深度学习技术赋能"人造物"使其智能化,成为有一定自主能力的"智能体(Agent)"。与其他"人造物"不同,它们是独立且具有自主性(Autonomy)的"行为者"。这种新型的智能"人造物"颠覆了过往仅作为辅助功能角色而存在的"工具",展现出了全新的伴随状态,即通过智能行为与人类社会进行互动。这深刻改变着人类之间、人类与自然环境、人类社会之间的关系和互动模式[1],并形成了"人机共生(Man-computer Symbiosis)"社会。

技术作为人类在自然演化中生成的一种本质的生产能力,须以始终服务人作为构建人机共生社会的重要依据。海德格尔曾对技术界定模糊的趋势表达过忧虑。他认为,现代技术已经不再是"中性的"。在《技术的追问》中,海德格尔认为,技术作为"座架"控制和支配着现代人的全部生活[2],"或者说已经成为现代人的历史命运"[3]。

目前,对于人机共生的研究主要集中于技术与人文两个层面。技术层面主要关注算法功能的实现或设计更和谐高效的人机交互。例如,科学家试图借助 AI 技术实现人类智能增强[4];许为等提出"以人为中心 AI"[5]的交互设计原则,强调人、伦理和技术三方面的协调,为人类提供安全、可靠、可信赖的 AI。人文层面则聚焦于 AI 算法和行为对人类社会的影响。例如,彭兰[6]探讨了算法所生成的数据化界面如何重塑了人们对世界的认知方式以及它对人类

---

[1] Holland J H. *Adaptation in Natural and Artificial Systems:An Introductory Analysis with Applications to Biology, Control, and Artificial Intelligence.* 1975.
[2] [德]马丁·海德格尔著,孙周兴译:《演讲与论文集》,生活·读书·新知三联书店 2005 年。
[3] 孙伟平:《关于人工智能的价值反思》,《哲学研究》2017 年第 10 期,第 120—126 页。
[4] Wu Z., Zheng N., Zhang S. et al. *Maze Learning by a Hybrid Brain-computer System.* Scientific Reports 6, 31746(2016). https://doi.org/10.1038/srep31746
[5] 许为、葛列众、高在峰:《人—AI 交互:实现"以人为中心 AI"理念的跨学科新领域》,《智能系统学报》2021 年第 4 期,第 605—621 页。
[6] 彭兰:《生存、认知、关系:算法将如何改变我们》,《新闻界》2021 年第 3 期。

社会的影响;王敏芝[①]探讨了算法之下的人被数据化所引发的"透明化"的道德伦理弊端。从现有的研究成果看,技术与人文领域分别从两个维度考虑人机共生关系,肯定了 AI 对人类社会的巨大影响,同时也看到了人机关系新的矛盾,这种矛盾涉及人机信任和人类道德伦理规范等多个方面,似乎不可避免且难以调和。

技术在解决人类问题的同时也创造了新的问题。就人机双方的矛盾而言,一种可能是人机之间交流不充分。如同人类之间的矛盾可通过交流协商而化解一样,人类之间通过"人的界面"不断交互从而产生信任促进合作。同样,人机双方要想和谐相处,有效沟通是必要的。机器的"界面"作为传递信息的媒介,人机链接的介质,可以作为解决这类矛盾的落脚点。类似人类的表情,界面可以表征机器的内部状态(情感和意图),增加人的理解和信任。例如,通过界面传递机器算法的解释;机器当前行为的原因;机器在想什么;机器的思考逻辑;等等。学术界将提供类似信息的界面称为"透明性(Transparency)"界面,这种界面可以让机器对人类没有秘密可言,也许这是未来的智能城市依然具有人文情怀和城市温度的基础。因此,如何利用界面创建人机透明的智能交流是本文的重要论点。

基于此,本文首先总结了人机共生社会的特征,包括但不限于算法、人机合作、智能沟通和人机共同进化等,这些特征是人机关系嬗变的本质,也是矛盾产生的源头。其次,本文探讨了目前人对机器单向透明的必要和隐忧,认为人机相互透明更符合"以人为本"的设计理念。最后,在分析了建立人机信任和实现有效人机合作的重要影响因素的基础上,提出了有效的透明化界面的设计方法。

一、人机共生社会的特征

当 AI 系统拥有类似人类的认知、学习、决策和主动交互等能力,它就可以在一些场景中独立完成以往低级自动化技术不能完成的任务。它不再是简单

[①] 王敏芝:《算法之下:"透明社会"的技术与观念》,《探索与争鸣》2021 年第 3 期。

的人工制品,而是具备独立自主能力的"人"和特定行为模式的生态建设参与者。他们不止拥有类似人类的思维能力,也可以拥有酷似人类的外形。2017年人形机器人索菲娅(Sophia)被沙特阿拉伯授予了公民身份,成为历史上第一个获得公民身份的机器人。她拥有类似人类女性的皮肤并且可以做出62种人类表情,甚至她还表示想去上学和成立家庭。2021年特斯拉发布了Tesla Bot人形机器人,它的外形与人类非常接近,马斯克表示,它将代替人类去做危险的、重复的和无聊的任务。

也许,AI会是人类创造出的"新物种"。虽然用动物来类比AI并不恰当,但是这个"新物种"确实有着类似动物的内部特征(算法)和外部特征(行为),甚至还可以拥有"情感"。当然,AI并不一定是实体,它们更多以软件或硬件的形式渗透进我们的世界,广泛应用于智能驾驶、智能金融、工业机器人、智能终端、智能医疗、智能城市等。显而易见,与AI"共生"的时代已经到来。

"人机共生"是约瑟夫·利克莱德(J. C. R. Licklider)在1960年提出的概念,是指"两个不同的生物体以亲密合作的方式生活在一起,甚至结成紧密的联盟"[1]。"共生"意味着双方相互依存、互惠互利。比如猎人狩猎时通常会与猎狗紧密合作;蜜蜂总与鲜花相互依存,类似的例子还有很多。就"人机共生"而言,可以看作人和机器以亲密合作的方式完成任务并"生活"在一起。

人机共生的社会中,智能机器在算法的驱动下自主地与我们的人类社会互动,他们的行为全方位、多层次地影响着人类社会。2019年MIT(麻省理工学院)等大学的多名学者在《自然》杂志上发文建议建立AI机器行为的研究领域,认为机器的个体、群体行为已经深刻地影响了人类社会的各个方面。[2] 新的社会形态必然产生了新的社会特征,具体而言人机共生社会主要有以下几点:无处不在的算法、人机合作、智能沟通、人机共同进化等。

1. 无处不在的算法

算法是指"一种有限、确定、有效并适合用计算机程序来实现的解决问题

---

[1] Licklider J. *Man-computer Symbiosis*. IRE Transactions on Human Factors in Electronics,1960,HFE-1(1),pp. 4-11.

[2] Rahwan I, Cebrian M, Obradovich N, et al. *Machine Behaviour*. Nature,2019,568(7753),pp. 477-486.

的方法,是计算机科学的基础"①。通俗地说,算法就是计算机决策思维的逻辑。从狭义上来看,算法贯穿于智能机器完成任务时的感知、认知、决策和执行环节,他们只获取与任务相关的信息。但从广义上来看,整个客观世界都是智能机器输入的变量,是 AI 大数据的来源,影响着 AI 的整体行为。我们已经生活在被算法算计的世界,例如,当我们在购物时,看到的是算法推荐的商品,并且算法左右着我们买入的意愿;英国脱欧、美国总统大选已经为算法和大数据所控制,成为幕后推手。人类的决策似乎并不是自己的决策,整个社会都被算法影响,更可怕的是我们并不知道何时被算法监控。

2.人机合作

随着自动化能力不同,人类的角色从控制(面向工具),监督(面向自动化)到合作(面向智能体)呈现不断发展的态势。"人机合作"是智能系统催生出的新型人机关系,研究表明人—AI 所组成的团队比单个实体工作更加有效。"人机团队"可以看作是自适应的动态认知系统,他们通过互动调节自身状态以完成共同的目标。② 这种调节需要人机双方通过界面不断地观察对方的行为,共享态势感知,实时交换意图,了解对方的工作状态。

3.智能沟通

沟通是合作的基本要求,人与智能系统沟通是两个认知系统之间的交互,通常称之为 Human-robot Interaction(HRI),人机界面是这种沟通的载体,它创建了人和机器的链接。随着机器智能化的提高,原本只是提供机器功能表征的界面不足以满足沟通的需求,因此界面由功能表征逐渐扩展到认知表征。认知信息表达不同于功能表达,因为人和机器彼此之间的沟通更像是来自"两个世界"即现实世界和数据世界的交流。因此,需要把机器的认知信息以人可以接受的方式进行"透明化"的设计,让人理解机器在想什么、做什么以及为什么要这么做等。例如,自动驾驶中界面可以表达车辆下一步的运动路线,以表示将要做什么。

---

① [美]Robert Sedgewick、[美]Kevin Wayne 著,谢路云译:《算法》(第四版),人民邮电出版社 2012 年,第 6 页。

② Salas E,Dickinson T L,Converse S A,et al. *Toward an Understanding of Team Performance and Training*. 1992.

著名设计教育家唐·诺曼(Norman)指出,"机器应该以正常的、自然的方式与之持续互动"①。人机沟通不仅在内容上变化,交互模式也朝向更加自然的模拟人与人之间的交互模式发展。因此,充分模拟人与人之间视觉、听觉、触觉等自然的"多模态"的人机交互正成为人机交互的主要方式。

4.人机共同进化

作为人机共生社会的组成部分,人和智能机器相互影响共同"进化"。首先,人可以塑造机器。AI通过机器学习依靠人类社会所产生的大数据进行迭代,以实现自身的进化。例如,特斯拉的超级计算机Dojo每天采集全球上百万的车辆驾驶数据(相当于上亿小时的驾驶经验),通过神经网络对自动驾驶系统进行训练,进化自动驾驶AI。这种进化速度是难以想象的。但是如果进化不当则会产生负面效果,例如微软在2016年发布了一个名为Tay的AI虚拟人,期望通过自主学习以及和其他人的交流学习训练算法,但是因为网友不断灌输不良言语,很快就把Tay教坏了,它学会了发表种族主义的仇视言论,随后在一天内被紧急关闭。由此可见,人类的行为和人类社会的价值观对AI的进化有着重要的影响,并且这种影响不能预测。

其次,机器塑造人。麦克卢汉在《理解媒介:论人的延伸》中提出"媒介是人身体的延伸"②,AI不仅延伸了人类的身体和认知,还可以通过虚拟现实技术延伸人类的社会空间,甚至在生物神经层面上改变人类,让人类和AI的"大脑"可以相互控制。例如,脑机接口使人类智能增强(Intelligence augmentation,IA)成为可能,机器可以直接读取大脑的信号,也可以传递给大脑信号,这种双向通信使得人机意识可以直接对接,意味着大脑和AI同时拥有双重认知。目前,脑机接口已经可以帮助部分瘫痪人群恢复视觉、听觉等能力。可以预见未来会有更多的人借助人机合体恢复或增强能力,如电影中的钢铁侠一般。AI对人类进化的影响也许正如马斯克所说:"人类如果不想被超级AI淘汰的话,就要学习并适应与其生共融成一个新的超级物种。"

① Norman D A. The 'Problem' with Automation: Inappropriate Feedback and Interaction, Not 'Over-automation'. Philosophical Transactions of the Royal Society B-biological Sciences,1990,327(1241), pp. 585-593.

② [加]麦克卢汉著,何道宽译:《理解媒介:论人的延伸》,商务印书馆2000年。

二、人对机器透明的必要和隐忧

1.对机器透明的人类社会

智能机器之所以智能是因为它可以根据上下文（context）的变化自适应地调整自身的反应和执行以追求目标导向的行为。"上下文"包括人、客观环境和任务，是输入机器的变量，如图1：

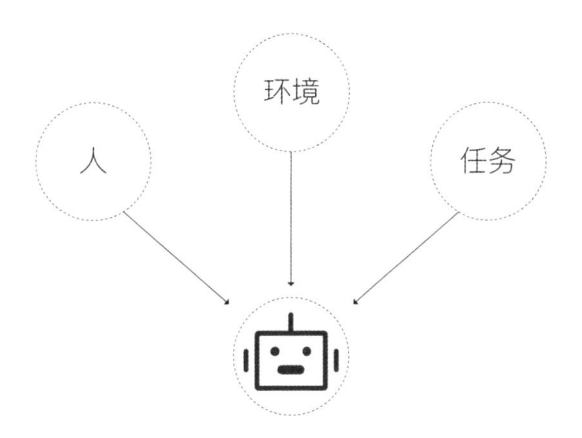

图1 对机器单向透明

像一个典型的有效的人类伙伴一样，AI可以通过"数据化的人"推断人的生理、行为、情绪、意图、能力然后结合环境和任务的变化提供给人必要的帮助。因此人对机器透明是智能机器功能实现的基本要求，换句话说，共生社会中的人面对机器是"透明"的，但这种"透明"是一把双刃剑，有其必要性的同时也带来了隐忧。

2.对机器透明的必要性

面对机器透明的优点在于机器的主动性和弥补性。主动性是指智能机器可以在人发出需求之前自主推断人类需求。例如，陪伴机器人当感觉到人类正在经历某些情绪，如沮丧、愤怒或恐惧时，它可能主动与人类共情并提供帮助；智能汽车中驾驶员疲劳监测功能可以对人的行为进行监控，一旦发现驶员疲劳或分心等会影响安全的情况，机器会进行主动提醒或主动接管驾驶任务，以确保安全。弥补性体现在智能机器对环境的感知和认知能力超过人的五感范围,他能感知到人类无法感知到的内容,可以提高人的态势感知能力。例如,智能汽车中的主动避让功能可以根据机器对环境的理解,在驾驶中遇到险情时,主动做出避让的决策,即使人类并未感知到这种危机情况。毫无疑问,以上都是智能化所带来的好处,它不仅扩展了人的能力,还满足了人的潜在需求。

3.对机器单向透明的隐忧

对机器单向透明的负面影响也伴随 AI 的发展浮出水面,其中隐私性、公正性、可责性、透明性、算法偏见和对公众行为的影响等一系列道德与伦理问题成为社会关注的热点。正如韩炳哲在《透明社会》中提到"人类的灵魂显然需要这样的空间,在那里没有他者的目光,它可以自在存在。它身上有一种不可穿透性。完全的照明会灼伤它,引起某种精神上的倦怠。只有机器才是透明的"[①]。我国《AI 伦理与治理报告》认为,AI 伦理准则可以分为安全、透明、公平、个人数据保护、责任、真实、人类自主、人类尊严等八个维度。

(1)隐私和伦理和问题

众所周知,隐私权是一种基本的人格尊严。但在算法的世界,人们的隐私信息暴露于大数据下,机器可以基于数据的分析控制人们的喜好和行为,这种方式势必模糊了隐私的界限。如社交软件通过用户的性别、年龄、地理位置等匹配聊天对象;商品推荐算法可以根据用户的浏览记录、购买行为记录来推荐产品;在外卖平台的大数据算法之下,控制外卖骑手的配送时间,达到利益最大化,骑手为了完成任务不得不做出违反交通规则的行为。以上案例让我们豁然发现人机位置发生了逆转,人成为 AI 的"工具"。

另外,人在做决定时不仅基于对当前情况的判断,还要依据人类道德准则,但是机器算法却很难基于道德准则编写。例如,自动驾驶的道德困境曾被重点讨论,如果车祸不可避免,撞一个人还是撞五个人,这是一种两难的境地,也许有人会认为保全五个人是对的,但社会伦理的基本准则是:人的价值不是以数量决定的,也不是由年龄、职业、性别、种族等决定的。因此,算法无权衡

---

① [德]韩炳哲著,吴琼译:《透明社会》,中信出版集团 2019 年。

量人的价值,也无权在这样的困境中做出决定。

(2)算法偏见

凯文·凯利在《科技想要什么》中说道:"算法想要的是在设计时就已经让它明确自己想要的,并且也是我们试图引导它们想要的。"[①]算法本身没有偏见,但是算法由开发者设计,因此算法本身就凝聚着开发者的偏好和意图,以此看来算法偏见(algorithm bias)很难避免。例如,最大化社交媒体网站的参与度等目标可能会导致所谓的"信息茧房"(filter bubble),又或者在缺少监管的条件下,可能会助长假新闻的扩散。最近的历史表明,影响社交媒体和公共政策的算法往往会加剧现有的偏见和不平等。[②]

(3)算法黑盒

随着智能程度的提高,智能体可以作出复杂的决策,而这种学习过程、算法模型、决策和行动过程并不透明,在用户看来智能系统就像一个"黑匣子"(black box)。"黑匣子"效应会导致人们对智能系统输出的结果和决策产生疑问,从而影响用户的信任度和决策效率。AI 认知世界后的信息是"他"对这个世界的理解,并不一定符合人的心理模型和预期,因此需要界面传达出对人来说可解释与可理解的信息。

综上所述,在人机共生社会中,AI 为了实现其自身的功能,必须对相关场景包括人进行数据采集和分析,因此人对机器的透明(部分)是必须的要求,但是也带来了诸多伦理道德隐忧,造成了人机关系的矛盾。近年来相关研究已经展开,如何设计"以人为中心的 AI"[③]被广泛讨论,该理念认为 AI 不仅仅是技术实现的问题,"人、技术和伦理"需要整体考虑。"透明性"系统设计使人类操作员能够对 AI 拥有足够的信息(认知信息)来确保做出知情且有意识、合法的决策,被认为是其中一种解决路线。

---

① [美]凯文·凯利:《科技想要什么》,《科学中国人》2017 年第 36 期。
② Mateen, Harris. *Weapons of Math Destruction: How Big Data Increases Inequality and Threatens Democracy*. Berkeley Journal of Employment,2018,39(1),p. 12.
③ Shneiderman B. *Design Lessons from AI's Two Grand Goals: Human Emulation and Useful Applications*. IEEE Transactions on Technology and Society,2020,1(2),pp. 73-82;Xu Wei. *Toward Human-centered AI: a Perspective from Human-computer Interaction*. Interactions,2019,26(4),pp. 42-46.

三、建立人与机器相互透明的智能界面

如前文所述,人需要对机器的透明以满足 AI 的功能实现,但会产生很多隐患,这类隐患可以通过让机器对人透明得以解决,如图 2,通过界面实现人机相互透明。

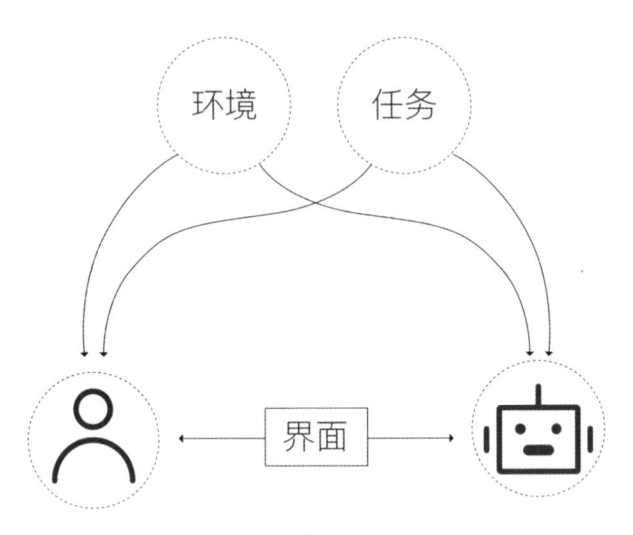

图 2 人机相互透明

根据共生的定义,人机属于相互依存的"合作关系",这种合作基于两点:(1)信任,人与技术之间的信任和人与人之间的相似,是合作的基础;(2)合作过程,为了将机器变成任务中的团队合作者,智能机器必须向人类合作伙伴提供有关其自身状态、行为和认知的信息,以允许人机双方进行相互适应的行动。因此支持信任和合作过程是"透明性"界面设计的重点。

1. 建立信任的相互透明

在人际关系中,信任是一种润滑剂,在不可能完全控制那些被依赖以实现目标的人的情况下,它支持合作和交流。[①] 信任是一种心理现象,一种情感过

---

① Rotter, Julian B. *Interpersonal Trust, Trustworthiness, and Gullibility*. American Psychologist, 1980, 35(1), pp. 1-7.

程,它可以以一种不同于意识过程的方式影响行为。例如,不信任某人的情况下,即使他做的事情是正确的,我们也会抱着怀疑的态度而不去理性思考。人与 AI 之间也是一样,研究表明人们对技术的反应方式与他们对人的反应方式相似。① 因此在人机交互领域,信任被认为是人机团队成功的重要因素。

信任作为一种隐性的、非语言表达的表征,通过对系统的情感反应来指导行为。不仅如此,在复杂性、工作量和时间限制使完全理解自动化变得不可行的情况下,对自动化的信任指导了人类的行为。例如,信任感下降可能会导致司机怀疑 AI 系统没有正常运行。

心理学家奈瑟尔(Neisser)的直觉周期背景下的信任②表明,信任是一个不断循环动态变化的过程,如图 3。信任指导与信任相关的行动(例如,信赖、遵从和容忍),这些行动使人们能够对自动化的信任相关特征进行取样(例如,目的、过程和性能),这些样本修改了信任(通过情感、类比和分析的认知机制)。

一项全面的文献综述表明,可根据自动化信任相关的特征"目的""过程"和"性能"特征来描述可信度。③ 目的是指自动化的目标和预期应用即为什么要开发自动化。过程是指自动化用来实现这一目的的机制和算法即自动化是如何工作的。性能是指自动化实现其目标的一致性和准确性。这些特征描述了引导信任发展的不同类型的信息。然而,人们不能直接体验这些特征,就像人们常说"知人知面不知心",但幸运的是对于 AI 而言,人机界面可以用来揭示自动化的这些深度特征,使其对人来说是显而易见的,有时被称为"透明"或"可观察"的自动化。④ "目的""过程"和"性能"这些自动化的深度特征确定了人机界面的信息需求,如图 4。

---

① Nass C, Moon Y. *Machines and Mindlessness: Social Responses to Computers*. Journal of Social Issues, 2000, 56(1); Reeves B, Nass C. *The Media Equation: How People Treat Computers, Television, and New Media Like Real People and Places*. Cambridge University Press, 1996.

② Neisser U. *Cognition and Reality: Principles and Implications of Cognitive Psychology*. 1976.

③ Lee, John, D, et al. *Trust in Automation: Designing for Appropriate Reliance*. Human Factors, 2004.

④ Endsley, Mica R. *From Here to Autonomy*. Human Factors, 2017, 59(1), pp. 5-27.

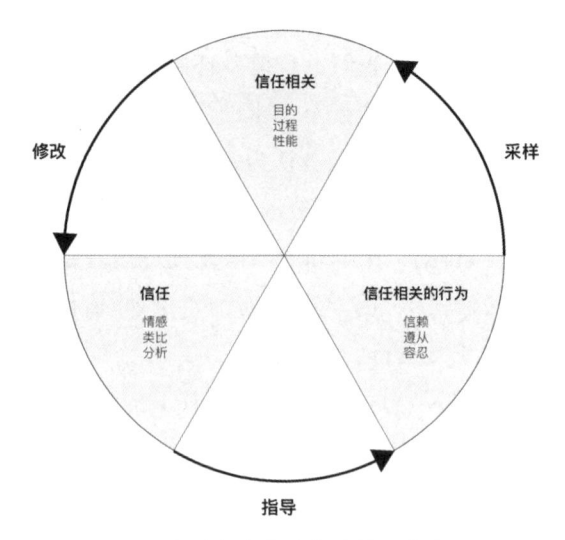

图3 奈瑟尔直觉周期背景下的信任

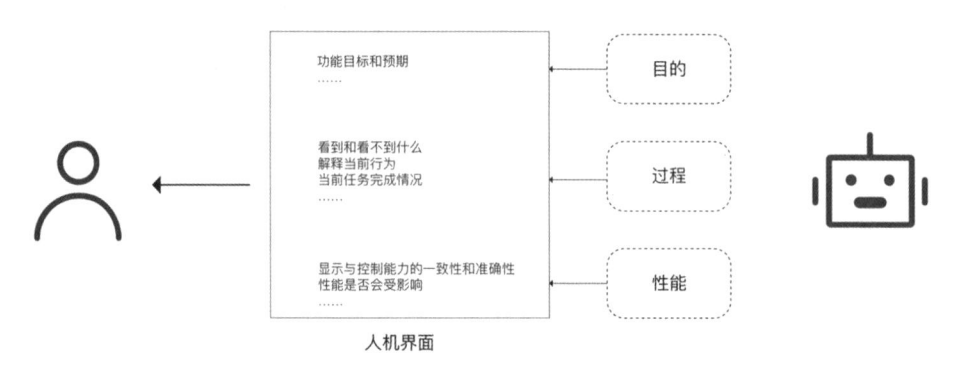

图4 增加信任的透明性界面设计因素

需要注意的是,人对AI应保持"适当"的信任水平。一方面,如果没有信任,即使系统的AI性能很好,人们也可能不愿意使用,例如,人们可能不相信自动驾驶汽车可以安全驾驶,而选择自己驾驶;另一方面,过多的信任也会导致误用,即以非预期的方式使用系统。这些影响所造成的信任不足(Under trust)或者过度信任(Over trust)都会导致事故的发生。① 因此,界面还需要考虑到一定的校准信任(Calibrated trust)可以使人保持"适当"的信任水平,成为确保在团队成员之间最佳地分配功能,使人机团队之间进行协作的必要条件。

2.建立合作过程的相互透明

人和 AI 合作时,智能机器的意图、推理、未来计划以及与之相关的不确定性影响着人类对合作伙伴(AI)的认知,因此合作过程的透明显得尤为重要。很多学者就合作过程中 AI 需要传递什么样的信息进行了研究,总体而言以下几类信息在合作中尤为重要:意图模型、任务模型、分析模型和环境模型②,如图 5。

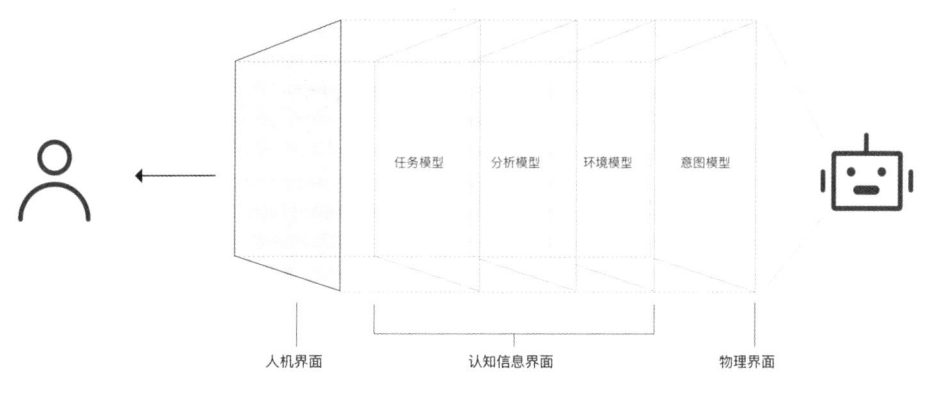

图 5 建立合作的透明性界面设计因素

首先是物理界面即智能机器的外形线索所传达的信息。"意图模型"是指人类要通过外形知道机器被创造的原因或者目的。例如,清洁机器人被设计看起来像个佣人,助理看起来像个秘书等。电影中也有类似设计,如变形金刚中,汽车变形为机器人则代表的是战士的功能。

其次是认知信息界面,是指 AI 执行任务过程中的感知、认知和决策信息,包括"任务模型""环境模型"和"分析模型"。(1)"任务模型"提供执行任务时

---

① Parasuraman R, Hancock P A, Olofinboba O. *Alarm Effectiveness in Driver-centred Collision-warning Systems*. *Ergonomics*, 1997, 40(3), pp. 390-399.

② Lyons J B. *Being Transparent about Transparency: A Model for Human-Robot Interaction*. *AAAI Spring Symposium*, 2013.

智能机器认知框架的细节，包括对特定任务的理解、目标的相关的信息、任务相关进展的信息、自身能力的传达以及对错误的感知信息，这些信息有助于人感知智能机器当前的行动和计划。(2)"分析模型"用于展示算法黑盒的透明性。如机器的算法原理、在想什么以及为什么会有这样的想法和决策。这种分析过程的传达可以让人对AI更加理解，避免产生"自动化惊奇"(对机器的行为感到不解)的现象。(3)"环境模型"指智能机器执行任务时必须传达它对当前环境信息的理解，以增强人的态势感知。比如自动驾驶中，变道时传达是否有碰撞危险的信息。

总之，界面作为传达合作过程的媒介包含了以上所提的影响模型，将能建立合作过程的相互透明，这可以让人类对机器的思考逻辑和执行任务的过程和行为有充分的理解。

综上所述，相比智能算法下人对机器的单方面透明，通过"界面"建立人机双向透明，互通重要信息，可以一定程度上解决人机之间的矛盾，让人信任机器的决策和行为，从而促进人机关系和谐发展。

四、结语

AI让智能机器成为人类社会的成员，它们可以完成人类难以完成的任务，促进我们的个体和人类的进化。人工智能以更低的人力成本进入社会生产流通环节，将人类从重复、繁重和枯燥的生产活动中解放出来，最大限度代替人类进入危险场所进行生产作业；它们同时还是人类各个器官的延伸，当人机共生的智能体在人类社会中找到了自己的合理的角色定位，人类的力量将被呈现几何级数的释放。

但技术在解决问题的同时也带来了新的问题，AI设计应遵循"以人为本"，它们不再只是对人脑结构的浅显勾勒，也不是对人脑工作纹理的简单模仿，而是一种基于创世原理的信息交互和智能深度学习的机制重塑，是具备自我认知和自我创造的全新智能体。这就要求它们必须符合人类认知和伦理道德，这也是人机共生的社会中必须要考虑的问题。作为现代科技文明的结晶，人工智能是人类社会不断发展演化需要经历的必然周期，这其中涉及一个跨学科的考量,需要综合计算机科学、人机交互、人因工程、心理学等多学科紧密合作。

从人机交互的角度,发挥"界面"作为机器与人互动交流媒介的优势,创建人机相互透明的智能沟通或有望成为解决此类问题的一条路径。本文从人机信任和合作过程的维度,探讨了如何通过透明性的界面设计表征机器的外部和内部特性,从而促进人机互信、人机合作,构建和谐的人机共生环境。

(由芳,同济大学艺术与传媒学院教授;张俊,同济大学设计创意学院博士生;贺涵甫,同济大学设计创意学院博士生)

Building a Mutually Transparent Human-machine Symbiosis Society under Intelligent Algorithms

You Fang　Zhang Jun　He Hanfu

Abstract: Driven by algorithms, intelligent machines interact with humans, profoundly influencing human behavior, cognition and thinking, transforming the structure of human society and gradually evolving into a human-machine symbiotic society. The human-machine relationship is changing, and AI is transforming from a tool to a powerful partner of human beings. The "interface" is the link between human and machine, and making machines transparent through the interface is considered as a way to promote a healthy human-machine relationship. This paper analyzes the characteristics of human-machine symbiotic society and the factors affecting human-machine relationship, and proposes a method to enhance mutual trust and teamwork through the design of "transparent" interface, so as to provide some ideas to build a harmonious human-machine symbiotic society instead.

Keywords: Human-computer Symbiosis; Intelligent Interface; Transparency; Algorithm

从传媒史看算法对广告运营范式的影响[①]

朱晓姝　张　波

摘要：学界和业界关于算法对传媒广告的影响研究，目前缺乏历史的视角，只有以史为鉴，才能更好开创未来。纵观传媒史，中国传媒的广告运营市场变革，算法技术的广泛应用是分水岭。本文以传媒广告运营范式为研究对象，聚焦广告运营范式中的广告市场格局、广告运营体制、广告定价策略和广告产品创制四个代表向度，研究算法在传媒广告发展史中的影响和作用。同时，也探讨算法技术给传媒广告运营发展带来的技术和内容创制方面的风险。

关键词：算法；传媒广告运营；范式；广告史

2021年9月，艾瑞咨询发布《2021年中国网络广告年度洞察报告》[②]，报告显示中国广告主最近一年(2020年)选择增加营销预算的上涨业务板块中，营销技术占据46.8%，此外，广告主在未来更加关注的营销新技术类型中，客户

---

① 本文系上海市高等教育学会2021年度规划研究课题重点项目(项目号:Z2-18)的阶段性成果。
② 艾瑞咨询:《2021年中国网络广告年度洞察报告——产业篇》,2021年9月17日,https://mp.weixin.qq.com/s/n6sUjCnR5IzQFzVRIaizGQ

的数据管理占据了52%的比重。可见在广告领域,对基于数据管理的营销新技术的研究,是目前业界和学界比较关注的课题。以数据管理为基础的营销新技术中,算法是近年来应用最为广泛的一个。但是目前的研究中,很少有人站在历史的角度,探索算法技术对推动传媒广告产业发展的意义。

美国科学哲学家托马斯·库恩(Thomas Kuhn)在《科学革命的结构》一书中阐释,范式(Paradigm)是"一种公认的模型或模式"(Kuhn,2012)。那么,传媒广告运营范式就是媒体在广告经营过程中建构的广告营销领域公认的科学发展模式。本文打算以传媒广告运营范式为研究对象,聚焦其中的市场格局、运营体制、定价策略、产品创制等四个向度,依照历史发展的时间轴进行纵向对比,研究算法技术在推动传媒广告科学发展进程中所起的作用及其深远影响。

一、算法对传媒广告市场格局的影响

传媒广告的运营范式中,市场格局的变化体现了市场中各竞争主体的地位以及运营管理的主导理念和方式的变化。判断传媒广告市场格局变化的因素很多,但是,任何因素归根结底都是效益说话,于是,媒体营收就成为其中一个很重要的判断标准。在媒体总体营收中,广告收入的比重一向不容小觑,传统媒体广告收入在总体营收中的占比曾一度超过90%,即便是拥有多模态经营业务的互联网媒体,广告收入在本媒体总体营收中的占比也居高不下。2020年度各媒体财报显示(图1),几家头部互联网媒体中,广告收入占比最大的达到88%(微博);即使占比最小,以"不做贴片广告"为主打宣传定位的B站,也达到15%。因此,要研究算法对传媒市场格局的影响,从传媒广告收入变化入手会是一个很好的切入角度。

表1 2020年度部分媒体收入表(单位:亿元人民币)

媒体	所有营收(亿)	广告收入(亿)	占比
字节跳动	2366	1830	77.35%
爱奇艺	297	68	22.90%

续表

媒体	所有营收(亿)	广告收入(亿)	占比
腾讯	4821	823	17.07%
B站	120	18	15.00%
芒果超媒	140	41	29.56%
微博	102.8	90.47	88%

(来源:根据各媒体2020年度财报整理)

从广告收入变化看,中国传媒广告市场1979年起步,《中国媒体广告收入发展趋势图》显示(见图1)[1],到2003年突破千亿大关,花了24年。其中以电视媒体为例,电视媒体直到20世纪90年代,才迎来黄金发展期。1991年,电视广告收入破10亿,成为中国传媒广告市场"霸主"。直到2012年,电视广告收入才破千亿大关,前后花了33年。而起步于21世纪初的互联网广告,10年代前后,也就是用十年不到的时间,就出现了飞跃式发展。2008年,互联网广告收入超越广播和杂志,开始崛起。2012年,在传统媒体广告收入微增4.5%的情况下,得益于互联网广告的快速增长,中国媒体广告总体规模仍然激增50.34%(见图2)。2014年,中国互联网广告收入花了14年达到1500亿,收入破亿的周期比中国广告市场达到同等规模缩短了一半,仅用了电视媒体三分之一的时长,并于当年超过了霸市24年之久的电视媒体,成为中国媒体广告市场的新霸主。[2] 到2020年,互联网媒体在传媒广告市场的"王者"地位已经渐趋稳固,仅腾讯一家,823亿的广告收入就超过了全国所有广播电视广告收入的789.58亿元。[3]

互联网广告有这样突飞猛进式的发展,离不开算法技术的应用。以字节跳动为例,字节跳动是今日头条和抖音的母公司,并且从创建之初就倡导将"算法"等技术应用于互联网场景。2012年,字节跳动旗下主打"算法编辑+智

---

[1] 王薇:《中国媒体市场40年大变局》,《广告大观(媒介版)》2018年第12期。
[2] 王薇:《2009—2018,融合互联网新时代》,《广告大观(媒介版)》2018年第12期。
[3] 数据来源:《2020年全国广播电视行业统计公报》,国家广播电视总局官网,2021年4月19日,nrta.gov.cn

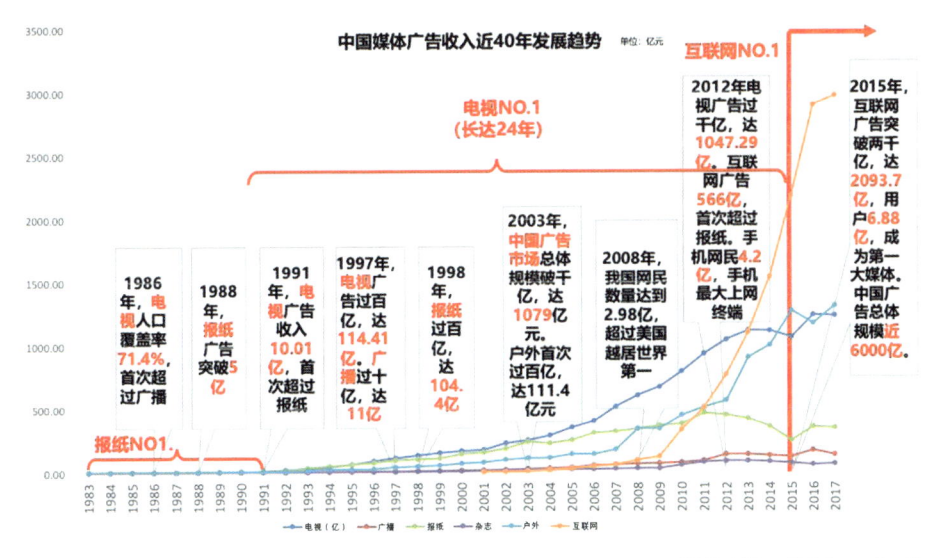

图 1 中国媒体广告 40 年发展趋势图

（资料来源:《媒介》2018[12]）

能分发"的今日头条创建，实现了"信息"找"人"的传播革新，自此以算法推送为主要技术手段的信息流广告迎来飞速发展期。2013—2019 年期间，中国信息流广告市场交易规模年均复合增速 106%[①]，增速高于其他广告形式。2016年 9 月，字节跳动推出"抖音"，开启了互联网短视频的算法时代。2016 年到 2017 年，字节跳动的全年营收完成了一次跨越式增长，从 60 亿直接越至 150亿，创造了中国传媒营销收入的增长奇迹。到 2020 年，字节跳动营收已经达到 2366 亿元人民币(其中广告总收入 1830 亿)，是 2016 年的将近 40 倍[②]。而传统媒体的广告收入，却在曲折波动中呈现下行趋势，2019 年的下降比例甚至达到了 10.4%。(见图 2)

因此，算法技术被广泛应用于传媒广告领域之前，广告收入增长缓慢，市场格局在平稳中逐步过渡。算法技术在传媒广告领域被广泛应用后，传媒广告市场发生剧烈震荡，传媒广告市场竞争格局加速改变。

---

① 数据来源:《2020 年中国信息流广告行业发展现状分析市场规模有望超过 1800 亿元》，前瞻产业研究院。

② 数据来源:根据字节跳动财报整理。

(资料来源：根据国家工商管理总局、CTR数据综合整理)

图2 2008—2019中国传媒广告行业市场规模变化

二、算法对传媒广告运营体制的影响

市场经济体系中，营销战略是运营范式的重要组成部分。菲利普·科特勒的营销管理理论认为，企业需要同时从"消费者欲求"和"竞争者地位"中推理出自己的"营销战略"。进而，管理咨询公司阿瑟·D·利特尔认为，处于"统治地位"的企业，"控制着其他竞争者的行为，并且在战略上有广泛的选择权"[1]。可见，市场中的统治者对市场整体运营范式的影响是很大的。回到中国传媒广告领域，算法技术被传媒领域广泛应用之前，中国传媒广告运营范式的发展速度缓慢，并没有受到信息技术在本质上的冲击。以电视媒体的广告运营体制和战略发展为例，新中国电视媒体起始于1958年北京电视台（现中央电视台）的成立，那时，国家并没有禁止媒体的广告经营行为，但是"广告不

---

[1] [美]菲利普·科特勒:《营销管理：分析、计划和控制》，清华大学出版社1997年，第476—478页。

仅仅是一种经济活动,而且也是一种政治宣传"①,电视完全是国家的"工具"和"喉舌",运营经费主要靠财政拨款。"文革"期间,广告更被作为一种资本主义行为被禁止。因此,在电视领域,真正意义上的商业广告还没有出现。1979年1月28日,我国第一条本土电视广告——参桂养荣酒在上海电视台播出,中国电视媒体自此开始了商业广告经营活动。但是,电视台的经费来源还是主要靠政府拨款,广告仅作为一种补充。传媒广告纳入市场经济体系的条件不具备。直到20世纪90年代,国家对电视媒体的财政拨款减少,广告才成为电视媒体主要倚重的收入来源,占比一度达到95%。20世纪90年代后期开始,电视媒体才开始启动传媒产业化改革,探索制播分离的营销运营体制,尝试与市场经济体系衔接。由此,中华人民共和国成立以来,中国以电视媒体为代表的传统媒体广告运营体制经历了"财政拨款—财政拨款为主,自营创收贴补—自营为主,财政拨款为辅—市场运营,自负盈亏—制播分离,产业运营"等阶段,才逐步纳入市场经济运行体系,这个过程花了二十余年。

世纪之交,互联网兴起,如上文所述,以算法为代表的营销新技术冲击了传媒广告市场,辅助互联网媒体成为市场新的统治者。受此影响,广电传媒开始效仿市场统治者的运营模式,产业化改革迅速向资本化方向发展。1999年,电广传媒在深圳交易所上市,成为国内第一家以广播电视业为主营业务的上市公司。截至2018年的十多年间,国有广电媒体上市公司已有东方明珠、电广传媒、歌华有线、华数传媒、芒果超媒等14家,民营广电制作类上市公司已有光线传媒、华策影视、华录百纳等约20家。②

三、算法对传媒广告定价策略的影响

如果说广告运营体制是广告运营范式建构的决策管理部分,那么广告定价策略则是广告运营范式得以建构的物质保障。

营销管理理论认为,商品定价包含两个过程,一是在首次定价时,企业在

---

① 刘林清、陈季修:《广告管理》,中国财政经济出版社1989年,第60页。
② 于正凯:《调整蓄势与主题性拓展——基于2018中国广电类传媒上市公司年报的思考》,《新闻传播》2019年第23期。

综合考虑了商品成本、供求双方需求、竞争者策略等要素的前提下,定价流程包括:选定定价目标—估计成本—确定需求—分析竞争者的商品及其价格制定规则—选择定价方法—确定最终价格等。二是在商品进入市场实际销售后,买卖双方"讨价还价"、最终达成一个双方"可接受的价格",然后再"通过买者与卖者互相谈判"进行动态调整。① 综合来说,商品的定价策略需要买卖双方在两个维度上达成一致,一是在内容维度上,将买卖双方认可的各定价内涵要素尽可能量化;二是在时间维度上,价格随着市场的变化实时调整。根据这个理论,可以建构出商品定价策略的双维模型。在市场经济体系下,传媒广告作为媒体的商品也符合这个定价策略的双维模型。(见图3)

选定定价目标 → 估计成本 → 确定需求 → 分析竞争者的价格制定规则和产品 → 选择定价方法 → 首次定价 → 时间:市场检验调整 → 最终广告价格

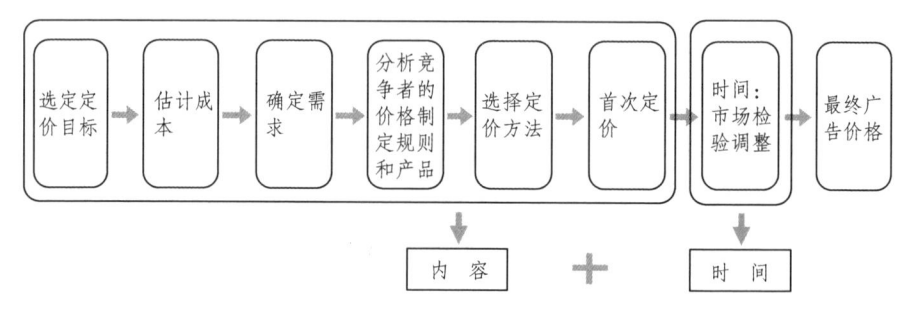

内 容 ＋ 时 间

图3 传媒广告定价策略的双维模型及建构要素

19世纪末,美国约翰·沃纳梅克(John Wanamaker)发出慨叹:"我知道我的广告费浪费了一半,问题是我不知道哪一半被浪费了?"这句话围绕"广告估值"问题形成了广告主与媒体间一贯的"博弈"关系,即广告主从节约广告费的角度出发,纠结于媒体广告投放费用与投放效果之间的"收支平衡";媒体从增加广告收入的角度出发,困扰于广告定价多少才能使媒体价值最大化。双方寻求平衡,试图达到"零和"。这被誉为传媒广告领域的"哥德巴赫猜想"。从定价策略的双维模型来看,算法技术在全面应用于传媒广告领域之前,广告主和媒体之间的定价"博弈"不管在内容维度还是在时间维度上,都处于模糊的、主观的、较多用定性方法判断的状态,只能是"哥德巴赫猜想"。算法,为解决广告领域的"哥德巴赫猜想"寻求到了精细化和实时化的路径。

---

① [美]菲利普·科特勒:《营销管理:分析、计划和控制》,清华大学出版社1997年,第640页。

以电视媒体为例,20世纪90年代以前,广告定价策略以经验为主导,内容上定量论据不足,时间上也做不到实时变更。从内容上说,在很长一段时期内,由于传媒广告并未完全纳入市场经济体系,造成广告定价很少考虑市场需求和产品成本。笔者在2003年,曾对电视媒体广告定价方式做过专项调研[①],以上海电视媒体广告定价策略为例,很长一段时间内,受财政补贴制和内部预决算制影响,电视媒体的广告定价策略以经验预判或者顶层设计为主,定量论据不足。电视媒体广告价格的最初来源,有以下几种:一是参考其他产品的定价。比如某电视台认为晚间30秒的广告价格可以与一块上海牌手表的价格类比,于是,广告基价就这么定了。二是参考同行广告定价,凭经验类比。比如参考香港有线、亚视等媒体的广告报价和当时发展较为成熟的报纸的广告价格。三是根据顶层设计的考核指标推导出广告价格。比如某电视频道某年上级指令必须完成6000万指标,再综合考虑国家相关法令规定的广告播出时间、平均满载情况等,估算出每分钟的广告价格不得少于1000元,这就是这个频道的广告基价。另外,从时间维度上说,电视媒体的广告价格,一般以年度为单位,中间很少做重大调整。

20世纪90年代起,在市场需求推动下,传媒广告定价策略在经验定价基础上有了量化改善。内容维度上,一些本土市场调研公司开始开发电视收视调研业务,成立于1996年的上海广播电影电视信息咨询有限公司,就是以承接上海广播电视的市场调研业务为主的公司。随后,尼尔森、索福瑞等全球知名市场调研公司先后介入收视调研市场,该业务向市场化、规范化、科学化方向发展。有了收视数据,传媒广告的定价策略模型中也逐渐加入了基于市场调研数据的量化因素。例如以收视点成本(CPRP)购买电视广告的方式,就是广告主愿意为电视节目背后与品牌契合的收视人群买单的广告定价方式。比如某品牌愿意出8000元购买目标人群的一个收视率百分点,就是一例。尽管有了收视数据,传媒广告定价相对具有了科学性,但是仍然存在两方面的弊端:一是传统的收视调研技术[②],归根到底,采用的是一定时期、一定人群范围

---

① 朱晓姝:《电视台成本核算解谜》,《媒介》2003年第6期。
② 李冰、文卫华:《收视率调查的演进及发展探析》,《新闻春秋》2013年第3期。

的抽样调研,例如上海以500户样本数量代表2400万常住人口。这种估算偏差性较大。二是即便有了收视率,也只是在广告最初定价的基础上根据收视率情况进行微调,并未动摇广告定价的基础体系。因此,此时的广告定价模型虽然有了量化概念,但是,离数据精细化还很远。时间维度上,2014年10月,上海广播电视台(SMG)启动了自主研发的国内首款电视广告实时竞价系统,试图满足市场需求,实现广告价格的即时调整。[1] 然而,受各方条件所限,该系统并未正式应用于市场运营。电视媒体的广告定价还只能固定一定的时间周期,达不到即时调整。至此,虽然电视媒体广告定价策略进行了量化、科学化调整,但是,仍然无法实现在内容和时间双维度上的精细化、实时化突破。

算法技术的出现使传媒广告定价策略有据可查且可以即时调整。首先,从理论上讲,现代意义上的算法,是在大数据背景下,以计算机编程为基础的"算法"。按照计算机程序专家们的界定,是"一种有限、确定、有效并适合用计算机程序来实现的问题解决的方法,是计算机科学的基础"[2]。在这个概念中,算法至少包含以下四个基础逻辑:一是算法以数据为核心。在计算机程序中,非结构化的信息都必须转变为结构化的数据代码。数据是算法的基因与核心,算法用数据来反映某个对象,解释某种现象。二是算法具有严谨的逻辑运算过程。算法以数学计算为手段,将模糊的对象精确化、数据化,将主观的判断客观化、可衡量化,将抽象的规则具体化、可执行化。[3] 三是算法通过模型建构的方式提出解决问题的方案。算法得出的方案是可以有限量化的,具有确定目标的,并且是能够直接有效解决问题的。四是算法是计算机科学的基础,而计算机技术与互联网是密不可分的关系,互联网为即时通信提供了条件。有数据、有严谨逻辑、有明确的解决方案和即时通信的条件,算法在理论上讲,能够为广告主和媒体之间模糊"博弈"关系的解决提供有据可查、即时调整的思路和方案。

---

[1] 第一财经日报:《加速融合新媒体 SMG全平台电视广告实时竞价系统全国首发》,2014年10月24日,https://www.yicai.com/news/4032117.html

[2] [美]Robert Sedgewick、[美]Kevin Wayne著,谢路云译:《算法》(第四版),人民邮电出版社2012年,第1页。

[3] 彭兰:《生存、认知、关系:算法将如何改变我们》,《新闻界》2021年第3期。

从实际运营上讲,以目前互联网广告运营中应用比较普遍的程序化实时竞价系统(以下简称 RTB 系统)为例。RTB 系统[①]是一种根据广告主对媒体的实际使用需求,实时地、精准地、动态地计算和调整媒体广告价格,按照广告实际投放效果收费的系统。系统中,广告交易一头连接着供应方平台(SSP),另一头连接着需求方平台(DSP),并基于数据管理平台(DMP),建立计算模型,在算法技术下,根据广告主的投放需求和实际的市场竞争状态实时调整广告价格。有了这个系统,广告主终于能够用量化数据去验证并即时调整广告花费了。

RTB 系统自 2010 年代初启用以来,在互联网广告尤其是效果广告(以广告带来的实际效果转化作为评估广告效果和确定广告定价的标准)领域得到广泛应用,并且不到 10 年时间就迅速占据了互联网广告市场的半壁江山。QuestMobile 最新调研显示[②],在互联网广告类型中,传统行业效果广告投放比例 2020 年上半年已经达到 47.4%;互联网行业效果广告投放比例 2020 年上半年已经达到 86.9%,2021 年上半年,规模持续上升至 88%。微信近年来已经将其广告投放模式全面纳入效果广告系统,是算法在广告定价策略中得到广泛应用的现实例证。

因此,20 世纪 90 年代前,传媒广告定价策略多采用经验预估模式,20 世纪 90 年代后,虽然加入了数据量化论据,但是总体上,广告主和媒体之间围绕传媒广告定价的博弈还是主观的、论据不足的"哥德巴赫猜想"。直到 2010 年代,以 RTB 系统为代表的算法驱动下的广告定价策略模型产生,围绕广告定价的"哥德巴赫猜想"有了精准化、实时化的解决路径。(见图 4)

---

① 李凤萍:《大数据时代的网络广告模式——基于 RTB 的网络广告市场运作模式分析》,《编辑之友》2014 年第 4 期。
② QuestMobile2021:《互联网广告市场半年大报告》,2021 年 8 月,https://weibo.com/ttarticle/p/show?id=2309404676252832235855

广告定价决策

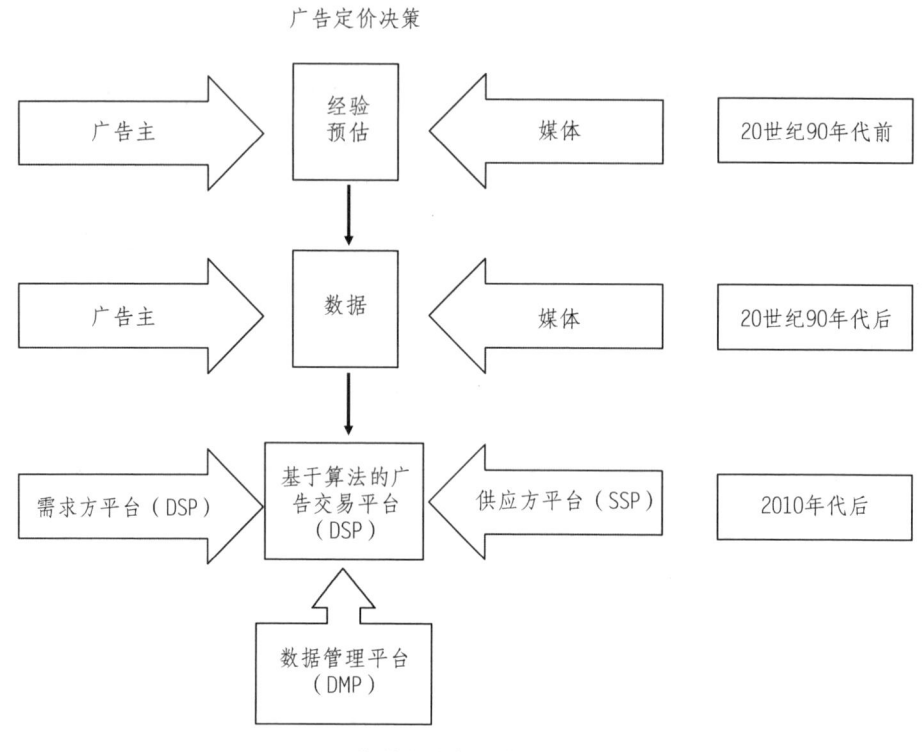

```
广告主 →  经验预估  ← 媒体      20世纪90年代前

广告主 →   数据    ← 媒体      20世纪90年代后

需求方平台(DSP) → 基于算法的广告交易平台(DSP) ← 供应方平台(SSP)    2010年代后
                          ↑
                    数据管理平台(DMP)
```

图4 传媒广告定价策略的演进史

四、算法对传媒广告产品创制的影响

营销领域做大市场的方式中，做大市场蛋糕，扩大市场整体规模是竞争双方都能接受的"双赢"策略，通过打破原有产品的创制局限，实现产品创新是扩大市场规模最有效的方式之一。

学界一般把互联网出现之前的媒体统一界定为传统媒体，传统媒体的技术手段有限，信息传播也以单向传送为主，如前文所述，不具备应用算法技术的条件，其广告产品的创制也受媒体特性限制，是单一的、有限的，广告市场规模不可能无限扩张。所以，在算法技术得以应用的互联网媒体出现前，传媒广告市场规模扩张有限，发展速度缓慢（见图2）。以电视媒体为例，电视媒体以时间为基本构成单位，按照时间轴加载视听表达为主的内容，并将内容单向传送给受众。这是电视媒体的传播特性。因此,电视媒体广告产品的创制也无法脱离本媒体的传播特性。它是以时间长度为基本切割单位,以时间和视听内容融合形成的收视人群价值为媒体价值基础创制产品并进行定价。例表2的《东方卫视2021年广告招商刊例价格表》就是以时间(播出时段)和视听内容(栏目名称)为基础,以时长(15秒)为单位创制的广告产品价格表。由于每天24小时的时间长度是一定的,广告价值无非在24小时的时长内根据不同视听内容(栏目)背后吸附的人群及其价值进行微调,因此,广告产品市场规模的扩张有一定的限度和边界。

表2 东方卫视2021年广告招商刊例价格表(截图)

东方卫视2021年广告招商刊例价
(2020年10月22日至12月31日招商期使用)

单位:元

播出时段	栏目名称	2021年15秒招商刊例
约07:00-09:00	看东方(中、后)(周一-周五)	25,000
约07:00-08:10	看东方(中、后)(周六-日)	25,000
约08:10-09:00	新闻专题(前、中)(周六-日)	25,000
约09:00-12:00	上午剧场(片前)/栏目重播(前、中)(周一-周五)	35,000
约09:00-11:30	上午剧场(片前)/栏目重播(前、中)(周六-周日)	48,000
约11:30-12:00	潮童天下(前、中)(周六-周日)	48,000
约12:00-12:30	午间30分(前、中)(周一-周五)	40,000
约12:00-12:30	午间30分(周六)/新闻专题(周日)(前、中)	48,000
约12:30-17:00	下午剧场(片前)/综艺精选(前、中)(周一-周五)	48,000
约12:30-17:00	下午剧场(片前)/综艺精选(前、中)(周六-周日)	68,000
约17:00-17:30	文娱新天地(中)(周一-周五)	68,000
约17:30-17:58	名医话养生(中)(周一-周五)	68,000
约17:00-17:30	下午剧场(片前)/综艺精选(前、中)(周六-周日)	78,000
约17:30-17:58	诗书画(中)(周六-周日)	78,000

算法技术的出现,将计算机编程逻辑中的拆解思维带入了传媒广告产品创制中。按照计算机编程逻辑,需要解决的问题将会被拆解成若干步骤或层次,逐步执行直至达到最终结果。借鉴编程思维,如果将传媒信息传播链从横向的内容标签和纵向的传播流程链接点两个维度进行拆解,赋予计算模型,加载数据并应用算法技术进行拆解后整合,形成若干个模块,并赋予每个模块

广告价值，那么，整体广告市场就突破了单个媒体只有相对单一的一种或者几种广告产品的模式。理论上，传媒信息传播链的节点可以无限拆分，内容标签也可以根据不同的向度无限设定，因此，在算法技术的支持下，广告产品的数量可以无限扩张。以互联网媒体为例，一是互联网媒体在媒体特性上突破了传统媒体单向传播的局限，能够在每一个传播流程节点上都跟用户产生互动；二是互联网媒体能在每一次跟用户互动的过程中，留存积攒大量的数据；三是互联网媒体在传播特性上突破了时间和空间限制，做到了随时随地的内容传播。如前文所述，满足了应用算法技术的条件。再充分运用算法的拆解思维创制广告产品，就为广告市场规模的整体扩张提供了可能，也为整个传媒广告市场的爆发性增长创造了条件。

以增长黑客理论（AARRR 模型）为例。[1] 该理论最早由 Sean Elles 在硅谷提出，它是在数据和算法技术的支持下，在了解用户行为和喜好基础上，由获取（Acquisition）、激活（Activation）、留存（Retention）、付费（Revenue）四个流程建构出倒金字塔模型，在信息传播的每个关键节点计算、获取并留存用户，最终实现自觉推荐（Refer）的用户爆发式增长，即 AARRR 模型。将增长黑客理论（AARRR 模型）应用到互联网媒体的广告信息传播链中，就是通过算法找到广告信息的目标用户，吸引用户通过网页、APP 或者其他平台获取（Acquisition）广告主发布的信息；用户以点击广告页面或其他与信息互动的行为为代表，产生激活（Activation）信息的行为；用户以注册、浏览等行为为代表，在广告信息上产生留存（Retention）；进而用户产生付费或者其他产生效益的行为（Revenue），实现广告效果转化；最后，广告信息通过主动推荐（Refer）进入下一个传播循环。

增长黑客理论（AARRR 模型）下，广告信息传播的每一个流程节点，都有算法对数据的精准计算，以及对目标用户的内容推送，并在此过程中，创制出的广告产品。例如在增长黑客理论第一阶段，也就是获取信息阶段，创制出的广告产品形式为 CPM（Cost Per Mille），即按照广告千次展现的倍数来收取广告费；CPD（Cost Per Day）或者 CPT（Cost Per Time），即广告按照一定时间段

---

[1] [美]肖恩·埃利斯、[美]摩根·布朗著，张溪梦译：《增长黑客》，中信出版社 2018 年。

(每天或者每星期等)来收费。在增长黑客理论第二阶段,也就是产生激活阶段,创制出的广告产品形式为 CPC(Cost Per Click),即广告按照被点击的频次来收费。在增长黑客理论第三阶段,也就是留存阶段,创制出的广告产品形式为 CPA(Cost Per Action),即广告按照信息留存行为的数量来收费,这个行为可以是回应的有效问卷数量或注册登记的数量等。在增长黑客理论第四阶段,也就是付费行为阶段,创制出的广告产品形式为 CPS(Cost Per Sales),即按照实际销售产品数量来收取广告费用,例如电商导流广告等。如果说增长黑客理论第一阶段的广告产品,与传统媒体的广告产品类似,是在没有用户互动的前提下,根据广告展示的时长和频次以及看到广告的人群价值来计算广告费用,那么,之后的几个阶段,就是在算法的拆解思维引领下,通过拆解细分信息传播链以及用户行为链,以用户互动和实际行为效果为目标的广告产品了。

  例如图 5 和图 6 就是今日头条某季度《信息流广告产品价格表》和《广告产品定向投放价格收费规则》,是今日头条一部分的广告产品报价。在算法技术推动下,今日头条按照信息传播流程中不同的流程节点和用户行为创制出了 CPM、CPT、CPV 等广告产品形式,并根据广告主确定的不同目标用户标签进行不同的广告费用加收,相当于将媒体在信息传播流程链拆解基础上再加以用户标签维度的交互融合,创制广告产品。每一个广告产品背后,都有算法技术驱动下的数据化计算模型支撑。理论上,用户的互联网使用行为,也就是传播流程链以及目标用户标签可以无限切分和交互融合,因此,广告产品创制也可以无限精细化。在这个过程中,广告的市场规模也得到了无限延展。

  互联网媒体,就这样在内容标签设定和传播流程细分的过程中,应用算法技术,不断创新扩充广告产品的种类,带来了传媒广告市场规模的整体扩张。

平台	产品形式	产品名称	频道/定向	产品位置	广告形式	计费方式	刊例价	售卖单位	资源级别
今日头条（含今日头条极速版）（Phone端 iOS&Android）	信息流	推荐信息流4-1-CPT	推荐频道	信息流首刷	小图/大图/组图/视频/微动/全景/轮播/双子卡/精品栏/随心互动	CPT	27,000,000	元/天	S
		推荐信息流4-1（神灯）-CPT	推荐频道	信息流首刷	视频+彩蛋	CPT	32,400,000	元/天	S
		推荐信息流-智能优选-CPM	推荐频道	信息流	小图/大图/组图/视频/微动/全景/轮播/双子卡/精品栏/随心互动	CPM	160	元/CPM	S
		推荐信息流-位置优选-CPM			小图/大图/组图/视频/微动/全景/轮播/双子卡/精品栏/随心互动	CPM	180	元/CPM	S
		推荐信息流-智能优选（神灯）-CPM			视频+彩蛋	CPM	192	元/CPM	S
		推荐信息流-位置优选（神灯）-CPM			视频+彩蛋	CPM	216	元/CPM	S
		推荐信息流-播放优选-CPV（0秒播放计费）			视频	CPV	180	元/CPV	S
		娱乐频道信息流-智能优选-CPM	娱乐频道	信息流第4位	大图/小图/组图/视频/微动/全景/轮播/双子卡/精品栏/随心互动（视频频道仅支持大图/视频）	CPM	120	元/CPM	S
		视频频道信息流-智能优选-CPM	视频频道	信息流第4位		CPM	120	元/CPM	S

备注
1.开屏CPT素材选用不得超过7天，信息流CPT素材选用不得超过3天。
2.点击外链地址必须为H5落地页或头条号发布的详情页（H5落地页大小不超过1M，页面不支持横屏，且打开后不可自动播放音乐和视频），不可链接至商品。
3.文字标题及图片素材需符合头条的市场定位，为达到最佳投放效果，可能会进行微调。广告区域标注有“广告”字样。
4.本刊例的使用期限为2021年7月1日至2021年9月30日。如遇页面改版或产品更新，需以实际情况为准。
5.不支持用于使用期限外的资源购买。部分资源存在释放周期，不支持提前预留，因提前预留致使实际库存不足所导致的消耗欠量，不予补量或改单。
6.CPT计费的广告位，季度包断购买，需单独提长周期购买需求，确认支持后才可下单。CPM产品单计划100cpm起售，若定向下库存不足100cpm需买完剩余库存；
7.信息流内视频广告（含频道）禁止落地页加横屏动效。
8.按CPM/CPV购买的产品支持周期排程，系统将尽量按照排程要求展示广告，但不保证所有展示均在频次内。
9.投放应用下载推广目标，iOS与Android需分开下单。
10.每个刷次第4位的信息流广告，为了优化广告投放效果，鼓励广告主提升创意质量，质量更高的广告将会出现在每个刷次的靠前位置（第2、3、4、5位），实际展示位置以系统模型运算为准。

图5 今日头条信息流广告产品价格表

定向类型	类别	详情	CPM单价溢价比例	备注
城市	核心城市	北京、上海、广州、深圳	30%	
	重点城市	石家庄、沈阳、哈尔滨、杭州、福州、济南、武汉、成都、昆明、兰州、南宁、银川、太原、长春、南京、合肥、南昌、郑州、长沙、海口、贵阳、西安、西宁、呼和浩特、拉萨、乌鲁木齐、青岛、大连、宁波、厦门、苏州、天津、重庆	10%	
	其他/全省	其他/全省/全国	0%	购买全国：城市排除不超过80个市，按通投处理。
性别	-	-	0%	
年龄	-	18-23，24-30，31-40，41-49，50+	0%	
兴趣分类	-	兴趣分类详情以系统展示为准。	0%	
操作平台定向	iOS	-	30%	
	Android	-	0%	
网络环境	WIFI	-	0%	
时间段	-	-	10%	
内容分类/视频分类	-	-	0%	
内容关键词	-	-	0%	
人群包	iOS相关	IDFA，IDFA-MD5，苹果品牌，iphone X 等苹果机型，拓展设备	30%	
	第三方数据	第三方视频会员数据	15%	1. 不支持与其他第三方数据标签叠加使用； 2. 支持与平台自有标签叠加使用。
	其他标签	-	0%	

备注：
1.CPM/CPV产品支持如上定向条件的单价溢价规则，支持多条件交叉定向，多条件交叉定向时溢价规则叠加使用（溢价规则计算公式=基础刊例价*【1+溢价系数a+溢价系数b】，例如：基础刊例价=100，北京城市溢价30%，iOS溢价30%；则定向北京，iOS的刊例价=100*（1+30%+30%）=100*1.6=160），定向条件叠加时正常加收，无上限

2.人群包溢价规则：通投排除安卓的情况，按照iOS溢价加收；仅iOS平台与安卓平台合并运算，不溢价，若还定向其他iOS相关，按iOS溢价加收。

3.人群包使用门槛：常规人群包（云图平台支持投放的人群标签，京东购物数据除外）：单计划100CPM 起售。
定制人群包（不包含在云图平台标签中的定制人群需求，需运营支持）：今日头条/抖音：50万起售；西瓜/火山小视频：20万起售；京东购物数据：50万起售。

图6 今日头条广告产品定向投放价格收费规则

五、讨论和结论:算法技术带来的风险

艾瑞咨询针对广告主的一项调研数据显示①,广告主认为营销新技术带来了"营销数据可实时追踪(49.2%)"、可以"提升工作效率,节省人力成本(49.2%)"、可以"了解市场需求,提出有效策略(48.3%)"等价值。所以,算法技术通过推动广告市场格局变更、广告运营体制革新、广告定价策略的改变以及广告产品的创新设置,让广告主在广告花费过程中提高论证效率,做到论据充足,心中有"数",产品选择无限。在缓解了广告主"哥德巴赫猜想"之痛的基础上,做大了整个传媒广告市场规模,促进了传媒广告运营范式的科学发展。目前看来,备受广告主青睐。但是,艾瑞咨询针对广告主的调研数据也显示②,广告主希望营销新技术能够解决一些痛点,包括"营销效率问题(61.9%)"、"消费者数据信息运营及分析(49.2%)"问题、"投放预算分析(43.2%)"问题等。也就是说,近年来,虽然算法技术的应用,提高了广告投放效益,但是广告主在享受着以算法为代表的营销新技术带来红利的同时,也产生了能否利用算法技术再进行数据的深入剖析,解决目标用户选择、广告内容创新等新的困惑,由此产生的风险也初现端倪。

首先是算法带来的技术风险。桑斯坦在《信息乌托邦》里提到信息茧房(information cocoons)时说,信息茧房就是:"我们只听我们选择的东西和愉悦我们的东西的通讯领域。"③的确,在传媒广告运营领域,算法基于数据库,在计算模型的基础上,可以将广告主所要到达的目标定位越来越精准化。比如在程序化广告实时竞价系统(RTB系统)中,广告主设置一个目标用户标签,算法在模型基础上,经过人工智能的多次"投喂",可以将目标标签无限精准化,提高广告主对目标用户的搜索效率,降低广告费的"浪费"率。以一个化妆品

---

① 艾瑞咨询:《2021年中国网络广告年度洞察报告——产业篇》,2021年9月17日,https://mp.weixin.qq.com/s/n6sUjCnR5IzQFzVRIaizGQ

② 艾瑞咨询:《2021年中国网络广告年度洞察报告——产业篇》,2021年9月17日,https://mp.weixin.qq.com/s/n6sUjCnR5IzQFzVRIaizGQ

③ [美]凯斯·R.桑斯坦著,毕竞悦译:《信息乌托邦》,法律出版社2008年,第8页。

品牌为例,在RTB系统中,可以将其广告投放的用户标签设置为18—35岁的女性,甚至更精细些,增加设置一线城市、经常购置名牌服饰等标签。广告主为这些用户标签设置一个竞标起始价格,算法系统就根据数据计算模型进行校准,理论上可以使广告主投放的广告费完全精准到达目标用户。广告主也可以体验到因目标对位而带来的效益"愉悦"。但是,算法让产品用户目标无限精准直至完全聚焦,从而给广告主带来因目标对位而"愉悦"的同时,其价值观也并非中立,它也存在机械式迎合目标标签而排斥标签外其他对象的"算法偏见"(algorithmic bias)和"算法歧视"(algorithm discrimination)等内生性问题。① 目标标签群体规模有限,在无限精准的同时会造成外围的"潜在"产品用户很难"看到"产品广告,反而带来产品用户流量池的缩减,使市场规模越来越小。企业要做大市场规模,还需要不断"拉新"扩张。如何"激发新客户",规避算法的技术风险,这是算法给传媒广告运营范式带来的第一个问题。

其次是算法带来的在广告内容创制上的风险。传播出去的信息既能实现效果转化又让品牌进入用户长久记忆形成永久忠诚是每个广告主梦寐以求的期望。笔者2015年曾与尼尔森公司联合,针对多档影视、综艺节目的植入广告做过植入效果调研。研究显示,在各种类型的植入形式中,品牌广告与内容和情节紧密结合,出现的场景与节目内容毫无违和感,并且深度结合节目主信息(比如与主角有深度意义性关联、主持人口播等)的植入广告类型是最容易让人接受的。这是为什么?心理研究表明②,有记忆功能的神经元遍布于皮层表面,我们大脑的记忆存储是一个合作性质的活动并且偏爱模式匹配。所以,要让大脑对信息更好地接受并进行长久记忆的转化,我们最好对信息进行精细化编码。只有让信息更详细、更实例化,并且与上下文内容相关联,有机会与用户大脑中的某个信息建立联系,信息才很容易被人记住。然而,算法至上的技术手段是一种把非结构化的个性内容转化为结构化的数据内容的技术手段,尽量让信息剥离感性化、叙事化的成分,成为理性化、公式化的数据,然后去匹配另一组数据。这是有违人类信息接收的心理机制的。因此,如何将算

---

① 许向东、王怡溪:《智能传播中算法偏见的成因、影响与对策》,《国际新闻界》2020年第10期。
② [美]约翰·梅迪纳(John Medina)著,杨光、冯立岩译:《让大脑自由——释放天赋的12条定律》,浙江人民出版社2015年,第94—99页。

法进一步结合内容,既实现算法技术下数据的即时精准匹配,又实现内容叙事方面的灵活创制,让信息进入长久记忆,是广告主最想实现的广告投放效果,也是算法给传媒广告运营范式带来的另一个风险。

综上所述,我们不难看到,算法为传媒广告运营范式带来了一系列解决问题的路径和方法,但同时也带来了新的运营风险,是否认真对待并且寻求到算法风险的解决路径决定着未来中国传媒广告运营范式能否科学和可持续发展。路漫漫其修远兮,历史总在问题解决的途中上下求索。

(朱晓姝,上海出版印刷高等专科学校高级经济师;张波,上海出版印刷高等专科学校副教授)

The Impact of Algorithm on the Media Advertising Operation Paradigm from the Perspective of Media History

Zhu Xiaoshu　Zhang Bo

Abstract:At present, there is a lack of historical perspective in academic and industry research on the impact of marketing technology represented by algorithm on media advertising. Only by taking history as a mirror can we create a better future. Throughout the history of media, the market reform of China's media advertising operation takes the extensive application of algorithm technology as the watershed. Taking the media advertising operation paradigm as the research object, this paper focuses on the four representative dimensions of advertising market structure, advertising operation system, advertising pricing strategy and advertising product creation in the advertising operation paradigm and discusses the impact of marketing technology represented by algorithm in the development history of media advertising. However, a coin has two sides. The algorithm brings risks to the media advertising operation, which is mainly reflected in: first, at the technical level, after the "information cocoon" is brought into full play, there is algorithm bias. And at the content level, data extremes lead to the lack of ability to grasp the psychological mechanism. A glimpse of a leopard, this paper hopes to provide new ideas and perspectives for academic research and industry practice.

Keywords: Algorithm; Media Advertising Operation; Paradigm; Advertising History

核心话题:算法社会的文化趣味与走向

AI 时代"深度合成"的传播格局重构与技术风险[①]

宋雪

摘要:AI 时代,"深度合成"技术给传播格局带来前所未有的新样态。技术带给人们新鲜的体验感,构建虚拟场景,还原不在场细节;解放重复性劳动,使新闻从业者有更多精力投入创造性工作中。与此同时,"深度合成"技术也存在潜在风险,信息真伪难辨引发舆论场混乱,冲击新闻传播生态,加剧社会信任危机。

关键词:深度合成;传播格局;技术风险

自 2017 年"深度合成"技术走入人们的视野中来,这一技术既发挥了正向的应用价值,同时也引发了人们的担忧。其正向应用价值体现在新闻传播、影视娱乐、电子商务等领域,如新华社的"AI 合成主播"将新闻工作者从重复性

---

① 本文系辽宁省社会科学规划基金青年项目"突发公共事件中谣言协同治理能力提升策略研究"(项目号:L20CXW006)的阶段性成果。

的劳动中解放出来;《速度与激情7》"数字复活"了已过世的演员保罗·沃克,保证了作品的完整性;Superpersonal公司为用户设计了虚拟试穿系统,用户可以上传自己的脸部照片并替换到短视频中,从而在购买前进行虚拟试穿。①与此同时,"深度合成"技术带来的伪造视频滥用引发人们的担忧,伪造视频滥用还可进一步引发舆论治理、媒介信任、社会信任等方面的危机。怎样理解人工智能时代"深度合成"的技术原理和背后的技术逻辑?如何认知"深度合成"技术给传播格局带来的变革?又如何理解"深度合成"技术带来的传播风险?这些问题的探讨是对"深度合成"的技术反思并关切着"深度合成"技术的成长道路。本研究在分析"深度合成"技术原理,从科技哲学角度梳理其技术逻辑的基础上,深入分析了"深度合成"技术给传播格局带来的变革,并反思其带来的技术风险。

一、"深度合成"的技术溯源

1."深度合成"的技术原理

"深度合成"的概念来源于计算机科学中"深度学习(Deeplearning)"和"合成(Synthesis)"的结合,作为一种基于算法指令自动化运行的合成媒体(Syntheticmedia)技术手段,"深度合成"技术泛指借助人工智能算法和计算机虚拟合成技术生成的数字化文本内容,包括自动生成的文本、图像、语音、视频等内容形态。② 这一技术通过对文本、图像、语音、视频等内容的再次制作,生成新文本、新图像、新语音、新视频。"深度合成"依托的人工智能深度学习技术主要包括生成对抗网络、自动编码器、卷积神经网络和循环神经网络等。③

"深度合成"技术的实现主要依托三个步骤。第一步是提取数据,收集大量数据并使用技术工具提取特征数据,为后续的操作提供数据基础。第二步

---

① 腾讯研究院、腾讯优图实验室:《AI生成内容发展报告2020——"深度合成"商业化元年》,2020年5月15日,https://max.book118.com/html/2020/0514/5331312022002244.shtm

② 喻国明、梁爽:《重构与挑战:"深度合成"的传播影响与技术反思》,《山西大学学报(哲学社会科学版)》2021年第2期,第70—75页。

③ 赵国宁:《智能时代"深度合成"的技术逻辑与传播生态变革》,《新闻界》2021年第6期,第65—76页。

是模型训练,结合深度学习等算法,在上一步提取到的数据当中进行模型训练,深度挖掘出数据的特征和规律。第三步是合成转换,将前两步的操作内容汇总、计算,输出最终结果,结果形式可以为"深度合成"图像、"深度合成"音频或"深度合成"视频。

人工智能技术不断进步,现阶段的"深度合成"技术融合了文本、图像、音频、视频合成内容,成为一项具备多重属性的多模态合成技术。该技术分为视觉领域的图像、视频合成,听觉领域的音频合成,以及囊括了视觉领域与听觉领域的综合性合成。视觉领域的"深度合成"包含人脸合成、人脸替换、唇形同步、人脸再现和动作迁移。① "深度合成"技术可以学习任何人的脸部特征并将其换到视频中人的身体上。音频"深度合成"技术包含文本转语音、复刻演讲者声音等。

现阶段"深度合成"技术的应用场景主要分为四类。第一类为使用软件工具进行人脸替换,如"Fakeapp"软件,被用来给视频中的明星换脸,主要用于娱乐用途。第二类为"深度合成"技术的负面应用——"深度伪造",恶意篡改原视频的声音或表情,完全颠覆视频原本的含义。通过丑化或污蔑公众人物,来制造舆论热点、影响事件发展态势。第三类为创造虚拟人物、场景,通过"深度合成"技术创建出现实中并不存在的人物形象或场景,被应用于获取网络开源情报。第四类为创建音频或视频模型,通过前期海量数据学习与提取,创建出模型,输出"深度合成"的音频或视频结果,被应用于欺诈行为。

2."深度合成"的技术逻辑

依据"深度合成"技术的作用原理,其过程可以归纳为"输入—学习—输出",通过对海量数据进行预处理并建构模型,输出全新的图片、音视频文件,这是一个不涉及价值与情感判断的纯数学过程。但当技术进入社会生活应用场景时,则不再是单纯的、中性的技术过程,而是关系到了诸多伦理与价值问题的过程。而要厘清技术的伦理与价值问题,则必然要从科技哲学角度来分析其深层逻辑。

---

① 赵国宁:《智能时代"深度合成"的技术逻辑与传播生态变革》,《新闻界》2021年第6期,第65—76页。

从科技哲学角度来看,人类的先天本能的缺失推动了技术进步与发展。[①]人类不断创造出新的工具来作为人的延伸,实现更强大的功能。而技术也在人类的不断实践中,产生多种多样的结果,确立了其内生的某种性质——或善或恶,或是中性,并对人类社会产生重大影响。在技术与人类的互动过程中,技术本身所蕴含的意向结构和技术逻辑会指引人们依照某种方向去行事,即技术规制了人类的行为方式。

"深度合成"技术的生成承载着高度仿真的需求,即模仿人类在搜集、计算、处理信息与实践过程中的神经逻辑状态,并输出动作行为、信息处理意志作为结果。这一技术在传播生态中发挥了重要的正向作用,在诸多需要高度仿真的领域,如 AI 合成主播、虚拟主播、智能剪辑、语音合成、图像修补等,突破了原本的时空场景限制,发挥高度仿真的效能。[②]"深度合成"技术的应用可以将人们从重复性的劳动中解放出来,以便有精力投入创造性劳动当中,更好地发挥人类的价值。同时,"深度合成"技术在传播生态环境中给人们带来了更加逼真的、立体的临场感体验,给传播范式与社会行为带来巨大变革。但在一些不必要场景中,"深度合成"技术的意向结果并不会发生变化,极有可能引发"深度合成"技术的负面应用——"深度伪造"问题。技术自身的高度仿真逻辑指向了信息篡改、伪造这些负面应用,并由此挑战了传播生态环境,破坏社会秩序。从总体上看,"深度合成"技术所蕴含的意向结构是指引人们走进数字虚拟化生存时代,在新的场景当中,技术解放了人类劳动、带给人们更加生动的体验,同时新技术也给人类社会带来负面作用,破坏旧有秩序,重构人类的认知与行为模式。

二、"深度合成"带来的传播格局重构

在当今的人工智能时代环境下,5G/6G、算法、区块链等人工智能技术推

[①] 别君华、许志强:《媒介智能化与智能网络社会转型》,《海南大学学报(人文社会科学版)》2019年第5期,第68—74页。

[②] 赵国宁:《智能时代"深度合成"的技术逻辑与传播生态变革》,《新闻界》2021年第6期,第65—76页。

动了多维智慧媒介发展,进入了"万物皆媒""万物互联"的时代。超强算法、生物智能、移动传感等技术推动了"深度合成"技术的发展,重构了人与技术之间的关系,人工智能技术正在快速进入传播生态的各个环节,导致传播格局重构,并构建了新的时代环境与现实需求。

人工智能新技术的进步与发展为"深度合成"技术提供了基石,进入了传播生态领域的方方面面。这一技术具备高度仿真特性,能够实现搭建社会场景、构建虚拟人物形象、实现深度文本融合。目前,"深度合成"技术以其高技术融合性和算法成熟性,被广泛应用于影视、娱乐、教育、社交、电商、科研等诸多领域,重构了传播格局。

1.沟通交流的新体验与数字化虚拟生存

"深度合成"技术将媒介的可供性提高到了前所未有的高度,人们在媒介可供性方面受到的制约减少,临场感体验大大增强。临场感体验的增强体现在两个方面,一是空间距离被突破,人们的沟通交流、信息传递打破了空间限制;二是体验更加逼真、立体,技术给沟通交流带来了新的临场感体验。在新的技术条件下,人们可以与历史人物、失语者、已逝去的人进行虚拟仿真音视频沟通交流,突破时间限制,体验前所未有的传播模式。技术搭建的虚拟场景则突破了空间限制,人们可以在虚拟场景中实现交往。

"深度合成"技术通过其先进的算法优势,融合了多产业、多场域,帮助产业寻找到新的发展路径,给产业提供发展动力,也给生产者和使用者带来新奇的体验。"深度合成"技术帮助产业节约了制作时间与资金成本,制作者可以将精力集中于更需要人类智慧的、需要创造力的领域,给处在产业生产端的生产者提供新体验。近年来,这一技术的应用发展影响了游戏、艺术、娱乐、社交通信、新零售等产业领域,为影视制作公司、博物馆修复、深度报道、数字复活等工作开辟了新的工具和平台,给媒介受众带来丰富的传媒体验。在当今社会,媒介消费者更注重消费价值与体验价值,媒介产业也随之做出调整,更加重视用户的感受,以用户为中心,能够为用户提供更具个性化服务的"深度合成"技术备受青睐。

"深度合成"技术的诸多应用场景已经深入日常生活中,例如手机应用App"去演",可以通过人脸互换的方式,实现图像、视频的深度合成。除此之外,"深度合成"技术带来的AI合成主播、虚拟偶像、虚拟客服等也带给人们身临其境的体验。① 以"深度合成"技术支持下的虚拟偶像为例,技术通过先期的数据搜集与计算,在虚拟或现实场景中构建出虚拟人物形象,为其打造仿真内涵与人格。深度语音合成技术通过声音、语态的捕捉与搜集,为虚拟偶像的发声系统提供技术支持。"深度合成"技术打造的虚拟偶像,在实现设定目标的同时,还可以通过与粉丝的多次互动来升级、完善自己的内涵,给用户带来丰富的媒介体验。

2.新闻生产传播的新样态与劳动解放

"深度合成"技术进入新闻生产与传播领域后,推动了相关专业新闻领域的变革,使新闻生产与传播活动更加智能化、仿真化、多元化,进入新闻生产、传播、通信社交的新时代。

随着算法对新闻生产与传播领域的参与,"深度合成"技术逐步加深了与新闻领域的合作。在新闻生产方面,"深度合成"技术可以依据先期获取的数据,通过深度学习,输出相应的图片、音频、视频内容。"深度合成"技术不仅可以实现对新闻题材、模板的学习、模仿与生产,还可以通过学习情感、文字风格等内容,实现情感、文章风格等方面的生产与制作,快速输出更为优质的新闻文字、图片、音频、视频内容,为新闻从业者节约具体内容写作与生产的时间,缓解劳动压力。美国OpenAI实验室的自然语言人工智能系统,可以通过获取语气、主题和风格等方面的数据,输出相应的文字、音视频内容。在新闻信息传播方面,虚拟主播的出现将新闻播报员从重复性劳动中解放出来。虚拟主播可以实现24小时不间断播报,保证了新闻传播的时效性。目前,虚拟主播仍存在一些问题,如语音不连贯、合成人脸恐怖谷效应等,但随着"深度合成"技术不断发展进步,针对音视频的算法逐步优化,这些问题终将解决。② 除此之外,同步语言翻译技术可以在保留原音频特征的同时,实现多语言转化,打破了同声传译的滞后性,减少信息耗损,突破沟通传播过程中的语言障碍。

---

① 袁梦倩:《赛博人与虚拟偶像的交互:后人类时代的跨媒介艺术、技术与身体——以虚拟偶像"初音未来"的传播实践为例》,《媒介批评》(第九辑),广西师范大学出版社2019年,第64—73页。

② 赵国宁:《智能时代"深度合成"的技术逻辑与传播生态变革》,《新闻界》2021年第6期,第65—76页。

一条新闻可以通过同步语言翻译技术同步向多语言用户传播，信息同步既体现在发送端，又体现在信息接收端。在信息社交方面，人们可以通过"深度合成"技术实现与新闻的沉浸式互动，为人们提供更好的临场体验。"深度合成"技术从新闻生产、新闻传播、信息社交等方面为用户带来更为优质的体验，同时也将新闻人从繁重的劳动中解放出来，如通讯写作、音视频制作、信息播报、新闻编译、新闻信息互动等，新闻从业者将释放出的精力投入创造性劳动当中，并借助"深度合成"技术，助推新闻生产传播活动发展。

三、"深度合成"技术与社会风险

"深度合成"技术的出现给传播格局和社会结构带来了挑战。技术带给人们更为优质的传播体验和便利的传播条件，但与此同时也带给人们技术滥用、数据伪造等一系列问题。

1.舆论治理风险：信息真伪难辨引发混乱

"深度合成"技术的超真实虚拟仿真特性给舆论场带来诸多风险，超真实虚拟仿真特性模糊了真实与虚拟的边界，使得信息真伪难辨，甚至连图像、音视频这类信任度高的信息承载形式都变得真假莫辨。"深度合成"技术通过处理声音、图像，来伪造、扭曲真相，由于图像、音频、视频信息的高可信度，大众很容易将接触到的这类信息视为真相，因而"深度合成"技术的欺骗性更高，人类以往的判别标准失灵，大众很难分辨信息真伪。以往人们基于文风、字体判断文本真伪的实践经验被"深度合成"技术冲击，人工智能的"深度合成"技术可以通过搜集人类的手写文本，从中分析出写作与字体风格，再输出高度相似的文本，这一技术可能被应用于模仿书信、伪造签名。以往人们根据声音、容貌等生理特征判断音视频真伪这一实践经验也被"深度合成"技术冲击，高度仿真的特性让原本用来判别真伪的基本元素变得不再可信。大众错信"深度合成"的虚假内容，或进一步传播扩散虚假信息，或在错误信息的基础上进行思考、辩论，严重扰乱舆论场。

"深度合成"技术的应用难度降低，信息伪造成本降低，则进一步加剧舆论场的混乱程度。技术通过深度学习，将搜集来的数据进行分析转化，输出想要的结果,提高了虚拟仿真的效率,与此同时"深度合成"技术的应用门槛也在逐步降低,非专业技术人员也可以利用技术来伪造信息内容,严重扰乱舆论场。

作为"深度合成"技术的负面应用,"深度伪造",始发于虚假色情视频制作,2017年,有人将美国明星的面孔转移到色情视频当中,引发大量关注。次年,"深度伪造"技术软件向公众开放,大大降低了视频换脸的技术门槛,这直接导致了换脸视频在推特网等网站上大范围出现。2018年,一则特朗普总统批评巴黎气候协议的短视频广为流传,被很多人信以为真,但真相是这则短视频是由比利时某政党利用"深度合成"技术制作的,技术滥用不断挑战着人们的信任感,给舆论场带来巨大冲击。"深度合成"技术门槛降低,"深度伪造"的影响早已渗透到我们的身边,深刻影响着每一个人。2019年,唐嫣、杨幂、刘诗诗、范冰冰等明星的面孔被替换到某短视频中,其高度逼真的样态引发人们热议。同年,"深度合成"技术软件"ZAO"迅速流行,换脸视频制作成本进一步降低。

虚假视频的制作原理为通过"生成式对抗网络"机器学习技术从原文件中检测出受试者嘴和脸的移动方式,再将学习到的数据嫁接到新的文件中,从而实现图片、音视频部分元素的篡改。这一流程落实到用户端,仅需要"深度合成"技术软件包和用于深度学习的数据库,"深度伪造"信息便可轻松实现。其中,深度学习的过程又被称为"无监督学习",学习效果受原始数据量影响,数据库包含的量越大则学习效果越好,后续输出的"深度伪造"内容越逼真。随着移动端的技术升级,"深度伪造"的门槛逐步降低,制作虚假图片、音视频的成本下降,造成虚假内容泛滥。

别有用心者利用"深度合成"技术制作虚假信息,诱导舆论形成错误"民意",干扰舆论场,影响大众、政府乃至司法机关对各类社会事件判断调查的公正性。Facebook和YouTube等社交网络平台上出现大量的利用"深度合成"技术伪装成美国公民的虚拟账号,发布、传播利用"深度合成"技术制作的图像、音视频内容,这些虚假信息严重干扰了人们对事实的判断,误导舆论,影响人们的价值观,进而引发大规模的舆论危机、社会危机。"深度伪造"信息用有煽动性的信息吸引人们的注意,随意篡改事实使舆论不断翻转,严重扰乱舆论空间,削弱主流媒体对舆论的引导和对社会的弥合作用,挑动、激化社会各群体之间的矛盾。

2.媒体信任风险:冲击新闻传播生态

"深度伪造"技术给新闻传播环境带来风险与挑战。在当今的传播环境下,新媒体颠覆了传统媒体的信息分发模式和规范,成为人们获取信息的重要途径。新媒体缺乏信息"守门人",难以保证信息的真实性,出现了诸多谣言、假新闻等现象,冲击了媒体的可信度。① 以高度仿真为特征的"深度合成"技术异化正在加速媒体信任崩塌的趋势,加剧媒体的信任赤字危机。

"深度合成"技术介入新闻传播领域,影响了人们的传播行为。人们基于已有的媒介场域,倾向于相信"有图有真相",信任视频、声音、图片传递的信息,但"深度合成"技术的出现打破了原有的信任。与此同时,检测技术具有滞后性,很难在第一时间发现虚假信息,这就导致公众无法辨别真伪,影响了传播的信任感。"深度合成"技术使得图像、音频、视频这类本来具备高可信度的信息承载形式变得不再可靠,大众区分真实和虚假信息的能力和工具又存在滞后性,这会导致普通人主动或被动地放弃分辨信息真伪的意愿,并有可能走向另一个怀疑论的极端,对所有接触到的信息都产生怀疑。当大量虚假信息充斥在舆论场中,公众对媒介的信任感落空了,怀疑文化替代信任文化,导致人们对媒体产生普遍怀疑。无论新闻来源是传统媒体还是新媒体,普通人都无法对其产生信任,媒体的公信力大幅度下降。

"深度合成"技术的负面应用中,"深度伪造"短视频对媒体信任的冲击力最强。短视频是新媒体中最受关注的一类内容,短视频这种信息形式具有更强的信息张力,更容易获得受众信任,在依据算法推荐的短视频信息中,受众会潜移默化认同短视频内容,因而"深度伪造"短视频更容易获得用户的信任。当短视频领域充斥着真假难辨的信息时,其对受众的媒介信任所产生的冲击力是最大的。与此同时,"深度伪造"短视频的高度仿真特性使其内容更加难以检测、分辨。现有的短视频防伪技术是"数字标记""鉴定技术"以及"经认证的不在场证明",但伪造技术的发展速度往往要比破解速度更快,防伪技术难

---

① 宋雪、陈虹:《智能媒体辟谣行动框架研究》,《新媒体与社会》(第26辑),社会科学文献出版社2020年,第198—212页。

以应对"深度伪造"技术的快速演化性。① 识别、检测技术实际发挥的作用甚微,媒介信任度逐渐降低。

新闻从业者对"深度伪造"信息防不胜防,这些内容鱼龙混杂,真伪难辨,无论是利用技术还是人工都很难识别信息,虚假内容甄别的难度严重影响了事实核查,媒体的权威性一落千丈。相比于识别、检测技术,"深度伪造"技术拥有巨大的优势,新闻从业者缺乏适当的应对措施。防伪技术的滞后性以及内在的缺陷,都使人们产生一种深刻的无奈和无力感,进而上升至对新闻媒体的质疑和否定。

3.社会信任风险:加剧信任赤字危机

"深度合成"技术所制作出的内容被广泛传播,引发了诸多潜在的、隐形的问题与危机。技术被滥用于篡改图像、音视频信息,这些被歪曲的信息一旦被用于政治破坏、勒索、虚假宣传,则会导致社会信任赤字危机。在面对这些风险的同时,现有的识别与检测技术无法超越伪造技术的发展,"深度合成"技术不断进步、升级,而检测技术的发展一直存在滞后性,当检测技术发现虚假信息并清理时,虚假信息早已传播扩散并产生了恶劣的社会影响。

"深度合成"技术创造出高度可信但却完全虚假的图片、音频和视频资料,混淆了信息真伪,摧毁了人们追求真相的价值观。人们在混杂大量假信息的传播生态环境中,无法辨别真伪,进而怀疑一切信息,对真实音视频也冷漠无感。人们大量接收经过篡改的伪造信息,极易引发信任体系崩溃,个人信任建构与社会之间显现出冲突与矛盾,人们无法确定什么信息内容可以被信赖,进而导致整个社会的诚信体系坍塌。在人工智能时代,人们面对的是海量的、未辨真伪的复杂信息,很难及时地、迅速地感知信息生态的变化,无法及时对信任体系做出调整,形成信任危机。信任危机并不是明显地表现为信任撕裂,而是潜在的、缓慢的变化,体现为渐进的、持续的过程,不易发觉却影响深刻。在这样的技术环境下,传播生态进入了"深度后真相"时代。整个社会面临着伦理问题的挑战,并进一步导致诸多负面问题的爆发,让整个社会陷入停滞与混乱。

---

① 黎梦兵、吴勇:《新媒体的社会信任问题研究——基于"深度伪造"短视频视角》,《理论月刊》2020年第12期,第81—90页。

四、结语

"深度合成"技术重构了传播格局,带给人们前所未有的数字虚拟化生存体验,使新闻行业从业人员不再被重复性劳动消耗。与此同时,由于技术的便利性、操作简单性、生成内容的超真实性以及传统和现代检测手段的不确定性,技术给社会带来了诸多风险。信息真伪难辨引发舆论场混乱,冲击新闻传播生态,加剧社会信任危机,这些风险是人们在应用技术的过程中应时刻警惕的。

在人工智能时代,"深度合成"技术带给人们的既有丰富的媒体体验、劳动解放,又有舆论治理、媒介信任、社会信任方面的伦理与安全问题。对"深度合成"技术的把控,应将科技发展、伦理问题与人类社会的关系结合起来考察。技术与伦理之间的关系密不可分,技术要遵循伦理的态势而向前推行,伦理为技术演进提供指引,是科技进步的框架和底线,技术进步不可以脱离伦理的规制而向不可控制的方向发展。反思当下"深度合成"技术的发展,技术应当充分考量伦理问题,技术的革新和进步必然要以论题规范为依据,在伦理框架内推动。"深度合成"技术的发展与推进,应依据社会环境、技术治理经验,在尊重技术进步与伦理规范的前提下,逐步实现对"深度合成"技术的规制。现阶段,应从个体动机、组织管理、社会制度等多层次多维度,创新"深度合成"技术的治理途径,以"科技向善"为目标,实现对"深度合成"技术最大程度的善用。

(宋雪,辽宁大学新闻与传播学院讲师)

Reconstruction of Communication Pattern and Technical Risk of Deep Synthesis in AI Era

Song Xue

Abstract: In the AI era, deep synthesis technology has brought unprecedented new patterns to the communication ecology. Technology brings people a fresh sense of experience, constructs virtual scenes and restores the details because of absence; Liberate repetitive work and enable journalists to devote more energy to creative work. At the same time, deep synthesis technology also has potential risks. It is difficult to distinguish the authenticity of information, causing confusion in the field of public opinion, impacting the ecology of news communication and aggravating the crisis of social trust.

Keywords: Deep Synthesis; Communication Pattern; Technology Risk

符号·消费·想象：论CP文化

林芳毅

摘要：符号、消费与想象间的嬉戏使CP文化得以建构，它反映了青年群体对浪漫的追忆，对爱情的渴望心理，CP文化是符号"软暴力"形塑下的青年亚文化。消费思维笼罩下的CP文化发展经历萌芽、成熟和繁荣的阶段，也因此日渐形成一套严密的CP消费的话语体系。符号暴力颠覆了传统身体暴力，控制话语、操纵身体从而形成"软暴力"，它指引着消费，它形塑着当下青年群体的精神和心灵。随着大写的"人"终结，符号进入前台，话语与权力互相渗透相互隐含。符号扩张之下潜藏着权力的渗透与蔓延，其终极目标是实现资本权力的扩大化。嗑"CP"这一行为透露了青年群体对爱情的强行虚构与消费，在避"重"就"轻"的CP文化想象中，潜藏了人们试图重返古典精神世界建构起的爱情家园的愿望。CP文化是都市生活中的青年群体零散化与碎片化的心灵镜像，人们企图从爱情的想象中寻求短暂的心灵栖息地和避难所，然而，CP文化最终无法挽留已然消逝的浪漫主义，反而导致了精神史中英雄主义溃败的新危机。

关键词：CP；符号体系；消费文化；身体想象；CP文化

引言

关于网络热词 CP 的定义比较盛行的有：第一种是指 character pairing 的缩写，表示人物配对；第二种是指 couple 的缩写，表示情侣、夫妇。具有恋爱关系的角色匹配是其共同特点。CP 的说法源自日本，最初广泛流行于同人创作。但随着 CP 文化日渐出圈，它的使用率越来越高，粉丝甚至对一切角色都能强行配对并想象其中的恋爱关系，掀起了万物皆可 CP 的消费文化。CP 文化作为一种当下流行的大众文化，它的诞生与盛行经历了地表之下的萌芽期、浮出地表的成熟期、万物皆 CP 的繁荣期。2019 年在各种网剧改编中涌现大量的 CP，也由此诞生了一批热衷追捧与消费 CP 的粉丝"嗑学家"（CP 粉），这一群体以组 CP 为乐趣，他们最初关注的是自己崇拜、喜爱的明星之间的互动，享受"嗑糖"带来的快乐，逐渐发展为通过偶像的互动和营业，拼凑各种明星偶像的关联。甚至仅仅通过一些碎片化的镜头、照片、视频等传递的信息来强行想象获取快感。正是这一极端的 CP 生产与 CP 消费的双向互动将 CP 文化日渐推向高潮。大众嗑"CP"旨在消费 CP 的爱情来收获自己的快乐，因而 CP 日渐成为明星一种吸引粉丝的形式，一种营销手段。但是 CP 是在其诞生之前就存在的一种亚文化现象，只不过没有特指的概念。而当下我们为何如此迷恋嗑"CP"？当我们在嗑"CP"时我们在嗑什么？实际上，嗑"CP"现象下有着清晰的权力体系和话语逻辑。CP 文化的建构是基于消费逻辑体系下身体和符号的想象，资本逻辑体系生成了暴力话语体制，欲望操控着身体，资本话语控制 CP 的生成与消费，在满足消费行为的同时更满足了欲望快感。在 CP 文化的建构中可以窥见基于身体组合而满足文化想象背后潜藏的是当下复杂的精神症候。

一、作为符号与欲望隐喻的身体

CP 文化是一种基于身体想象的文化，强调通过符号和身体的配对而产生的文化想象。身体既是 CP 话语产生的场域也是表达的途径之一。身体在 CP

文化中扮演着至关重要的角色。19世纪上半叶以前,为了确保秩序严谨、理性权威、真理至上不得不将身体中的欲望、感性、迷狂元素等绳之以法,传统的思想史中身体不仅作为一种生产工具,还作为一个生殖机器。面对这一历史境况,尼采剪断了它与上帝、灵魂、理性等的牵连,也正是因此人们才能真正触及身体的真实脉搏。尼采与福柯先后借身体来重估、度量和展示世界。身体从传统迷信中解放出来之后,迅速确立自身的神圣化。马克思关注生产的理论与身体之间的关系,指出生产导致身体的异化。继生产理论镜像之后,波德里亚率先发起对消费世界的奥秘的探索。他继承并借助符号建构了新的"神话"——消费,即"作为新的部落神话,消费已成为当今社会的风尚"①,这是波德里亚对马克思主义理论中心的一次偏离,他关注了长期以来被忽略的重要部分,他认为"消费是一种积极的关系方式(不仅于物,而且于集体和世界),是一种系统的行为和总体反映的方式。我们的整个文化体系就是建立在这个基础上"②。可以说继生产之后消费在此意义上确立起合法性。他将消费过程看成是商品——符号互相交换的过程,也是一个"意义符码"生成的过程,如果说中世纪通过上帝和神来建立平衡,那么他认为当代社会是通过消费来建立新的平衡。为了满足消费,人们开始建立起自己新的"万神殿"它是天堂也是地狱,它将魔鬼与神祇都召唤到一起,因此,某种意义上可以说当代社会是一个为符码所控制的社会。消费上升为与生产同样重要的地位,具有划分社会阶层的重要性。因此"人们就是以他们所消费的物品为基础而将自己与其他类型的人相区别。与我们的直觉相反,我们所消费的并不是物品,而是各种符号"③。符号在消费社会既具有价值同时也生成意义,符号也因此成为主宰。

借用"消费是一种系统化的符号操作行为,为了成为消费物品,物品必须成为符号"④的理论。在CP文化的消费中,明星的身体等同于商品并日渐"符号化",以剪辑、拼贴等方法组合在一起,直接出现在荧幕进入大众视野。例如"胡霍""卫龙夫妇""童颜夫妇""苏宁易购""放肆藤你"等一度霸屏的CP们,因

---

① [法]波德里亚著,刘成富、全志钢译:《消费社会》,南京大学出版社2000年,"前言",第2页。
② [法]波德里亚著,刘成富、全志钢译:《消费社会》,南京大学出版社2000年,"前言",第1页。
③ [美]乔治·瑞泽尔著,谢立中等译:《后现代社会理论》,华夏出版社2003年,第110页。
④ [美]乔治·瑞泽尔著,谢立中等译:《后现代社会理论》,华夏出版社2003年,第110页。

此，身体不仅是一种促进消费的宣传手段，也最终成为消费的目的；它不再是作为肉体的、固定的、自然生成的总体意义上的身体，而变成了一种不确定的、可选择替代的、可塑造的消费符号。"最美的消费品：身体"①，身体成为CP消费话语体系得以表达和建构的重要途径。当我们在嗑"CP"时，可以说是对身体的迷恋，也是对身体秘密的窥探，正如"时时萦绕在心头的对青春、美貌、阳刚/阴柔之气的追求，以及附带的护理、饮食制度、健身实践和包裹着它的快感神话——今天的一切都证明了身体变成了救赎物品"②。CP消费中形成一种元气感、线条感、少女感、肌肉感等新的身体审美，对年轻、活力、健康、柔和等身体外观特征的强调，不仅是当下审美的新趋势，更是人们对于时间的不可抗力的逃避和恐惧。另外，人们对CP的追捧和消费，从各种身体组合中追求视觉的快感和欲望的满足，CP中的身体符号使传统的能指与所指发生了部分错位，它也日渐成为服务于资本的一个符号，仿佛是布道者不知疲倦地时刻提醒着人们，必须对身体进行救赎。消费社会中的身体与自然社会的身体有着明显的区别，在传统社会中农民的身体，只有在劳动时才可以以一种工具视角来观察它。但是偶像组CP中的身体，既是资本的身体实践也是偶像的身体实践，它某种程度上导致了身体的不和谐。

身体在西方思想史和文学中长久以来束缚于某种总体性框架之内，丧失了肉体性和自治性。它不是把自己交付于一个理性的他者，就是依靠一个理念，甚至是归属于上帝或者灵魂。继尼采和福柯之后，身体再一次成为争论的焦点，身体蕴含了历史、文化、权利、政治等多重意义，它成为镌刻历史的媒介之一。或许世界的问题，可以从身体中寻找，正如理论家所提出的"人类首先将世界和社会构想为一个巨大的身体"③。在消费逻辑体系下，身体具有功用性的美丽，实际上是受欲望所控制的物质性的身体。在嗑"CP"过程中，资本赋予身体新神圣性，它从传统宗教视角中的藩篱中挣脱，同时还摆脱了工业逻辑下沉重的劳动想象，它以其自身的物质性与理想性重新获得魅力。在漫长的

---

① [法]波德里亚著，刘成富、全志钢译：《消费社会》，南京大学出版社2000年，第138页。
② [法]波德里亚著，刘成富、全志钢译：《消费社会》，南京大学出版社2000年，第139页。
③ [美]约翰·奥尼尔著，张旭春译：《身体形态——现代社会的五种身体》，春风文艺出版社1999年，第17页。

关于身体的想象历史中,波德里亚认为美丽和色情是两个主题。大众追捧和喜爱的各种 CP 是因为它可以在某种程度上满足被压抑和被遮蔽的欲望,"性的美丽密切联系并且如今在各处指导着身体之'重新发现'及消费的,就是性欲"①,诸如"一时嗑,一时爽。一直嗑一直爽","我们可以单身,但是我们的 CP 必须在一起"等,可以看成现实生活:"日常生活是由重复组成的"②,"同一事物的永恒轮回就是日常的时间的基本特征,日常的时间性被经验为使人精疲力尽,虚弱不堪的百无聊赖"③。当下青年群体不得不面对重复、单调、乏味的日常琐碎的事务,受此影响,体验一种与众不同的生活成为当下人们的心理诉求(猎奇心理在作祟),因此嗑 CP 也可以看成一种替代性满足的身体体验。日常生活中的追剧嗑"CP"作为一种消费,是在实现一种满足色情幻想的交换,正如"在身体/冲动,身体/幻觉中占主导地位的是欲望的个体结构。而在色情化的身体中,占主导地位的则是交换的社会功能"④。消费群体不由自主地将自己代入其中,沉浸于美丽的幻想,实现短暂的逃避。

生产 CP 是吸引大众消费和满足需求的一种手段,过去追星倾向于对单个偶像的崇拜和消费,而 CP 同时满足了对两个高颜值偶像的追捧,当然其中也存在某种矛盾的现象,比如官配和大众理想中的 CP 不一致,那么就会出现拆解 CP 的现象,甚至为了达到搞怪效果,"嗑学家们"自己发起"拉郎配",以满足自己的想象和快感,同时也宣泄自己的不满情绪。在生产—组合—拆解过程中,欲望时刻隐匿其中。从柏拉图到弗洛伊德直到拉康,欲望等同于缺失,但是德勒兹在尼采的基础上,将欲望看作生产,因此,欲望不是无意识的表演剧场,也不是宗教的修辞,而是一个生产的工厂,即"如果欲望是生产,它的产品就是真的,如果欲望有生产能力,在现实世界中才是有生产能力的而且只能生产现实"⑤,因此欲望是一台机器,它是现实工业的生产,它不缺少对象,但是它缺乏主体性。因此我们对一个偶像同时出现在各种 CP 中并不感到奇怪,因为

---

① [法]波德里亚著,刘成富、全志钢译:《消费社会》,南京大学出版社 2000 年,第 144 页。
② 吴宁:《日常生活批判——列斐伏尔哲学思想研究》,人民出版社 2007 年,第 163 页。
③ [英]本·海默尔著,王志宏译:《日常生活与文化理论导论》,商务印书馆 2008 年,第 16 页。
④ [法]波德里亚著,刘成富、全志钢译:《消费社会》,南京大学出版社 2000 年,第 144 页。
⑤ 汪民安、陈永国、马海良主编:《后现代性的哲学话语——从福柯到赛义德》,浙江人民出版社 2000 年,第 48 页。

它始终是文化消费工业的一种生产,始终是一种有待销售的商品,始终是不具备唯一主体性的符号,它要满足的是消费群体的欲望和快感,取悦大众实现交换是它存在的终极意义。

"一直统治着宇宙、为其划定各种价值的秩序、区分善与恶、为每件事物赋予意义的上帝,渐渐离开了他的位置"①,我们存在一个为符号所引导、主宰、统治的世界。当下CP作为诸多符号的一种在主导着人们的消费。欲望从理性机器中被释放出来以后,变得不受控制,CP消费是爱情假象的欲望满足,这种欲望它不仅仅是匮乏的、替代性的、补充性的,它更是生产性的、冲动性的、盲目性的、随意性的。传统的身体的迷信被破除同时也建构起了新的身体迷信,身体的狂欢、身体的天堂、身体乌托邦。身体作为CP文化建构的重要途径,实际上是符号世界和欲望逻辑的隐喻。

二、"软暴力"控制下的CP消费

资本逻辑下的消费社会形成一套严密的暴力话语,它的话语体制影响并控制着CP消费和CP文化的建构。与传统的身体暴力不同,符号——技术体系下生成了话语与符号联合的"软暴力"——它依靠符号生成的意义指引着大众的审美,同时形塑着大众的消费观,它对意志和心灵的控制胜于肉体的控制。由于"人"的退场,符号主宰一切,知识与权力互相渗透相互隐含。符号肆无忌惮的扩张背后是权力的无限蔓延,也是新的暴力体系的自我调节。权力行使的技术在训规体系发生变化,传统的惩罚体系与肉体暴力(酷刑)相关。正如福柯认为昔日对罪犯身体施行的酷刑是国王的报复权威的体现,传统的作为刑罚的身体是以"重塑"的主体为目的的训规所取代。"公开处决的消失就不仅标志这种场面的衰落,而且标志着对肉体控制的放松"②,但这并不意味着惩罚体制的松懈,相反它正在转向"惩罚从一种制造无法忍受的感觉的技术

---

① [捷]米兰·昆德拉著,董强译:《小说的艺术》,上海译文出版社2004年,第7页。
② [法]米歇尔·福柯著,刘北成、杨远婴译:《规训与惩罚:监狱的诞生》,生活·读书·新知三联书店2003年,第10页。

转变为一种暂时剥夺权利的经济机制"①。而随着欧洲经济和政治的发展,惩罚机制也发生了变化,身体的暴力变成了符号——技术体系的暴力,实际上是"知识—权力"的转型,是权力观改变的根本基础。因此,CP文化正是洞悉了这一奥秘,借助符号(身体)的东风顺利开拓并占领市场。在CP消费中大众热衷的是拥有完美的身材和颜值的明星,偶像组成的荧幕CP是大众消费的直接对象。他们或是才子佳人,或是郎才女貌,或是王子与灰姑娘等,但是不可忽略的是他们具有极高的颜值。因此,资本权力借助"颜值为王"的网络话语暴力在消费中占据主导地位,它建构起新的审美价值取向,例如白瘦幼、高富帅等,以此吸引广大消费者的眼球,同时引导人们对于自己身体的审美。人们为了满足这种美好的幻觉,只能通过购买来实现。此外,CP组建的文本基础是通俗小说或者电视剧,叙事的动力是两个人的小团圆,叙事的阻力(家长、世俗偏见、一切外部干扰因素)往往是阻止两个人团圆,大众为了了解他们在剧中的遭遇,就不得不充会员追剧。可见,大众消费的不仅仅是偶像的颜值,更是内部的叙事情节,尤其是刺激、惊奇、冒险、神秘、未知的情节的消费,是对反现实生活、反日常经验的好奇和热爱。另外,许多男女明星主演过的电视剧开播前后,CP总要营业炒热度,借机宣传新剧同时圈粉,以便获取更多的流量。在当下流量至上的消费趋势下,同一个偶像可以在同一时间与不同的明星偶像组多个CP,借着CP上头条、热搜增加曝光率和知名度,为下一部剧做准备,CP消费活动正是这样一种在资本操作下的多重循环。

传统的权力逻辑和身体暴力是通过刑罚,利用流血、疼痛、残酷来形成训规。然而CP文化是以符号为手段,去除身体的疼痛感,以语言和身体为途径,抓住消费者的心理,控制消费者的消费意识,最终形成严密的权力话语暴力。过去主体一直以来被认为是语言王国中的国王,主体也是真理领域的统治者。他凌驾于语言之上,决定语言的内容、表述、工具、手段等。主体宰治语言,语言的节奏、语言的形态、语言面貌都依赖于"人",福柯的《知识考古学》使这种关系发生了戏剧性的转换。人变成了语言(符号)的功能,主体被语言吞噬,在

---

① [法]米歇尔·福柯著,刘北成、杨远婴译:《规训与惩罚:监狱的诞生》,生活·读书·新知三联书店2003年,第11页。

语言面前曾经的主宰变得手足无措。这一切源自福柯惊人地宣判"人死了",继上帝之死后他断言人之死。人不再是知识、理性、本质之源,人走向了终结。因此,知识、语言、身体都重新被阐释和界定。知识不是人的附庸,知识与权力密切相关,福柯强调权力和话语的关系。福柯承认断裂、变化、非连续性的历史话语的特征,他不是去探求话语的源头,正如他所言"问题不在于追究话语是怎么和为什么能够出现,并在时间的这一点上形成;它始终是历史的——历史的片段"①,语言作为话语的基础,他认为话语与权力的关系可以看成"我猜想在任何一个社会中话语的生产都会根据一定数量的程序被迅速地加以控制、选择、组织和再分配,其作用是转移它的权力和危险"②,因此,主体不是他关注的重点,话语性实践才是其研究中心。在话语性实践中社会不得不使用一些策略来控制话语:排斥、对话与进行控制、教育等。福柯认为任何话语都是集权力和知识于一身的。在《知识考古学》中主体已经在真理和秩序舞台上退场,而巧妙的是话语本身借助身体得以扩张,形成了一个独特的微观权力场域。CP文化和暴力话语是一种双向利用的关系,因为"惩罚的符号——技术,这种'意识形态权力'至少将会部分地被搁置,被一种新的政治解剖学所取代,肉体将再次以新的形式成为主要角色"③,身体作为一种符号成为暴力话语和CP文化的主角,另外"权力以符号学为工具,把精神(头脑)当作可供铭写的物体表面:通过控制思想来征服肉体;把表象分析确定为肉体政治学的一个原则,这种政治学比酷刑和处决的仪式解剖学要有效得多"④,暴力符号的精神内涵以身体作为容器,其意义将镌刻其上。

CP文化是暴力话语控制之下的娱乐消费文化。文化资本生产者们窥见消费者对身体的狂热,因此大量地制造和贩卖商业化的时尚身体符号。CP文化是通过身体传递与呈现的,CP身体的接触、身体的语言、身体的互动、身体

---

① [法]米歇尔·福柯著,谢强、马月译:《知识考古学》,生活·读书·新知三联书店2003年,第129页。
② [美]乔治·瑞尔泽著,谢立中等译:《后现代社会理论》,华夏出版社2003年,第62页。
③ [法]米歇尔·福柯著,刘北成、杨远婴译:《规训与惩罚:监狱的诞生》,生活·读书·新知三联书店2003年,第113页。
④ [法]米歇尔·福柯著,刘北成、杨远婴译:《规训与惩罚:监狱的诞生》,生活·读书·新知三联书店2003年,第113页。

的动作、身体的匹配等,都是在商业化的操作下指向消费和资本。身体在 CP 文化和消费中成为重要的场域,它能直接激起视觉、心理的快感,甚至能决定作为 CP 的商品的销量。身体受资本话语的控制,通过 CP 营业和身体的接触得以实现,比如:明星的线下活动——合体撒糖,一种吸引大众视听获取流量的贩卖行为。另外,基于消费群体以女性居多的现实考量,女性观看女明星完美的外表不由自主心向往之,由此,追剧的同时对于剧中偶像的穿搭、护肤、日常生活等充满了好奇,仿佛只要能拥有明星同款商品,就能在外表上趋近自己喜欢的偶像。换言之,似乎只要拥有同款就能变时尚。由此,衍生了另外一种产业——明星直播带货。女明星带货、CP 直播带货当下已经越来越普遍。从电视剧和小说中的诞生的 CP,自他们的诞生之初其目的就是获取流量实现交换。所以偶像作为一种符号,它变成了我们消费的商品,它成为消费王国权力的化身,它成为话语本身。它时刻在向消费者招手,以其浓郁的商业化妆术魅惑着消费群体中的女性。此外,拥有同款商品只是人们对物的消费,深层的消费是对情绪的消费。女性群体嗑 CP 大多是想要通过观看爱情获得快乐,也就是消费别人的爱情收获自己的快乐,消费 CP 的甜甜的恋爱,体验 CP 虚拟爱情中的酸甜苦辣,获取异于日常生活经验的体验,当消费者发出"姨母笑"时,CP 在消费过程中的目的就可以说实现了。

CP 文化作为一种工业文化,它是建立在暴力话语的形式上的消费文化,对身体的观看和想象替代了传统规训话语成为新的话语方式,CP 的生产和消费具有传染性,在盛行的万物皆 CP 的互联网世界中,"工业文化在造成一种标准化和统一化现象的同时,又滋生出各种各样虚假的风格和个性"[①]。工业文化制造商们制造出让人无法逃脱的唯美、传奇、浪漫的虚假的爱情世界。对美好而奇幻的爱情想象让当下的青年群体被它深深吸引,试图从那些古典的、奇幻的、异类的、解构的、嬉戏的情感类型和情感经验以及在虚幻的世界里和情感体验的变动中来建构主体。万物皆 CP 是一种盲目的爱情消费。制造商们关注的只是这些 CP 符号的销量,并为此寻找到十分畅销的卖点——爱情。渴望理想爱情与浪漫奇遇的青年群体为此坚守着那个虚幻的爱情乐园。

---

① 汪民安主编:《文化研究关键词》,江苏人民出版社 2007 年,第 349 页。

三、去英雄化的文化想象

CP文化作为一种工业文化,消费CP是为了满足大众的想象,对于浪漫、温情和奇遇等的遐想。关于爱情想象的传统,早在史诗和神话中萌芽,在浪漫传奇以及之后的爱情主题的叙事文体中逐渐发展并成熟,关于爱情的想象和书写也由此日渐多样化。古典世界的爱情观是对纯爱的赞扬和坚定不移的坚守,现代社会的爱情观以个体成长和遭遇经历来叙述和反思爱情。文学史中有关爱情的思索很多,如简·奥斯汀书写于傲慢与偏见中追寻爱情的伊丽莎白(《傲慢与偏见》),福楼拜刻画一个追求爱情而与正常生活脱轨的艾玛(《包法利夫人》),托尔斯泰塑造为奇遇和爱情而抛弃家庭的安娜(《安娜·卡列尼娜》),马尔克斯追溯一段跨越50多年的爱情等待(《霍乱时期的爱情》),对于爱情人类始终抱有美好的期待、怀念以及深刻的反思。19世纪下半叶开始,爱神仿佛与上帝同时消失,如果说上帝退出神坛,那么爱神则变得沉默。"我们在今天不再有各种词语去说爱,也没有各种概念去思爱,也没有各种力量去颂扬爱。"[1]爱成为共同的难题,爱同样也产生了危机,那么人类将如何去坚定地相信爱情的美好、纯洁、永恒?人们试图寻求各种解决方式,解决途径之一,就是生产一种强调和制造爱情幻想的"精神鸦片",以通俗小说为例,"由于偶像产业而受挫了的色情出版物,或者是个体的充分成长所带来的没有内容的意识形态,这种令人窒息的好夸口,因此哲学保持沉默,而且爱在这种沉没中变得模糊了"[2],制造各种幸福美满的大团圆。在这种团圆的结构中,人们可以获得片刻的安宁和抚慰,它就像一首摇篮曲,抚慰那些恐惧又躁动的心灵。

CP文化与之有着异曲同工之妙,那些从甜文、穿越、总裁系列中诞生的CP是人们想象的出发点,也是终点。对于反常态的爱情遭遇和爱情经历的迷恋是我们现实中遭受压抑的无意识的流露,嗑"CP"作为理解世界的一种方式,CP的爱情无疑是虚假的幻象,映射了当下人们精神世界的某种扭曲与变化。

---

[1] [法]马礼荣著,黄作译:《情爱现象学》,商务印书馆2014年,第1页。
[2] [法]马礼荣著,黄作译:《情爱现象学》,商务印书馆2014年,第3页。

都市青年群体越来越热衷于独居和独处,每天按时上下班,回到家打开电视电脑,一边追剧一边吃饭,一边嗑糖一边快乐。人与人之间的关系日渐变得冷漠,都市作为一个陌生人的世界,充斥着冷漠感与疏离感,人际网的离心力大于向心力,人们连接的方式就是互联网,在虚拟世界中交往已然成为现实,因此,爱情在都市青年群体中变得稀缺,人们大多忙于生活和工作,闲暇时间宅在家里刷剧玩电脑,嗑 CP 成为缓解现实焦虑的一剂良药。大众消费的是 CP 发酵产生的精神糖分,类似于工业添加剂,这种工业糖精它浓缩着高度的糖分,满足现实生活中甜甜的爱情缺失的群体需求。当下都市生活中的个体面临着房价、物价、加班等现实而产生各种焦虑,都市生活中的个体时刻处于紧张的危机之中。"如果身体一直不定期地面对危机,那么最后有机体会因为缺乏刺激而生病,现代人对于舒适的追求,其实对人体来说是危险的。这是因为我们虽然想避开困难,但困难却永远存在"①,人们热爱的 CP 文化是在危机世界中试图寻求理想的乌托邦,暂时的避难所,事实上它无法根除现实带来的焦虑与困惑。

长久以来人类文化一直在一个沉重的、满身伤痕的土地上喘着粗气。"重"成为我们文化想象和表达的主要方式。因此文化中的严肃的、宏大的、沉重的主题成为传统,回顾历史不难发现,英雄和神曾占据着文化想象的主导地位,人们对以阿喀琉斯为代表的英雄和神的崇拜是文化想象的核心。英雄身体承载着力量、正义、勇敢等优秀的品质,"身体疼痛这个难题,成了希腊悲剧以及早期基督徒竭力要理解圣子意义的一大特点。身体的被动性,被动地响应他人,这两个问题都同样深深根植于我们的文明当中"②。因此,它的文化形态与之相应地呈现出严肃和崇高的风格。与之相反,当下人们越来越试图逃避"重",因为"现实就像希腊神话中的美杜莎的目光,你直视它即被它石化"③,逃避重的方式,卡尔维诺认为,柏修斯是一个"轻"的典型。轻的形式不是削弱

---

① [美]理查德·桑内特著,黄煜文译:《肉体与石头——西方文明中的身体与城市》,上海译文出版社 2011 年,第 497 页。
② [美]理查德·桑内特著,黄煜文译:《肉体与石头——西方文明中的身体与城市》,上海译文出版社 2011 年,第 16 页。
③ [意]伊塔洛·卡尔维诺著,黄灿然译:《新千年文学备忘录》,译林出版社 2009 年,第 6 页。

重和消解本质，而是为了解答世界的难题。而我们所热衷的 CP 文化，是另一种意义上的"轻"。它是轻的表达形式和想象，它无法为"重"的精神难题找到真正的出路。CP 文化是一种建构在消费逻辑体系之上的工业文化，是梦幻爱情的乌托邦，它以大团圆的爱情模式掩盖现实生活中的各种遗憾和缺失，在此意义上，它是轻的不是重的，是甜的而不是苦的，是一种幻象而不是现实，它是一种手段而不是目的。它不是为了对抗或者解决"重"的现实难题，它只是单纯的快感。从人们强行抠糖的行为中可以看出，现实之重已经压得人们喘不过气来，只有强行将以往文化想象中重的元素排除，而强行注入工业文化中的轻的元素。此外，如果 CP 在剧中不够完满或者留有遗憾，留给消费者一个悲伤的结局，那么商业操纵者们也会想方设法通过各种线下合体活动、番外等来弥补这一缺憾。它是一个人造的梦幻爱情乐园，它不是与重对立而出现的，它的目的也不是为了解决"石化"的现状，它是对重的躲避，是加速思维的僵化和削弱文化的活力，它将我们文化中的阿喀琉斯驱逐出境，剩下的只是那些飘在天上不切实际的泡泡，它绵软和甜蜜，但同时也不堪一击。

　　CP 文化的建构和表达映射了人们精神世界中浪漫元素脱轨后的不安。传统世界中爱情是永恒而值得赞扬的，爱情在世界秩序中是稳定的，人们对爱坚定不移，因此浪漫时隐时现于人的日常生活。浪漫就像麦琪的礼物，视若瑰宝的身外之物失去之后又将以另外一种形式获得，甚至得到的是比礼物本身更珍贵的爱情。但是在 CP 的产生—发展—拆解的过程中，尽管看似不缺爱情的幻象能给人带来某种满足和愉悦，但实际上它与浪漫和爱无关，反而印证了浪漫在衰变。CP 文化隐含着另外一种现实境况，浪漫缺失后的日常经验，处于一种脱轨状态，致使人们疯狂地消费 CP 以至万物皆 CP。因为现实秩序某种程度上陷入了混乱，正如"我们的世界在其生活秩序上的强制性和在精神活动上的不稳定性，使其不可能保持住对现存事物的完善的理解。我们对外部世界的反映易使我们丧失信心。我们有一种悲观主义的观点，有放弃行动的倾向。这种态度在今天非常普遍"[①]，因为主体的精神具有一种不稳定性，因此万物才皆可 CP，这是对传统爱情的颠覆，是当下精神世界秩序混乱的表现，也

---

① ［德］卡尔·雅斯贝斯著，王德峰译：《时代的精神状况》，上海译文出版社 2003 年，第 170 页。

是人们渴望在不稳定的 CP 情感经历和情感体验中可以找到的一条通向稳定的、理想的、完满的道路。实际上在这种由不确定性和刺激性引导的 CP 文化中,人们与自己向往的终点是相悖的。作为一种消费文化它无法解决现实的问题,也无法对终极做出回答,它就像一粒糖果能使遭受挫折的人尝到一点点甜头。

CP 文化作为一种工业文化,它是当下青年群体文化想象的一种方式,生活在现代都市中的青年群体,被一种强大的离心力驱散,由此带来了一个问题——孤独。正是在个体孤立的现实世界,个体的被压抑的梦——CP 文化才得以生长和蔓延。CP 文化中的身体在消费的期待视野中衍生出年轻化、柔美化的身体景观,越来越多的男女明星变得风格同质化。他们的身体印刻着大众审美的转变趋势,以往那种勇猛的、豪迈的、雄壮的英雄形象早已成为明日黄花,严肃的爱情故事和爱情主题叙事也被拆解为各种团圆模式的叙事,严肃、崇高和悲壮的风格被怪诞的甜腻的浪漫和幻想的风格挤到边缘。在 CP 文化想象中白面书生、奶油小生、帅气霸总形象取代了糙汉、硬汉英雄审美,反映了人们迫切在破碎的都市生活中强烈寻求一种理想稳定性的隐喻,CP 文化某种程度上是一种去英雄化的文化想象。

结语

嗑"CP"现象是盛行于当下的一种青年亚文化,它反映了符号世界统治下,欲望作为消费逻辑的重要操控者之一,与符号合谋操纵着身体。身体是无秩序、无意义、无中心世界的符码和生产性、扩张性、冲动性欲望的隐喻。它们共同传递着资本逻辑笼罩下的资本权力话语,商业操控者运用身体传递着消费话语暴力,形成新的训规形式和审美范式。它以 CP 为手段,制造虚假的爱情幻想,吸引消费者不断地投入时间和金钱。而"嗑学家"们与 CP 文化的互动,刺激并促进了工业流水线上的 CP 生产和销售。嗑"CP"现象是都市青年群体的心灵镜像,人们现实处境的不安和焦虑源于现实中强大的离心力和无着落感。为此,人们渴望找到一个理想的乌托邦。CP 消费基于符号、身体与想象间的嬉戏,CP 文化叙事中呈现出人们在试图重构与古典连续性相似的总体性,渴望在零散化的现实中寻找到某种稳定性。然而,CP 文化最终无法挽救衰变的浪漫世界,并导致了精神世界中英雄化消亡的危机。

(林芳毅,北京师范大学文学院博士研究生)

Symbol Consumption Imagination: on CP Culture
Lin Fangyi

Abstract: CP Culture is constructed by symbol, consumption and play with imagination, which reflects young people's recall of romance and desire for love. CP Culture is a youth subculture shaped by "soft violence". The development of CP Culture has experienced the stages of germination, maturity and prosperity under the influence of consumption thinking, which has gradually formed a set of strict discourse system of CP consumption. Symbolic violence subverts traditional physical violence, controls discourse and manipulates the body to form "soft violence", which guides consumption and shapes the spirit and soul of the youth. As the capitalized man comes to an end, symbols come to the fore, and discourse and power permeate and subvert each other. Under the sign expansion, there is the infiltration and spread of power, whose ultimate goal is to realize the expansion of capital power. This behavior reveals the young people's forced fictions and consumption of love. In the imagination of CP Culture, people's desire to return to the love homeland constructed by the classical spiritual world is hidden. CP Culture is the mirror image of the youth group in the scattered and fragmented urban life, people try to seek temporary spiritual habitat and refuge from the imagination of love, however, CP Culture can not retain the vanished romanticism, but lead to the new crisis of the collapse of heroism in the spiritual history.

Keywords: CP; Symbol System; Consumer Culture; Body Image; CP Culture

中国"嗑CP"社群的惯习流变与场域研究

陈润庭

摘要: 本文通过对中国"嗑CP"社群与其前身的日本同人漫画社群的活动形式、社群认同与行为惯习等多方面进行比较,着重勾勒"嗑CP"社群进入中国之后,由亚文化"圈地自萌"的状态到娱乐资本新宠儿的历史路径,进而追溯中国"嗑CP"群体在场域形成与合并的各个阶段中惯习的流变,及其背后的行为动因。

关键词: 亚文化;性态;文化场域

引言

2020年爆发的"肖战风波"[①]可视为中国"嗑CP"的分水岭。在此之前,

---

① 又称为肖战事件。2020年2月24日,素人写手在同人文网站AO3发布一篇同人文章《下坠》,其中将肖战定位为有性别认知障碍的发廊妹,并插图肖战女装画像,由此引发了肖战唯粉的强烈抵制。之后由于肖战唯粉举报,致使写手弃号,《下坠》下架。2月29日,由于AO3、Lofter等同人网站被封,事件进一步发酵,同人粉与"路人"开始加入对战,谴责肖战粉丝的行为,抵制肖战代言的所有品牌。

"嗑CP"现象虽然普遍存在于日韩欧美动漫、影视圈,国内武侠、小说圈,但仍旧处于"圈地自萌"的半地下状态。伴随着"肖战风波"爆发,"嗑CP"现象"破圈而出",开始为大众熟知。在"肖战风波"中,肖战粉丝为维护自己的偶像艺人,与"CP"粉丝在网络上发起一场"血战"。时隔一年,肖战在微博发长文《一些想说的话》,承认自己作为偶像的失责,认为自己"应该承担责任",正说明"肖战风波"影响之大,硝烟至今未散。"嗑CP"社群掀起的力比多巨浪,既是这场幻想斗争中最主要的推动力,也构成了中文网络的赛博奇观。然而,作为亚文化现象的"嗑CP"文化并非中国本土产物,而是欧美与日本的双重舶来品。早期的"嗑CP"社群之中,存在着"被侮辱与被损害的人"的性少数乌托邦理想,其社群的惯习与当下中国"嗑CP"社群的好斗大异其趣。在"嗑CP"文化长达几十年的现象旅行之中,"嗑CP"的惯习究竟发生了什么流变?中国"嗑CP"社群惯习的前身与流变正是本文主要关注的问题。

作为布迪厄实践理论的重要术语,惯习(Habitus)与场域(Field)常常相互说明,不可分割。惯习植根于人的情感系统,是场域之中行动者的行为准则。另一面,场域自身的特点又不断对行动者的惯性进行形塑。布迪厄认为,"惯习自身脱胎于一整套历史,它就和这整套历史一起,筛选着可能有的各种反应,并强化了其中的某些反应"[①]。布迪厄强调了惯习生成过程中的历史性因素,以及惯习在场域的诞生时刻所起的决定性作用。因而,作为研究视角与方法的惯习,能够帮助我们追溯"嗑CP"现象的发源及旅行轨迹,对其异国前身进行知识考古;通过对"嗑CP"进行场域生成学与场域动力学的分析,进而对中国"嗑CP"社群的惯习做出心理动力学意义上的有效阐释。

一、场域的诞生:"嗑CP"的前身

CP是英文"coupling"(配对)的简写,意为将两个角色或真人配为一对的行为。作为一种亚文化现象,"CP"文化是舶来品。20世纪70年代的日本与

---

① [法]布迪厄、[美]华康德著,李猛、李康译:《实践与反思:反思社会学导引》,中央编译出版社2004年,第168页。

欧美,产生了当今"CP"文化的两个前身。其中,日本的同人漫画社群对中国"CP"文化的诞生,发挥了主要的影响。欧美"CP"文化的代表斜线文(slash),最初产生于美国科幻电视连续剧《星际迷航》的粉丝社群。《星际迷航》粉丝们将电视剧中的两位男主人公 Kirk 和 Spock 配成 CP,斜线文就此诞生。与欧美"CP"文化诞生于影视圈不同的是,日本的"CP"文化起源于业余漫画圈,随着 1978 年漫画杂志《June》的诞生,日本的"CP"文化迅速走向商业化。在网络还没有诞生的年代,日本业余同人漫画社群主要依靠"同人志即卖会"实现社群交流。"同人志即卖会"提供了这样一个空间:业余漫画作者出售自己的同人作品及周边,粉丝则在集会上购买作品,并与其他粉丝进行交流。在《失控的女孩和女人们——日本业余漫画社群的愉悦与政治》中,作者马修·索恩描绘了自己参加东京同人志展会的情景:"活动当天的早上,我来到了集会中心,发现自己被成千上万的人包围着,她们几乎全是女性,正焦躁不安地等待着活动的开始。当大门打开后,手持活动目录和地图的有经验粉丝,迅速赶往'主要'圈子(sakuru)的展位,以免排到了后面。"[1]单就粉丝的性别分布及粉丝对"CP"文化的狂热程度而言,网络时代的中国"CP"文化是对这一历史时刻的赛博重演。

作为当时规模最大的"同人志即卖会",东京同人志展会是每半年举办一次,每次持续多日的大型集会。集会上有超过五千个圈子(sakuru)。所谓圈子(sakuru),就是以漫画类型划分的类型单位,如《名侦探柯南》《魔法少女樱》等。在很多圈子(sakuru)上,都出售着一种名为"Yaoi"的同人作品。作为一种新的业余漫画类型,"Yaoi"是日语"无高潮、无结局、无意义"的首写字母缩合词,与斜线文(Slash)有着近似的含义。"Yaoi"是对漫画原作的戏仿,但戏仿的目的,既不是为了嘲笑,也不是单纯的同情与崇敬,更多的是出于对漫画原作的喜爱及不满。"对作品的喜爱可以帮助戏仿者更好地理解并在戏仿中更好地再创造"[2],因此作为仿作的"Yaoi"与原作之间并没有高低之分。可以说,"Yaoi"是圈子(sakuru)的子单位。在"CP"文化场域生成的最初阶段,这些单

---

[1] 陶东风主编:《粉丝文化读本》,北京大学出版社 2009 年,第 370 页。
[2] [英]玛格丽特·A.罗斯著,王海萌译:《戏仿:古代、现代与后现代》,南京大学出版社 2013 年,第 45 页。

位按照着近似于通俗文学的类型分类原则被创造。而在同人圈最著名的"AO3"网站上,我们不难发现这种类型分类原则得到相对稳定地延续和发展。作为一个作品库,"AO3"托管了数以万计的同人圈作品。这个巨大的粉都(Fandoms)分类十分详尽:动漫与漫画、书籍与文学、卡通动漫和图画小说、名人和真人、电影、音乐与乐队与其他媒介等。除了通过原作媒介类型分类,网站还设置了标签系统(Tags),并对同人作品进行内容分级,还设置了读者反馈的环节。为了保证创作自由,"AO3"还专门保留了匿名发表的功能。不难看出,当今的"CP"文化与其前身之间的亲缘关系。在这个场域诞生的时刻,类型分类的逻辑已经深深嵌套进"CP"文化之中,并作为其中不言自明的逻辑与之共存。

最初的同人作者自己既是粉丝,又是生产者。借用约翰·费斯克的区分法,同人作者在"符号生产力"与"声明生产力"方面与一般粉丝并无二致。关键的区别在于同人作者拥有了"文本生产力",也就是对原作进行再创作的能力。但这个能力受限于整个"CP"文化的文化地位。作为一种通俗文化,"CP"文化长期处于社会边缘。就其生产方式与审美趣味、作者与读者之间的关系而言,它都属于通俗文化的范畴。因而,同人作者并没有纯文学作家意义上的"创作自由"。更多时候,他们需要依照读者的喜好,照着读者的幻想去进行同人创作。并不是每个"CP"都能够成为"CP",更多的时候,只有对已经获得读者认可的"CP"进行同人创作,才有获利的可能性。进而,作为一种类型文学的"Yaoi",也深深浸染着通俗文学的诸多特征。"'Yaoi'一词指明了一些番外并不意欲成为完整故事,而只是一些场景和片段,或'只要最好的部分'(oishitkorodake)的事实。"[①]这重新改写了文本两侧的读者与作者之间的古老契约。一方面,作者不需要为了一个幻想的完美场景的合理化,做谋篇布局的叙事铺陈,只需要将场景直接描写出来,获得读者的青睐认可,就是成功的同人作品。另一方面,读者在文本生产活动中获得更多的权利,在文本生产环节参与文本的设定。这是许多通俗文化产品的共性。更重要的是,"CP"文化的起源选择漫画作为主要媒介。相比于文字叙事而言,漫画仰赖的是图像叙事

---

① 陶东风主编:《粉丝文化读本》,北京大学出版社 2009 年,第 372 页。

的法则。如果说文字叙事是对时间持续性的模仿,那么图像叙事则是对时刻的模仿。单幅图像往往通过对关键时刻的捕捉,将事前与事后都作为空白的时段,留给读者自己想象。因而,通俗文化和叙事媒介规定了"Yaoi"的文体样貌与创作方式。

类型分类原则的建立是为了让读者迅速看到,并且只看到自己愿意看到的"CP"同人作品。这是读者权力在"CP"文化场域的第一次呈现。同时,类型分类原则出现,也有效避免粉丝之间出现针对同一偶像的幻想斗争。选择一种"CP"同人作品,很大程度上就是对同一"CP"其他取向的同人作品的排斥。但这还不足以解释,为什么在"CP"文化最初的阶段,粉丝之间和睦共处的局面。在1998年的夏天,马修·索恩又一次参加了东京同人展会。相比之前,马修·索恩发现男性参加者的比例不断上升,以至接近平均。虽然马修·索恩敏锐地察觉到"在许多方面,比如所售书籍的内容,集会参加者之间与内部的关系,都是和性别及性态(sexuality)相关"①,但在文章的末尾,他还是把各种性态和平相处的乌托邦想象,寄托在了最早"嗑 CP"的人群上:"他们在跨越许多其他人跨越不了的界限。他们在寻找自己的地方,开辟自己的道路,而大多数主流人群只遵循更容易的、社会许可的轨迹。他们在牵手,对谈,享受彼此的陪伴。我们所有人心中都有男女差别的壁垒,男性和女性气质的壁垒。这个壁垒可以很高、很厚,但也存在着共同的怀疑、共同的误解。如他们的漫画所证明的,这些粉丝杂志的狂热爱好者们一直都在怀疑这些壁垒。"②虽然这一展望并未成为现实。但可以看到,在场域生成阶段,区分原则已经在场域内部,以及"CP"文化场域与社会世界之间形成了。它既是"CP"粉丝与普罗大众的身份标识,又是"Yaoi"文体的分类原则,更是社群内部避免冲突的和平原则。然而,幻想作为一股欲望的力量,也开始改变着这一社群惯习。

二、场域的合并:粉丝惯习与娱乐资本

随着互联网在中国的普及,"CP"文化也随之传入中国。作为舶来品的

---

① 陶东风主编:《粉丝文化读本》,北京大学出版社 2009 年,第 369 页。
② 陶东风主编:《粉丝文化读本》,北京大学出版社 2009 年,第 384 页。

"CP",最初只流行于日韩欧美动漫圈。和日本同人漫画圈一样,中国动漫爱好者将自己心爱的人物进行"拉郎配",为他们制作同人漫画、小说,凑成"CP"。这是中国最早的"嗑 CP"社群。当时"嗑 CP"主要平台仍旧是 BBS,带着 BL 和 GL 标签的漫画与小说,是"嗑 CP"最主要的"物料"。作为一种刚刚登陆中国互联网的亚文化,"嗑 CP"社群并不为大众知晓,多数情况都处于小打小闹"圈地自萌"的状态。让"嗑 CP"社群真正"破圈而出"的,是"嗑 CP"社群与以"K-pop"为代表的饭圈韩流相汇合。20 世纪 90 年代以来,《蓝色生死恋》《大长今》等韩国电视剧开始登陆中国电视荧幕,受到中国观众的追捧。韩剧明星宋慧乔、宋承宪、元斌等也随之在中国爆红。《粉丝民族主义与中韩关系的嬗变——以中国 K-pop 粉丝社群的身份演变为主线》一文考证,2000—2015 年这十五年,是韩流在中国蔓延最为成功的关键阶段。"一方面,K-pop 的泛人气大大提升。得益于《Nobody》《Sorry Sorry》《江南 style》等曲目在全世界的广泛传唱,K-pop 在中国的认知度不断上升。另一方面,K-pop 的核心粉丝社群逐渐凝聚成型。"[1]

2016 年是韩流由盛转衰的关键节点,也是饭圈社群与"嗑 CP"社群汇合的关键一年。这一年,"萨德事件"将中韩关系推至 1992 年建交以来的冰点。"从 2016 年下半年开始,韩剧及韩国综艺被中国各大在线视频媒体平台大规模下架,韩娱艺人从中国电视节目和广告中销声匿迹,原定的中韩文化交流或合作项目接连中断,K-pop 偶像组合的世界巡演再无中国大陆场次,'韩流'确实遇到了前所未有的困境。"[2]从此,韩国明星、韩国综艺与剧集在中国的盛况渐渐走入历史。与此同时,经过将近二十年对日韩偶像产业的模仿学习,中国的偶像产业瞄准了韩流退潮之后留下的空缺,迅速补位。由黄景瑜、许魏洲主演的网剧《上瘾》经历全网上线,后又因不明原因被下架。《上瘾》的成功让中国影视圈开始意识到,耽改剧之中潜藏着巨大的流量,此后,《鬓边不是海棠红》《山河令》《陈情令》接连引爆收视热潮。因而,2016 年也被称为中国内地的

---

[1] 吕婉琴:《粉丝民族主义与中韩关系的嬗变——以中国 K-pop 粉丝社群的身份演变为主线》,《外交评论》2021 年第 1 期,第 70—101 页。

[2] 吕婉琴:《粉丝民族主义与中韩关系的嬗变——以中国 K-pop 粉丝社群的身份演变为主线》,《外交评论》2021 年第 1 期,第 70—101 页。

"耽美元年"。"与'追星女孩'群体高度重叠的女频读者,逐渐从偶像明星身上识别出了品类繁多的'人设'——偶像工业贩卖的就是偶像的'人设'和其中蕴含的亲密关系想象。经过了偶像粉丝文化的'集中补课',女性社区已经对识别'人设'及其'后设叙事性'驾轻就熟了,一个社区内部共享的公共'萌属性'和'人设'数据库被建立起来。"[1]可以说,《上瘾》的出现,让娱乐资本"看见"了"嗑CP"社群,而后者也在资本的力量中,见到了幻想成像的可能。这一相互看见,一方面让耽改剧迅速成为影视圈崭新的"爆点",无数CP小说文本实现"IP"孵化,改编成剧;另一方面,作为回应,"嗑CP"社群也以"应援"的方式与资本实现互动。

值得一提的是,2016年6月6日,微博超话开始进入内测。用布尔迪厄的话说,微博超话的诞生,是在场域之中创造了一个新的"位置",由此改变了场域内部各股力量角逐的方式。在微博超话诞生之前,粉丝社群主要活跃于百度贴吧、明星粉丝网站,短信投票、集资购票等是主要应援手段;而"嗑CP"社群则集中活跃在晋江文学城、AO3、LOFTER等"嗑CP"社区,对原作进行同人再生产与购买同人周边产品是其表达喜爱的主要手段。作为中文网络最有影响力的社交平台之一,微博是网络时代公共领域的象征。而超话的诞生,则深刻地改变了这两个刚刚相互融合的社群的惯习,重塑了构建社群认同的手段。"明星超话"既让粉丝社群找到了"大本营",也触发了各个明星粉丝之间的攀比大战。微博超话的三大环节:签到、发帖、互动,构成了个人粉丝向偶像明星表达支持的主要手段。微博超话明星榜,CP榜的设立,进一步激化了粉丝之间的胜负欲。在娱乐资本制定的游戏规则下,"明星影响力"的奖赏刺激着粉丝,让"CP"的糖分骤增。粉丝们"嗑CP",为自己喜欢的"CP"疯狂打榜。打榜的本质是一场数据的交锋。2016年底,娱乐圈开始以"流量"一词作为衡量明星商业价值与名气的标准。原本处于亚文化的"嗑CP"经由娱乐资本的发掘与重塑,一跃成为娱乐工业崭新增长点的主要"流量"来源。

在让·鲍德里亚和詹明信的"消费资本主义"与"晚期资本主义"论述中,

---

[1] 肖映萱:《"嗑CP"、玩设定的女频新时代——2018—19年中国网络文学女频综述》,《文艺理论与批评》2020年第1期,第122—132页。

由资本控制的形形色色的"文化"取代了宗教的功能,而成为信徒的唯一手段就是消费。消费使粉丝群体出现"自我"与"他者"的区隔,同时也建构出"我们"和"他们"的社群认同。如果说购买同人漫画与东京同人展会是早期"嗑CP"的主要消费行为,应援色的发明则是 K-pop 粉丝社群最为知名的消费创造。几乎每个韩国的偶像艺人,都拥有属于自己的应援色。应援色主要由偶像艺人背后的经纪集团确定,之后生产大量的周边产品如应援灯、应援徽章等,向粉丝兜售。粉丝购买自家偶像艺人的应援色周边产品,在偶像艺人的商演活动或个人演唱会上为其"应援"。在拼盘式的商演活动中,通过应援色,粉丝既与偶像艺人实现虚幻的互动感,又与其他偶像艺人的粉丝相区别,由此构建起粉丝社群的集体认同。由于中国的娱乐工业起步与发展之中,嵌套着日韩娱乐工业的幽灵,因而我们不难发现,微博超话的底层逻辑与应援色制度完全相同。换句话说,微博超话是应援色制度在自媒体时代的重新降临。这意味着,作为消费资本主义的产物,应援色制度的幽灵通过设置场域的游戏规则,制约并控制着刚刚被娱乐资本窥见的"嗑CP"社群,并最终完成对这一社群行为惯习改造性的重塑。虽说"网络时代科学传播受众的'场域'与'惯习'可概括为:在受众与传者平等对话的、共同主导受众'场域'中,受众的'惯习'是主动和平等互动的'惯习'"①,但这却不意味着,网络时代受众的惯习生成中,没有资本染指的影子。因而,马修·索恩的乌托邦幻想已经破灭了。"嗑CP"社群排除异己的好斗惯习必须被鼓励,因为它符合娱乐资本的欲望。

与此同时,榜单的创立,也重新定义了文化消费之中区隔的作用。无论是东京同人展会的圈子(sakuru),抑或是"Yaoi"繁多的种类,类型分类原则的存在,最初仅仅只是为了让文化消费变得更加精准有效。由此带来的社群形态特征是"圈地自萌"与相对分散,"嗑CP"社群的各个圈子之间,犹如远古的部落之间一般,对外有统一的图腾与文化,但彼此之间又强调差别与界限感。平等便作为维持和平的伦理原则得以成立。这是马修·索恩的乌托邦得以存在的先决条件,却不是娱乐资本喜闻乐见的现实。通过创立榜单,改变游戏的规

---

① 黄时进:《论科学传播受众的网络时代特征——基于布尔迪厄场域理论的视角》,《学术界》2008年第2期,第79—83页。

则,将"嗑 CP"社群卷入一场虚拟的竞争游戏之中,原本的"友军"统统变成了异己的"敌人"。危机之下,社群内部出现了以"大粉""散粉"为区分的层级制,和以"战斗粉"为代表的粉丝分工。社群通过签到、发帖、互动参与竞赛。社群与社群之间相互刺激,进入不断创造消费,为资本打工的行为闭环。"嗑 CP"社群的认同生成路径也发生了变异。原本依赖同好的肯定式路径逐渐式微,通过打败"他者"形成的否定式路径成为主流。与此同时,对原作进行同人再生产成了少数人古老的技艺,"嗑 CP"的门槛下降的同时,糖分却不断地增加。更为重要的是,与同人漫画"CP"时代不同,与"K-pop"汇流之后,"嗑 CP"对象由漫画转为真人。真人偶像的不可控性,让本来已经染上好斗惯习的"嗑 CP"社群,变得更加不稳定。

三、走向真人:场域之中的"嗑 CP"

作为流行文化重要的研究者,劳伦斯·克罗斯伯格认为"我们与流行文化最为常见的关系取决于快感的文化生产"[①]。换言之,在消费主义的框架下,流行文化负责为我们生产廉价便利的快感,进而刺激我们对流行文化进行经济消费,从而构成消费等于快乐的公式完形。早期的"嗑 CP",被"嗑"的对象主要是动漫人物。即便像斜线文,将《星际迷航》两位男主人公 Kirk 和 Spock 配成"真人 CP",限于当时的技术条件,对原作的再生产也只能以小说、漫画等文字与图像文本呈现。更重要的是,"嗑 CP"社群只能通过"同人志即卖会"这类线下活动进行交流联结。这意味着,早期"嗑 CP"社群所"嗑"的对象,是一种大量复制、极度真实而又没有本源、没有所指、没有根基的图像、形象或符号,也就是让·鲍德里亚定义的"拟像"。动漫人物是否真实存在自不待言,多数情况下,他们都处于"超真实"的状态之中。正因为动漫人物作为拟像存在,"嗑 CP"才获得了幻想的自由。"消费者的感受力是通过产生出各种不同的快感结构来运作的。"[②]然而,当对象是只有"设定"的动漫人物时,无论是同人作

[①] 陶东风主编:《粉丝文化读本》,北京大学出版社 2009 年,第 139 页。
[②] 陶东风主编:《粉丝文化读本》,北京大学出版社 2009 年,第 138 页。

者抑或是读者,其快感结构不受现实的规范制约,力比多可以在"嗑 CP"的活动之中畅游无阻,获得相对平和的满足。

然而,从拟像走向真人,却是当下中国"嗑 CP"社群发展的主要动向。相比于拟像 CP,真人 CP 有更多的不可控性。诚然,偶像工业发展成熟之后,许多艺人都有精准的市场定位,为了获得流量增长,对粉丝"拉郎配 CP"的行为表示默许,甚至主动配合粉丝的要求,营造"CP""正主认可粉丝的'CP'想象,甚至主动生产'CP'叙事,可谓'CP 粉'的终极梦想,"[①]"人设"作为一种人格面具,其实是真人 CP 与粉丝的双重选择。对于艺人而言,"人设"的选择与建立就是自我物化的过程。稳定的"人设"面具能够刺激粉丝的情感,实现粉丝与偶像艺人之间的情感互动联结。因而,自我物化的"人设",是偶像艺人进行情感劳动,"CP"粉"嗑 CP"的必要条件。但是,真人偶像毕竟不是动漫人物。即便建立了稳定可靠的"人设",也不能保证各种突发事件的发生,导致"人设"崩塌。另一方面,"人设"仅仅是偶像艺人形象的主要面具。当代偶像工业对艺人的全面要求,让每个艺人在理论上都应该"多栖发展"。也就是说,并不存在一个完整的"人设"可以涵盖当前艺人的所有活动。最为重要的是,当"嗑 CP"社群被纳入粉丝社群的场域之后,其面临的,是数倍于以往的他者。

粉丝类型的细分正是性幻想多样性的表征。根据网络上惯行的分法,粉丝起码可以分为真爱粉、路人粉、亲妈粉、后妈粉、后宫粉、苏粉、逆苏粉、CP 粉、脑残粉、唯粉、团粉、大腿粉等数十种类型。这些粉丝的类型分类法不尽统一,有的依据自己与偶像之间的幻想性关系作为划分标准(真爱粉、后妈粉等),有的将偶像艺人与偶像团体作为划分依据(唯粉和团粉等)。标准的混乱驳杂背后映射的,恰恰是人的情感的丰富与幽微难测。每一个类型背后,都是一种性幻想的折射。一个后妈粉,同时也可以是团粉与 CP 粉。从"圈地自萌"的亚文化到娱乐资本的新宠,"嗑 CP"社群面临着信息环境的更替迭代。如何与各种互相看见的粉丝类型和睦共处,成为"嗑 CP"社群破圈而出之后的首要任务。因而"不上升正主"口号的出现,正是为了调和 CP 粉与其他粉丝类型之

[①] 肖映萱:《"嗑 CP"、玩设定的女频新时代——2018—19 年中国网络文学女频综述》,《文艺理论与批评》2020 年第 1 期,第 122—132 页。

间的紧张关系。

在弗洛伊德的精神分析学之中,幻想始终占据着重要的位置。幻想场景,尤其是性幻想的场景,是弗洛伊德式分析的原材料。弗洛伊德的"乳房故事"与拉康的"父亲的法律"都在描摹人诞生时被迫分裂的机制运作。对完美圆满的压抑,并不能消除欲望,反而导致了幻想的产生。作为一种补偿,幻想表达了对完整的欲望,重新满足了一种圆满的整体性。在所有的粉丝类型之中,"嗑 CP"社群的幻想是最难以实现的,因为它关涉现实的禁忌。白日梦与现实的遥远距离,他们坚定不移地通过各种"产粮",以多媒介的形式、狗仔队的精神"嗑 CP",企图证明她们所幻想的"CP"是真的。因而,口号"SZD(是真的)"最有力的鼓吹手只能是"嗑 CP"社群。生活的想象域与符号域之间存在着根本性的紧张,而性幻想作为一种调和,努力地保持两边的平衡。但当多重幻想从不同角度聚焦到同一个偶像人物身上,与其说各个类型的粉丝在维护自己爱豆的名誉,不如说他们都在通过争夺这一场域之中的"文化领导权",维护自身对于偶像艺人的性幻想权力。但在后现代娱乐至死的语境下,斗争也已经被充分游戏化、资本化,变成一场以流量为导向的幻想斗争。现实的性平等状况,让"嗑 CP"社群成为粉丝之中最激烈也是最受压抑的社群。在新的信息环境下,往日的"圈地自萌"难以为继,而她们的"白日梦"幻想在现实得不到满足与宣泄。为了寻找被压抑的"糖",发泄本能的力比多,她们以再生产的方式"嗑 CP",创造了一批又一批的同人仿作。然而在粉丝社群日益极端化的话语环境下,"嗑 CP"社群势必要通过改变自己的惯习,主动出击,以维护自己的领地。

结 语

本文勾勒作为亚文化群体的中国"嗑 CP"社群,由"圈地自萌"的亚文化到娱乐资本新宠儿的历史路径,并对其在路径中各个节点的惯习的生成与更改做出分离,力图在动态的场域之中把握"嗑 CP"社群的行为动因。作为一种性幻想,"嗑 CP"行为本无可厚非,其充满性少数色彩的性幻想发挥着亚文化的先锋作用,冲击了社会旧有的性禁锢。然而,中国"嗑 CP"社群十余年的"圈地自萌"状态,为耽改剧的爆红所终结。被娱乐资本发现后的"嗑 CP"社群,成为中国偶像工业的流量新来源。被个体存在欲望驱使的"CP"幻想,经由娱乐资本主导的社会形塑之后重新定向。在新的信息条件造就的话语场域之中,中国"嗑 CP"社群被纳入粉丝社群的文化场域之中,为了维护自身性幻想的权力,中国"嗑 CP"社群也完成了"圈地自萌"到好斗的惯习流变。也正是在惯习流变中,我们得以窥见"嗑 CP"文化在跨国跨文化的流动之中的复杂面貌。

(陈润庭,北京师范大学文学院博士研究生)

The Change of Habits and Field Research of Chinese "CP" Communities
Chen Runting

Abstract: This article compares the activity form, community identity and behavior habits of the Chinese "CP" community and its predecessor Japanese fan manga community, and focuses on the outline of the "CP" community after entering China. The historical path from the state of "enclosure spontaneous" to the new darling of entertainment capital, and then traces the habitual changes of the Chinese "CP" group in the various stages of field formation and merger, and the behavioral motivation behind it.

Keywords: Subculture; Sexuality; Culture Field

声音景观的流变与地方性知识的调适
——基于世界非物质文化遗产侗族大歌的探讨①

陈守湖

摘要: 侗族大歌这一地方性知识的核心元素是声音,正是依托声音的创造、因袭与沉淀,侗族大歌成为具有极高辨识度的声音景观。在由传统迈向现代的过程中,从侗族社区内部的人际传播,到走出侗族社区之后的符号传播,再到文化开发助推下的多元传播,侗族大歌这一声音景观的更动,表征着侗族族群对于现代性图景的想象,同时也推动着现代性语境下建构性主体的文化调适。

关键词: 侗族大歌;声音景观;地方性知识;现代性

---

① 本文系国家社科基金项目"西部县级融媒体中心社区传播力研究"(项目号:19XXW003)的阶段性成果。

"声音经验创造、影响、形塑了我们与任何环境之间的惯习关系。"[①]声音景观[②]的变迁,往往折射着文化秩序和文化心理的嬗变。2009年列入世界人类非物质文化遗产代表作名录的侗族大歌,是典型的基于声音景观而形成的地方性知识。侗族大歌[③]这一声音景观复合了族源叙事、农事常识、社会交往、婚恋伦理等诸多内容,是侗民族最为复杂的地方性知识体系的集成。从社区内封闭的社区认同到社区外普泛的文化推举,无疑推动了侗族大歌融入现代性的进程。这一过程深层次地改变了侗族族群的文化心理和文化认知,以侗族大歌为代表的地方性知识体系亦发生了深刻变迁。本文以侗族大歌声音景观的传播与流变为切入点,努力揭示现代性语境下这一地方性知识嬗变中文化事象与文化主体的互动,以期为非物质文化遗产的保护与传承提供一些借鉴与参考。

一、声音的沉淀——地方性知识的形成

侗族大歌这一地方性知识的形成,源于侗民族基于声音的创造、因袭与沉淀。侗族大歌这一声音景观在侗族社区蔚为大观,就在于它与侗族社会结构的相契相合,与侗族精神世界的勾连与互动,所以,这一声音景观成为侗族传统社会最为重要的媒介。

1. 声音景观作为智识媒介

侗族大歌于侗族而言,"是全部生活的起点和终点,全部历史的凝练和传承,全部文化的贮存和展开"[④]。对侗族族源的传唱即是侗族大歌的重要内容。在侗族大歌的传习村寨,有许多和祖先迁徙相关的歌,这些叙事性的古歌(侗

---

① Truax, Barry. *Acoustic communication*. Ablex Publishing Corporation, 1984, p.11.
② 本文采用加拿大音乐家谢弗(R.Murray Schafer)所提出的"声音景观"(soundscape)概念,在谢弗看来,"声音景观指的是任何可供研究的声音领域。可以把音乐作品或广播节目作为声音景观,也可以把某一声音环境作为声音景观。因此,完全可以将声音环境独立地视为一个研究领域,就像我们去探究已经形成的地物景观的特征一样"。参见 R. Murray Schafer. *The Soundscape: Our Sonic Environment and the Tuning of the World*. Destiny Books, 1994, p.7.
③ 侗族大歌是对流传于侗族南部方言区的民间多声部合唱的统称,侗语称为"嘎老"或"嘎玛","嘎"即"歌","老"或"玛"都是大的意思。
④ 余秋雨:《解读贵州》,贵州人民出版社2008年,第7页。

语称为"嘎古")都被冠以"祖先落寨歌"这样的统称。这一类的古歌实际上成为追溯侗族族源的口述史料。名为《侗族祖先》的古歌这样唱:"当初侗族祖宗/不在别处/在那闪烁的梧州/从那浔州来……"①,名为《查公卜》的古歌亦唱:"从前我们不住别处,住在梧州碰碰,广东安安……"②,还有一首古歌名为《我们的祖先江西来》,其中唱道:"……追忆我们侗家的祖宗/来自那遥远的地方/那里叫作江西吉安泰和县/祖宗就从那个地方发源……"③这些古歌为侗族祖籍来源提供了一些佐证,如"梧州说""江西说"等。此外,侗族大歌中有大量的关于日常生活和生产常识的内容,比如何时播种、何时收割、何时贮存等。同时,还有不少咏唱万物起源的歌,如人类的起源、民族的源起、动植物的来源、自然现象的发生等。这种独特的知识生产方式所形成的知识,在侗族大歌的旋律中代代相传,既播撒了认知意义上显在的可以明确叙述的纯粹知识,同时也在以歌启智的过程中让族群个体获得参与知识生产的能力。这在侗族歌师的演唱中表现得尤其突出,即使是同一首侗歌,也会因为介入了歌师的个人"知识"而显示出一定的创造性,这种"意会知识"④使得一代又一代的侗族人对于民族传统心领神会。

2.声音景观作为伦理媒介

"乐者,通伦理者也。"(《礼记·乐记》)作为侗族民间音乐的代表,侗族大歌的知识体系中同样充满了伦理的内容。孝敬父母、夫妻恩爱、兄弟相扶、勤劳俭朴、自爱向善等内容极为普遍。流传较广的有《劝世歌》《敬老人歌》《父母歌》《父母养咱》《父母恩情》《酒色财气歌》《行善歌》《懒人歌》等。值得注意的是,在侗族大歌的伦理知识教育中,自然伦理的内容亦极其丰富。在侗族人的精神世界里,以自然为本位是一个很突出的特点。侗族族群"把世间万物主体化,并设定为具有亲缘性的一种关系存在,采取和谐的方式处理各种相互关系,用主体间的平等关系来对待自然界"⑤。这样的观念,自然会影响到侗族民

---

① 张民、普虹、卜谦编译:《侗族古歌(上卷)》,贵州民族出版社2012年,第41页。
② 张民、普虹、卜谦编译:《侗族古歌(上卷)》,贵州民族出版社2012年,第96页。
③ 杨国仁、吴定国编:《侗族祖先哪里来》,贵州人民出版社1981年,第164页。
④ [英]迈克尔·波兰尼著,王靖华译:《科学、信仰与社会》,南京大学出版社2004年,第13页。
⑤ 刘宗碧:《论侗族自然观中的生态伦理及其价值》,《中央民族大学学报(自然科学版)》2017年第4期,第47页。

间艺术。因此,关于侗族大歌起源的各种说法中,"自然成因说"被广泛认同,认为自然和声的侗族大歌是侗族祖先模仿山间鸣蝉而形成的。侗族大歌所显现的强烈的伦理内涵,实际上也是地方性知识的共同文化特征:其知识的创生与传习,皆是融合了特定社区及其人群的物质、空间、行为与情感的,为了确保知识领悟的社区公共性,就必须拥有一套关于知识阐释的共同观念和规则。于是,伦理在地方性知识的传承中具有了"习惯法"的功用。

3.声音景观作为社交媒介

侗族大歌对于侗族族群来说,不只是一种歌唱形式,它是全面进入侗族人日常生活的社交媒介。侗族大歌代代传承系于一个重要的以歌为媒的组织——歌队(侗语称之为"高嘎")。歌队的存在,使得侗族大歌流传地区的侗族人,从儿童时代就通过大歌这样的一种媒介,开始了社会交往活动。这种以歌为媒的组织,不仅是对歌唱技能的传承,更是对侗族族群日常生活诸种知识和生命体验的温习。在侗族传统社会中,从儿童到少年,再从青年到中年,以至老年,许多侗族人都有自己的歌队。"月也"是南部侗族方言区村寨之间的大型社交活动,参与者从数十人到数百人不等。"月也"的主要环节有进寨、祭"萨"、鼓楼对歌、行歌坐夜等,每一个环节都伴随着侗族大歌的演唱。尤其在鼓楼对歌环节,大歌是最为重要的交流媒介。以歌为媒的交往方式,使得族群的认同感和归属感不断增强。

由此可见,侗族大歌这一声音景观在侗族传统社会中的形成,主要来源于人际传播的文化沉淀。在封闭、边缘的前现代生活中,这一地方性知识整合了侗族族群的智慧创造、伦理观念和社会交往。对于侗族个体来说,大歌是一种社区养成教育,这样的教育既是知识意义上的滋养,亦是精神意义上的塑造,而后者的功能与价值更为突出。

二、声音的流布——现代性图景的想象

从默默无闻的民间音乐到世界非物质文化遗产,侗族大歌成为侗民族最具传播力的文化符号。在声音流布与符号建构的共同作用下,侗族大歌成为侗族族群自我文化审视的重要媒介,同时,亦是他者进入侗族文化世界最为核

心的媒介。

1.进京展演:国家在场的文化表达

1949年中华人民共和国成立之后,旨在促进民族团结进步的进京文艺展演成为地域文化与国家意志相沟通的重要安排,由此,基于国家在场的传统文化事象的展示成为霍布斯鲍姆所说的"传统的发明","为了创造人民对民族国家的认同感,就需要重述过去,需要建立一个共同的过去,建立统一的民族文化"。[①]

1953年,来自贵州省黎平县岩洞村的吴培信等4位侗族女歌手,在全国第一次民间文艺会演中展示了南侗"嘎老",这一多声音乐品种引起了音乐界人士的关注。1957年,黎平县三龙乡吴万芬等4位侗族姑娘,再次在全国民间音乐舞蹈会演中演出。在这次演出中,侗族独特的声音歌(即侗语所称的"嘎所")受到专家注意。1959年10月,百名侗族歌手组团赴京参加国庆十周年庆典,演唱了《歌颂毛主席》等新编侗族大歌曲目,此后被中央人民广播电台录制后向全国播放,中国唱片出版社还制成唱片向国内外发行。从20世纪50年代起,侗族大歌的"声音"就具有极高辨识度,并获得了很高的专业认同。从那时候起,"多声部自然和声"就成为侗族大歌宣传中的固定范式,至今依然没有改变。

在地方性知识与国家认同之间建立起紧密的联结,是国家富强、民族团结、社会和谐的保障,亦是地方性知识传承的关键。60多年过去,"进京展演"已经成为历史叙述中的媒介事件。而这样的媒介事件,实际上决定了此后侗族大歌这一声音景观的文化走向:"地方"成为一种极为有效的话语范式,与社区外的文化互动沟通不断强化,从而使侗族族群在现代传播条件下的文化资本不断丰富起来。

2.亮相巴黎:自然和声符号的强化

20世纪80年代侗族大歌亮相法国巴黎金秋艺术节,在侗族大歌的对外传播中具有尤其重要的意义,因为这是侗族民间合唱"嘎老"首次从偏远乡村走到西方世界的中心。

---

① [英]霍布斯鲍姆、兰格著,顾杭、庞冠群译:《传统的发明》,译林出版社2008年,第17页。

1986年,受巴黎金秋艺术节组委会的邀请,贵州9位侗族女歌手组成的歌队在艺术节上演唱了侗族大歌。法国《世界报》的报道《动人的侗族复调音乐》在此后的侗族大歌宣传材料中被不断提及,因为,在其报道与评价中,侗族大歌"声音"的独特性被放到了最为重要的位置。《世界报》的报道称:"……这个富有独特风格的音乐,马上打动了西方听众的心弦。……可以肯定,这些侗族歌曲比起八九世纪之前西方复调音乐初期的任何音乐都要高明……",而"清泉般的音乐""古老而纯正、闪光的民间合唱艺术"等法国专业人士的赞赏,成为侗族大歌"世界价值"的某种认定。①

巴黎之行9年之后的1995年,侗族大歌登上了中国中央电视台的春晚。从这样一段文化旅程不难看出,"自然和声"这个经过抽象化、概念化、符号化之后的文化认知,在侗族大歌"名动巴黎"之后得到更为广泛的传播。这样的传播在不断强化之后,为侗族大歌在此后的传播中深度植入"原生态"内涵奠定了基础。第十二届(2006年)和第十三届(2008年)两届央视青歌赛,侗族大歌以"原生态唱法"参赛,并在第十三届青歌赛获得了铜奖。尽管"原生态唱法"这样的提法引发了音乐界的分歧,但对侗族大歌来说,两届青歌赛的传播是成功的。"天籁之音"这样的标题频繁地出现于媒体报道,对于侗族大歌"自然和声"这一符号起到了极好的强化作用。

3. 申报世遗:声音景观的再符号化

2009年9月,侗族大歌被联合国教科文组织批准列入世界人类非物质文化遗产代表作名录。如果说"声音"是侗族大歌进入大众传播时代之后最具概括力和传播力的符号,那么,"声音"成为世界非物质文化遗产,则意味着"自然和声"的声音景观的升级再造。

侗族大歌申报世界遗产的过程,就是侗族大歌再符号化传播的过程。

首先,"声音"这一符号得到了再次强化,在申报书中,侗族大歌被定义为"多声部、无伴奏、无指挥的侗族民间合唱歌曲的总称","其鲜明的艺术特色是多声部、无伴奏、无指挥"。尽管所有音乐都是声音艺术,但对于侗族大歌来说,"声音"这一标识在传播中的意义尤为突出;其次,"自然和声"的内涵得到

---

① 张中笑、杨方刚主编:《侗族大歌研究五十年》,贵州民族出版社2003年,第514页。

了再次充实,在对侗族大歌的演唱特点进行描述时,申报书认为,"整个大歌声部协调默契,张弛有度,有如行云流水,表现出侗族人'天人合一'的精神境界";再次,"侗族大歌是侗族文化的代表"这样的共识得到了充分确认。实际上,侗族大歌流行的区域集中于侗族南部方言区的部分村寨,随着侗族大歌作为侗族文化代表这一观念的不断传播,整个侗族地区皆对这一文化遗产引以为傲。申报书则更为明确地提出:"侗族社区一致认识到侗族大歌成为人类非物质文化遗产代表作,是整个侗族的光荣与责任,维护人类文化多样性和侗人艺术创造力,将有助于侗族社区侗人群体或者个人之间的相互尊重,会更加自信团结,更加和谐相处。"①

在不可阻挡的现代性扩张过程中,侗族族群既保持了自身文化的独特样态,亦在他者的视角中开始了文化自觉。文化自觉的实现,是与侗族大歌这一声音景观的对外传播密切相关的。大众传播规则介入之后的声音流布,完成了侗族大歌的符号化传播,并在符号化的过程中增强了族群认同,也确立了文化自信。而以符号传播为特点的声音流布,不可避免地会带来族群文化心理的变化。

三、声音的嬗变——建构性主体的调适

如果说,前现代社会侗族大歌的人际传播以声音的沉淀创造了侗族社区所共有的地方性知识,那么,现代性浪潮席卷之下的侗族大歌,则主要是以符号传播的方式实现了声音的流布,使这一地方性知识的现代价值得以彰显。而在侗族乡村社会全面融入现代生活,尤其文化开发意识介入文化传承之后,侗族大歌则进入了多元传播的时代,舞台化、商品化、视觉化、他者化等特征不断强化,作为声音景观建构主体的侗族族群,亦在侗族大歌的传承发展上产生了自觉不自觉的文化调适。

---

① 本文所引申报书内容均据侗族学者吴定国所撰论文《侗族大歌申遗之研究——侗族大歌申报世界人类非物质文化遗产的历程》,参见《贵州民族学院学报(哲学社会科学版)》2009年第2期,第37—40页。

1.舞台化:文化在地性的衰减

尽管音乐专家把"嘎老"这一独特的自然和声无伴奏无指挥的合唱歌曲统一命名为"侗族大歌",但"嘎老"是具有强烈的村寨特征的。从侗族大歌在传统侗族社区展演的空间来看,鼓楼是最为重要的空间,最庄重的演出都是在鼓楼进行的。如今,舞台已经成为当下侗族大歌展演的最重要场所。从鼓楼空间到舞台空间的转变,必然带来声音景观的变动。鼓楼演出是一种自在自为的程序,也是侗族大歌形成的重要空间依存,鼓楼以特殊的社区时空结构赋予了侗族大歌审美特质——"歌养心"[1]。鼓楼对歌活动的衰落与舞台展演的泛化,使侗族大歌这一声音景观"养心"的沉静内蕴受到了冲击,而借助外在媒介(灯光、动作、布景、姿态等)提升艺术魅力的现实需求增加。舞台化所带来的侗族大歌在地性的衰减和"现代性的动力机制"大有关联,"现代性的动力机制派生于时间和空间的分离和它们在形式上的重新组合,正是这种重新组织使得社会生活出现了精确的时间—空间的'分区制',导致了社会体系(一种与包含在时—空分离中的要素密切联系的现象)的脱域"。[2] 现代性语境下文化的"脱域",既是符号传播的需要,更是文化本身内在结构的调适。

2.商品化:消费逻辑的介入

传统侗族大歌的展演是完全的社区生活逻辑支配的结果。侗族歌师教授下一代唱大歌,是没有任何报酬的,但在传统的歌师心中,有一份传承民族文化的责任。这种责任的履行,是会赢得社区成员共同尊崇的。也正是在这样的文化场域中,歌师通过口传心授这样的惯习,积累了足够的文化资本。不管是歌师的传,还是歌手的唱,这样的文化资本累积,也是足以让这些歌者在社区中获得广泛认同的。但在日益"现代"起来的今日侗乡,文化资本的可售卖变得越来越重要。外出演出的侗族大歌歌队越来越多,为消费群体助兴获得报酬成为最主要的诉求。即使是在侗族村寨演出,在很多时候,也是为来到侗寨旅游的游客演出,主要是为了商业目的。消费逻辑的介入,使得侗族大歌在许多的场景中成为一种文化商品,消费主义支配下的声音景观的再符号化成

---

[1] 张泽忠、韦芳:《侗歌艺术传承研究》,民族出版社2010年,第219页。
[2] [英]安东尼·吉登斯著,田禾译:《现代性的后果》,译林出版社2011年,第14页。

为必然。费瑟斯通指出,当消费行为变成了一种编码动作,消费也就成为全部的意义,而"人"在其中必然被忽视或消失了。[1] 如果说,基于社区民众认同而展示的声音景观来自文化秩序的支撑,那么,作为商品而销售的声音景观则更多地依靠消费秩序来建构。在消费主义泛化于侗族民间之后,侗族大歌声音景观还会发生怎样的嬗变,有待观察。但消费逻辑的植入,会带来文化传承观念的撕裂与分歧,这是确定无疑的。因为,消费主义对于文化的整一性是忽略的,"倾向于把特定的文化变成引用的样本和片断,而不允许完整表达复杂的身份"。[2]

3.视觉化:技术主义的漫溢

无论是侗族传统社会中的对内传播,还是步入现代社会之后的对外传播,诉诸受众的听觉,始终是侗族大歌艺术魅力彰显的最主要依托。而在现代性语境下,视觉化成为最为显著的文化特征。基于这样的文化特征,"视觉"成为进入"现代性"的重要凭借,"现代性"呈现的最重要手段亦是"视觉化"。现代人之所以通过碎片化和瞬间化的体验去感知世界,就是源于现代文化持续的视觉冲击,所以,现代性体验往往是转瞬即逝的。[3] 现代传播技术的进步,使得大量的文化被编码为视觉符号。其文化魅力的阐释,也往往需要从"视觉性"中解码而获得。由于语言上的隔膜,对于侗族南部方言区之外的受众来说,要理解侗族大歌是有难度的,即使被翻译为汉语,其文化意涵在转换过程中亦会有流失。在侗族大歌成为世界非物质文化遗产之后,文化展演成为对外传播的最主要方式。如果说,作为侗族社区交往媒介的侗族大歌,受众进入它的方式更多地体现为"听",那么,在对外传播中,受众的进入方式则主要是"看"。在声音景观向视觉景观渐变的过程中,"技术"充当了极其重要的角色。这里所称的"技术"有两层含义:一是现代声乐教育在声音表现和形体表演上的技艺,二是配合侗族大歌表演的视听效果而采用的现代技术及设备。传统的侗

---

[1] [英]迈克·费瑟斯通著,刘精明译:《消费文化与后现代主义》,译林出版社 2000 年,第 124 页。
[2] [英]贝拉·迪克斯著,冯悦译:《被展示的文化:当代"可参观性"的生产》,北京大学出版社 2012 年,第 35 页。
[3] Laikwan Pang.*The Distorting Mirror: Visual Modernity in China*. University of Hawai'i Press, 2007, p.19.

族大歌传承,最主要的模式是社区传承和家庭传承,侗族歌师是传承的关键角色,和声技巧是在歌队的长期配合中习得的。这既是侗族大歌传承的基本模式,更是侗族和声艺术规律的体现。但侗族大歌进入音乐专业教育体系之后,这种口传心授的模式发生了改变。声乐技巧进入了侗族大歌现代传承中,而这样的"技术化"也慢慢得到了侗族族群认同。对贵州省艺术学校首届侗歌班毕业生的追踪发现,这些"科班生"的演唱在传统侗族乡村里,基本上都成了"范本"。[1] 经过"技术改造"的侗族大歌,除了发声技艺本身的改变,其实还有配合演唱的肢体动作,在视觉上显然是与传统的室内坐唱有很大差异的。视听技术的进步,对于所有音乐艺术形式都会带来影响,侗族大歌也不例外,灯光、布景、电声等加入,明显强化了侗族大歌的视觉性。贵州省着力打造的大型文化歌舞《多彩贵州风》,侗族大歌是其中的核心节目,其声光电手段的运用,体现的正是传统社区"谛听"的声音景观与现代舞台"视听"的声音景观的融合。视觉元素进入声音景观,是侗族大歌这种地方性知识嬗变的一个典型例证。这种嬗变使得传统的、作为族群社交媒介的侗族大歌的媒介功能向外扩展,它不仅是侗族族群向外传播自身文化的媒介,同时也是侗族聚居省份(如贵州省)甚至国家外宣的媒介。

4.他者化:审视维度的变迁

就侗族大歌从 20 世纪 50 年代起的对外传播来说,他者这样的审视维度一直扮演了极为重要的角色。那么,对于侗族族群来说,对于侗族大歌传播过程中的他者化,会有怎样的文化心理波动?从媒体报道来观察,总体上是支持自身文化向外传播并获得他者认同的。以侗族大歌列入世遗名录为例,这样的"世界"认同,"使得已经不唱甚至原本就不唱侗族大歌的侗族社区和侗族族人开始将侗族大歌作为自己的民族文化符号,自觉接受这一歌唱形式"。[2] 侗族大歌对外传播的他者在场,会不会改变这种地方性知识的文化属性?这样的质疑从侗族大歌走出南侗山寨之日起就不绝于耳。改变自然是有的,因为声音景观的形成本来就是具有在地性的,任何音乐传统皆是在特定的空间中

---

[1] 隶月、寒山:《贵州民族音乐教育实践述评》,《中国音乐学》1998 年第 2 期,第 447—450 页。
[2] 刘大泯:《贵州侗族大歌走向世界的思考》,《理论与当代》2016 年第 2 期,第 52 页。

生成、传播的。但从侗族大歌的对外传播历史来看,他者在场对这一地方性知识的传承亦是具有积极影响的。一方面,他者的积极介入,使得侗族大歌的独特禀赋广泛传播,在更大范围彰显了它的价值。仅仅从音乐学的意义上说,对于侗族大歌独特艺术价值的阐释就是大量的非侗族学者完成的,这样的意义阐释对于侗族大歌走出封闭的社区环境获得广泛认同具有重大的助推作用。另一方面,中华人民共和国成立以来的侗族大歌对外传播过程中,他者在场在很多时候其实等同于国家在场,侗族大歌由此获得了融入中华民族命运共同体的意义价值,比如国家报送申遗、代表国家外访演出等。于侗族大歌声音景观的建构而言,他者是其文化现代性彰显的极大助力,而这样的助力亦体现了现代性的反思性。正如吉登斯所指出的,"合理的传统"得以存续,"只有从对现代性的反思中才能得到认同"。① 侗族大歌现代价值的确认,即来自对文化霸权和生态问题的反思,对于文化霸权的反思使得侗族大歌彰显出文化多样性的价值,而对于生态问题的反思,则使侗族大歌自然和声的生态伦理得到了充分的挖掘。

四、结语

侗族大歌声音景观建构所经历的声音沉淀、声音流布、声音嬗变的过程,实际上也是众多民间音乐在现代性语境下的共同际遇。剖析侗族大歌的"传播史",我们不难发现,在侗族大歌的对外传播中,地域文化与国家认同有着极为活跃的联结。在地性的彰显,是以国家认同作为最终目标的。而建立在中华民族命运共同体这个宏大视角下的国家认同,同样需要依赖于丰富多元的文化在地性来实现。"中华民族命运共同体作为一个历史文化共同体,无论是其共同体意识的铸牢过程,还是其共同体实体的建设过程,都必须构筑与之相匹配的文化基础,而各民族共有精神家园就是中华民族命运共同体在精神文化层面的体现与支撑。"②作为一种具有独特禀赋的地方性知识,侗族大歌的传

---

① [英]安东尼·吉登斯著,田禾译:《现代性的后果》,译林出版社 2011 年,第 34 页。
② 郝亚明:《论中华民族命运共同体建设的五大基础路径》,《西南民族大学学报(人文社科版)》2020 年第 5 期,第 3 页。

播为我们提供了考察地域文化与国家认同之间互动机制的一个极好样本。

(陈守湖,陕西师范大学新闻与传播学院教授)

The Change of Soundscape and the Adjustment of Local Knowledge
—A Study Based on the Dong Chorus as World Intangible Cultural Heritage

Chen Shouhu

Abstract: The core element of the Dong Chorus, a local knowledge, is sound. Relying on the creation, inheritance and precipitation of sound, the Dong Chorus has become a soundscape with high recognition. In the process from tradition to modernity, from the interpersonal communication within the Dong community, to the symbol communication outside the Dong community, and then to the diversified propagation promoted by cultural development, the change of the soundscape of the Dong Chorus not only represents the imagination of the Dong people for the picture of modernity, but also promotes the cultural adjustment of the constructive subject in the context of modernity.

Keywords: the Dong Chorus; Soundscape; Local knowledge; Modernity

小街故事：媒介情境中街景变迁的阐释与反思
——以山西临汾鼓楼街区为例

白紫璇　鲍海波

摘要：随着我国城市化进程加快，街道拓宽与建设成为城市规划者展现城市特色、塑造城市形象、重构管理秩序的第一步。媒介作为构筑城市主体交往和信息传播的必要物，在城市化过程中也向着流动性、非秩序性、表征性弱化趋势发展。本文认为，将街景置于媒介情境中，从泛媒介角度分析街景变迁所体现的城市景观作为符号的表征性与其文化内涵，能够客观认识城市规划的利弊，反映城市作为空间媒介在建构过程中形成的种种冲突。

关键词：媒介情境；街景；城市空间

一般而言，认识城市要从各个角度观察其外在及其内涵，如城市作为可延伸的建筑综合体，作为一定区域政治、经济、历史文化的承载空间，或者作为人们特有的生活方式等。这一切，从不同侧面展示城市之复杂多元与丰富包容性,使其能够作为不同的客观现实被人认知,正如法国地理学家潘什梅尔所言:"城市既是一种景观,一片经济空间,一种人口密度,也是一个生活中心或劳动中心。更具体地说,是一种气氛,一种特征,一种灵魂。"①在多种认识与理解城市的视角中,媒介及其媒介情境无疑也是其中重要的一种。

当下时代,中国正处在一个城市化加速的进程中,伴随着人口集中、经济转型、文化教育与价值观念的转变,传统的城市正在逐渐转型为新兴现代化的城市。在现代化城市规划和建设中,横纵穿插在城市空间中的道路,为城市功能的实现划分出相对固定的区域,并形成排列不一的空间网络以建立城市基本秩序。可以说,街道是人对于城市印象的特殊聚焦点,通过以街道景观、建筑、风貌、意象等为媒介进行地方感展现,不仅是设计者对于街道本身的塑造,更承载着城市的时代性,成为一个凝结着城市的政治文化、社会历史、民族地域底蕴的综合体。

在约书亚·梅罗维茨看来,地点和媒介共同为人们构筑了交往模式和社会信息传播模式。② 作为市民或是进入城市空间的每一位个体来说,街道可明确划分出不同场所的界限,并通过公共空间的规划构建不同象征意义的媒介情境。在确定情境界限中,情境建构者需要将接触信息的感官、方式、手段、时空等关键因素考虑进去,特别是在后现代社会进程中,媒介的变化向着流动性、非秩序性、表征性弱化趋势发展,必然也会影响具体空间情境即街景的变化,从而导致作为城市主体的人的观念及行为变化。

一、街景创建:物质空间的再生产

山西省临汾市尧都区,相传为五帝之一的文明始祖商尧陶唐氏诞生、建都之地,古称平阳。坐落于临汾城中心的平阳鼓楼据考证始建于北魏,《北史·李崇传》记载:"兖土多劫盗,崇令村置一楼,楼悬一鼓,盗发之处,双槌乱击,四

---

① [法]菲利普·潘什梅尔著,漆竹生译:《法国》,上海译文出版社1980年,第18页。
② [美]约书亚·梅罗维茨著,肖志军译:《消失的地域:电子媒介对社会行为的影响》,清华大学出版社2002年,第34页。

面诸村闻鼓皆守要路,俄顷之间声布百里,便尔擒送。"[1]鼓楼初期为防盗而建,随着城市发展,鼓楼转为报时之用,同时因位于城市中心,还被作人文景观之用。邑中父老均以此楼为荣,也以其作为帝尧古都古老文明的象征。由西周时期易唐为晋,到战国时三家分晋,韩建都平阳,位于华北晋南、盆地地势、三面临山易守难攻的临汾,自古就是兵家纷争之地。从康熙版本《平阳府志》、民国版《临汾县志》、《临汾市志》(现尧都区)、《临汾市志》(四册)到临汾市住建局的编辑团队编纂的《临汾市城乡建设志》,均记录了鼓楼四街的前世今生。鼓楼建于城市中心,恰为东西南北四大交通要道之中心,中华人民共和国成立前临汾的城市道路规划以鼓楼为中心,分为东西南北四个方向呈辐射状向周围分布,形成至今的城市方格网道路骨架。鼓楼四个门洞上方各嵌有依万历三十一年原刻复制的巨型石雕匾额,分别为"东临雷霍""西控河汾""南通秦蜀""北达幽并",意指东西南北四通八达,作为中枢交通便利。在当代,作为城市干道的鼓楼东西南北街不仅体现在交通意义上,同时也是市民活动的公共空间与城市形象塑造、底蕴物化的重要媒介形态之一,并于历次时代变革与城市规划过程中进行了多次功能转化。此间,媒介与公共空间在社会关系框架内达成一致,二者在本身属性的基础上以社会关系为中介达成了性质的互补与融合,即当空间承载了社会互动的特质时,就具有了媒介的信息传播属性。

在列斐伏尔空间是社会的产物这一观点中,空间实践、空间表象和表征性空间一组概念,分别表示纯粹的物质空间、设计者赋予意义的构想性空间与设计者操纵和创造的作为媒介的空间。鼓楼街区变迁的第一阶段就是基于市民活动与城市进程自然生产的物质性空间的转变。

街道本身结合置于街道中的标志性建筑物,间接为城市赋予了中心、划分出不同功用区域与场所,街道也由此在城市空间中独立出来,既承载着市民活动公共区域的空间作用,也具备区域划分的边界作用。因而,街道界面即街道表皮的构建设计也作为城市建设的重点工程为历代城市规划者所重视。据史料记载,继元代末期鼓楼四街成为城市主干交通道路之后,明清时期鼓楼北城门处起始,形成了最早的鼓楼北大街,全场约 960 米,宽 5 至 6 米,土路面;鼓

---

[1] 李延寿:《北史·列传 31 李崇传》,中华书局 1974 年。

楼南大街自鼓楼至南城门,长度约 790 米。1926 年,向阳路(即鼓楼北第一个东西街道向十字路口)以北修建为省道太风过境公路,路宽 7 米。《临汾市城乡建设志》有文字记载:1949 年以来鼓楼南北基本没有太大变化,一直到 1957 年鼓楼至向阳路 1300 米路段开始实施三合土路面硬化,路面扩至 7 米;20 世纪 60 年代后期改铺为砂砾路面,1975 年扩建为 10 米宽沥青路面;1987 年向阳路至河汾路口道路扩至 14 米;1991 年改建为 108 国道城市过境线;1997 年临汾市建委组织实施,对五一路至尧庙三岔路口路段和鼓楼到河汾路口段同步拓宽至 28 米,全部改造为水泥砼路面,三幅式结构,两侧非机动车道各宽 4.2 米,沥青路面,人行道铺设水泥花砖,宽 4 至 6 米;2007 年因城市交通压力过重改造为一板式结构。[①]

街道长宽的拓展是街道界面变化的直接体现,以城市中心为核向四周辐射,在整体创造出一个物理空间的基础上增强了空间延展性,网络辐射范围的扩大为媒介放置展示提供了充足的区域,集中性表达街道相应特征与内涵,延伸了区域内部媒介空间的范围。街道界面扩建的目的不仅在于画地为圈、明确与延伸边界,置于城市发展进程与历史文脉中,街道所承载的是交通功能同时也是现代化城市建构的基础。可以肯定的是,街道本身从未刻意植入媒介功能,只作为基础建设工程不断延展拓宽,而在泛媒介语境下,以街道界面建设材料、基本属性、融合元素等为街道本身加入媒介属性是有必要的,将街道界面的设置变化作为城市发展现代化的侧面像赋予注解。街道空间界面既是街道的边缘,又是街道的内壁,其本身材质、区域界定正是城市塑造第一形象的信息点,如土路、砂砾路面与 10 米以内的宽度所反映的是狭窄、拥挤、不整洁等现象,侧面体现城市建设不足、经济落后;沥青路面、30 米左右的宽度、机动车与人行道的分设所反映的就是宽阔、整洁与秩序,城建完善的同时也述说着城市化进程。

对于旧时的临汾本地人而言,鼓楼街区未全部作商街、生活圈之用。南北城楼门的矗立,将南北大街作为临汾通行的交通线路,同时也作为军队攻城占领的主要通道,而东西大街则作为居民生活圈,供百姓生活、设置商铺等。环

---

① 临汾城乡建设志编纂委员会:《临汾城乡建设志》,方志出版社 2015 年,第 31 页。

境美学理论家阿诺德·博林特认为,"获得一个以人的尺度为参照的城市环境最为重要的一点是决定和控制那些影响感知模式的条件,通过这些条件,我们进行日常的城市生活"①。街道变化所体现的由仪式景观向日常生活景观的转向,是通过参与性活动满足人们琐碎的日常生活需求,赋予人们城市归属感的过程,也是市民与城市建立亲密关系的过程,这一过程的具体表现为空间目的由展演与象征到日常交往、休闲的转向。

鼓楼二层匾额中的"声和击壤"为赵朴初题写,意为鼓楼上叮叮当当发人深省的钟声,使人时刻不忘尧王为子孙后代带来的硕大功德,也与鼓楼前身为尧帝揲作台一说曲意相通。旧时鼓楼是晨钟暮鼓的仪式地,生活在四大街区或由四大街经过的百姓都能受到其时时提醒与统治熏陶。中华人民共和国成立前,以临汾鼓楼为中心的城市版图,向四方的扩展与建设也代表了其作为城市中轴线地标建筑的统治性。市委大院依西而建,商业街与舆论喉舌命脉临汾日报大楼盘踞于东,高等学府山西师范大学居于南,数条联通外城的交通路线延伸至北。近 100 年间,鼓楼四大街延续下来的城市重点建筑与功能区排布,将空间秩序固定为以鼓楼为中心的严明而稳定的格局。此外,大型节庆活动也以鼓楼西大街与鼓楼北大街广场为主要举行地,如春节、元宵节的花灯会以西大街街道两侧为展示区域;市内大型活动如居民消夏晚会、庆祝型表演均以北大街广场为场地,搭建舞台或聚集群众。仪式化向日常化的转变源于市民的主动集聚与自然重塑。由于附近居民密集,出于日常交往活动需要,人们在既有空间范围内寻找休闲、交往活动区域。20 世纪 30 年代末,鼓楼经历多次修缮后建立博物馆,敲钟仪式也由此暂停。周围市民也在没有节庆活动时逐渐占用场地,开辟新用。市民就台阶或绿化区闲散而坐,北大街广场的空旷区域开始成为流动摊贩的聚集点,并逐渐形成规模。夏季在此分早夜市,中部平坦区域成为集居民休闲、儿童娱乐于一体的自由活动场所,鼓楼街区也成为市民联络集聚的地标。空间作为单纯的物质形式,由相应仪式事件赋予其功能,而由人赋予其意义。社会发展进程中,人的主体性不断提升,冲破空间满足自我的需求提升,因此以鼓楼为中心的四大街区的空间目的由统治秩序下

---

① [美]阿诺德·伯林特著,张敏、周雨译,《环境美学》,湖南科学技术出版社 2006 年,第 63 页。

的展演与象征,逐渐转向日常交往、休闲和实用性。

由此可见,纯粹的物理性空间是市民活动的必要媒介,其变迁也是城市化进程中的经验性产物。作为被感知的空间,再次从宏观角度审视街景,无论是街道界面本身的媒介性延伸出的价值,还是活跃在城市交往中的人对其自主的改造,都可以看到各种传播形态在实体空间中的交融,同时也反映着时代的进程。

二、街景表征:媒介秩序的重构

马丁·杰曾使用过"视觉政体"的概念,指在视觉中心主义传统上形成的一套以视觉性为标准的认知制度甚至价值秩序,一套用以建构从主体认知到社会控制的一系列文化规则的运作准则,形成了一个视觉性的实践与生产系统。通俗来讲,视觉政体是被放置在一定高度上,以其为标准,通过对视觉对象的设置和建构,从而影响社会认知和文化秩序。当前的城市建设,在现代化过程中因规模扩大,短暂走出视觉中心主义的禁锢后,又出现了视觉文化的复潮。由城市决策者主持的建设方案,往往全方位渗透着视觉观感带来的震撼,而同时又不纯粹围绕审美价值,意在通过景观设计反映城市建设主题,重建传播秩序,达到社会治理的统一便捷。

2016年9月,为期近8个月的鼓楼南北街拓宽改造竣工通车,街道由表及里焕然一新。整街以古风古韵为基底,最显著的变化就是由之前不规则、无特色的普通低层楼改至古风建筑,木质架构层楼、灰砖土瓦、木质雕刻窗格,在鼓楼南营业十多年的傻二电脑城也翻新为"傻二电脑肆"。其他店铺为统一色彩风格,多以黑灰色为基础色,搭配低饱和度的红色、橙色为商铺门头门牌,为街道营造出统一色彩风格与整洁感。

装饰元素的变化以传统与现代融合为特点,在文化壁、城市雕塑、艺术雕刻与绿化区均有明确表达。一是文化壁。在传统建筑文化中,照壁是置于百姓家院中针对院门处,既用以挡风御寒,也用以抵御鬼怪妖魔之壁,同时发挥防御功能,入院后难以一眼察看院落全貌,为其生活留出隐私空间。照壁上通常或绘或雕以安逸祥瑞、迎宾迎喜之图案。鼓楼南北街改造工程将照壁作为街道景观融入街道设计中,重建已有六百余年历史的四龙壁,采用青砖和黄绿色琉璃建成,质地坚实,不仅耐受侵蚀消磨,同时主体由中间两条龙和左右相对应的飞龙构成,龙身中的云纹图案也处处体现了平安如意之意。主壁左右两侧分别题有"南通秦蜀""北达幽并",与鼓楼南北石雕匾额的题字相得益彰。此外,鼓楼南北街还设有其他十余处龙壁墙体造型,龙凤主体的设计主体及手法,充分体现了传统文化中龙凤呈祥的内涵,置于城市干道中,寄寓对临汾人民生活的美好祝愿。

鼓楼南北街的墙体景观变迁,也有不少关于戏剧文化的内容。如十里长街的文化墙体中设计有十余幅脸谱雕刻(图1),采用亮眼的中国红以在观感上赋予视觉冲击力,同时结合脸谱文化,寓传统内容于现代形式中,充分展现古今融合。同样以墙体文化壁形式呈现的内容还包括皮影戏、窑洞等山西特色传统文化(图2),均以墙体设计形式呈现,干道两侧景观构建向临汾市民传递出传统文化弘扬的动力,对于城市的地方感、归属感也有所强调。

图1　　　　　　　　　　图2

二是城市雕塑。城市雕塑既是城市景观工程,又是公共艺术作品。雕塑不仅是设计师或制作者的个人思想物化产品,同时也为城市建设、街道重塑提供了视觉景观,其媒介属性规定了其对文化特性和时代价值的内涵表达。鼓楼南北大街重修后,城市雕塑类型和风格的多元成为一大视觉亮点。类型以艺术雕塑与石雕为主,风格融合现代性与通俗性,色彩分明,塑体较大。如鼓楼北大街命名为《呼啦圈》的作品(图3),不规则形状的圈状外形,运用红黄蓝三色展示了阳光活力的特质,与街中墙体"全民健身"的宣传标语相配合,反映了号召"全民运动"的目标。鼓楼南大街一处石雕作品命名为《老鹰捉小鸡》

(图4),主体人物选择了身着麻布衣、年画福娃头的形象,展示童真童趣,侧面反映社会和谐、百姓和乐的寄托。另一处较具特色的街景雕塑作品为鼓楼北大街的《中国红》,正红色彩自成视觉焦点,主体为陶瓷花瓶,上饰有牡丹图案,陶瓷作为中华传统文化中的代表性文化之一,由此得以发扬。类似的大型城市雕塑还有鼓楼北大街的《大提琴》《白鹤》等,从美术创作角度看,其主题性突出,审美价值丰富;就其媒介性看,城市雕塑艺术作品的公共性以文化性为基础,同时结合时代特质,以视觉形式引起共鸣,在公共空间中更广泛地产生情感价值传递的条件。

图 3　　　　　　　　图 4

三为艺术雕刻。"传统工艺美术主要以色彩、结构和形体造型来表现一定时代、民族宽泛而朦胧的情感气氛。它不再是再现模拟客观对象,即使以现象对象造型,也是把对象当作情感的外在表现形式而已,工艺美术作品实际上是人的本质感情对象化的产物。"[①]与上述雕塑不同之处在于,雕塑广义上属于立体艺术,而雕刻属于平面艺术,且雕刻的施工是不可逆的。相对于雕塑来说,雕刻在我国与现代化主题融合较少,更偏向于传统手工艺,如石雕、玉雕、牙雕、木雕等。发挥装饰作用与内涵表达的雕刻作品多见于传统建筑的建筑构件,如置于屋脊处、瓦片、墙体、门头等地,讲究的图案与精美工艺是引人注目的视觉点之一,此外可烘托其所在的环境气氛,甚至具有表明所有者身份地位的象征意义。鼓楼南大街的立体石雕作品《抱鼓》(图5)以双仰头卧牛为底,牛背驮太极面中国鼓,鼓上有一竖角牛构成了完整作品。该作品源于临汾古城

---

① 郑而华:《雕刻艺术的形式美与意境美》,《东方收藏》2020 年第 8 期,第 39 页。

"卧牛城",因而牛作为临汾的象征,卧与立的形态都呈现其中;威风锣鼓是临汾民俗性艺术表演形式,因此鼓的形态展示也蕴含传统艺术的内涵。雕刻作品是街道风貌中相对较为低调淡雅的装饰元素,作用以衬托环境为主,图案和形式设计仍围绕街道"母亲街""老街"的认知设置,突出街道传统的格调,在传播层面发挥助推作用。

图 5   图 6

四是公共设施。由于城市规模的扩大与现代化进程加速,公共设施的完善程度成为评价城市等级的重要标准之一。公共设施原只是便民利民的城市必备品,不具有任何规划其中的媒介意义,如今,完善齐全只作为基本标准,更高层次的要求正被逐渐以外化形式体现。数量、审美、技术等多元需求的增加,使城市公共设施不仅发挥着基本便民功能,同时附加了装饰点缀、信息传达、城市形象塑造等媒介功能。2013 年,临汾市公厕被联合国评为"迪拜国际最佳范例奖",成为 9 个中国提名项目中的唯一获奖者。公厕的便民化已在国内许多城市有所体现,但临汾公厕的范例之处更在于设计感与科技性的结合。鼓楼南北大街重修后公厕设置 11 处,新增蹲位 330 个,建成全国公厕达标配套第一街。公厕外观设计具有主题突出、艺术感强、造型独特的特点,如愤怒的小鸟造型(图 6)、现代感模块造型、古风阁楼造型等,公厕设置体现了公共设施的专门化和便捷性,造型特别、具有视觉美感,置于街面不会影响街容反而增强了街道可逛性,同时作为小城临汾收获国际奖项的获奖作品,也起到了一定宣传作用。

另外一项有媒介意义的公共设施为城市公交站点。鼓楼南北大街的公交站点设计为古风亭台风格(图7),弧度线条、方正窗格、金红相间的配色,与街边素瓦灰砖相衬并无违和感。设计风格与呈现效果于鼓楼南北大街而言,并未跳脱整体素雅古韵之感,站点公交车号牌统一使用电子屏幕,可查看公交车即时位置与全程站点。科技感与古风古韵的结合是现代古城重构城市形象时最常用的方式之一,一方面赋予大街怀旧色彩,增强大众置身街中的历史沉浸感,另一方面古今韵味深度融合,也不会因单纯复古而丧失发展中的城市应具备的便捷化与进步性。

图7　　　　　　　　　　　图8

街道作为纵横城市的经纬线,负载着整个城市的"情绪"和"生气"。街道给予人们的印象,塑造的形象,甚至是情怀,可以称其为街道意象。街道意象并非局限于实物信息传递,而是以认知、态度情感的传播为主。

鼓楼南北大街改造后,品牌塑造成为其建构街道意象的典型手段。首先是标识的设计与传播,标识作为具有象征意义的符号,能够在很大程度上帮助受众对主体产生相应的认知、理解,并且建立人与宣传物之间更加丰富、深层次的关系。鼓楼南北街的表示设计为立体式与平面式,立体式为红色镂空鼓楼图案、黄底椭圆框,线条简洁直白;平面式图案相同,颜色变为红底白线(图8)。标识中仅有鼓楼,主体明确,具代表性且记忆点强,颜色搭配经典复古。事实上,这样的设计已经将目标受众的参与性、创造性作为前提考虑进去,具象的符号表示赋予受众的印象是更深刻更具体的,对于符号的破译与解读一般也在可控范围内,在可设定基础上为受众留出一定扩展和想象空间,同时设计者的意图也能更准确地体现在每一位受众身上。

此外，高频的品牌展示与上述标识设计一脉相承，二者相辅相成。如"母亲街""城市主干道""千年古道"的定位反复宣传，具体以标语、宣传画等形式展现，如"千年古道南北通达，十里长街重筑风华""爱洒母亲大街，建设美好家园""母亲大街、文化大街、畅通大街、便民大街、绿色大街、文明大街"的巨型宣传海报在街道两侧的挂置。鼓楼南北大街的品牌塑造从两方面入手，一是构建大街重新规划后的整洁宽阔的现代街道形象，二是侧重从临汾市民心理情怀角度构建鼓楼南北大街作为城市老街，给予人们历史记忆与情感经历的母亲街形象。在不失旧有情怀的基础上，由内而外体现城市建设的现代化进程。

打造品牌形象可以具体的图形、线条、元素对受众形成视觉记忆。同时也可利用抽象的情感、态度等融合，通过附加给品牌设计的主观概念及相关联想，形成受众的认知、理解与广泛认同，最终打造具有代表性和识别性的独立IP。品牌的塑造不仅是城市形象的代表，同时也出于受众心理由重功能性与实用性转向对情感归属性的变化，也就与近年较热门的"情怀营销""情感营销"的概念同宗。鼓楼南北大街的变迁虽非为营销与盈利而建，但长远来看，街道所带来的良好城市环境与城市文化情感，必然也会收获城市建设的红利，通过在市民心中塑造独特形象与传播文化，加强城市居民凝聚力，为城市建设获得全员支持做贡献。同时，重复高频的宣传能够提升城市知名度，为城市的经济增长和长远发展奠定基础。

德塞托认为"空间是一个被实践的地点"[①]，在上述鼓楼南北大街景观的专门设计里，充分体现了这一观点。规划者在街道这一固定区域中构建媒介情境，各式具象景观负载着传播者加诸其中的价值或意识形态，物质空间便不仅是静止、抽象的空间，而是通过密集的景观设置成为呈现特色元素的集合地。而实际上抛开景观本身的审美特征和地域特色，在鼓楼南北大街的整体意义传递过程中，"被实践"的主体之一——街景，已成为媒介意义生产的工具。而另一"被实践"对象则是置身其中、惊叹于街景之多元震撼的市民。空间内部供受众长期接触并自行予以释义的具体景观存在其视觉隐喻，受众选择的对

---

① ［法］米歇尔·德·塞托著，方琳琳、黄春柳译：《日常生活实践.1.实践的艺术》，南京大学出版社2015年，第170页。

象不同,所进行的译码活动和得出的理解自然有所差异。但由于决策者从规划之初就建构起整个公共空间的传播框架和传播秩序,因此即便受众具有能动性,也无法跳脱出城市空间的思想意义注入。我国学者胡翼青指出,媒介是一个意义汇集的空间,"它是由某种形式和技术构建了一个意义空间,这个空间在观念的传达上具有明显的侧重、强调和偏向,它向其使用者展开在特定空间中才可视可理解的意义,而其使用者在这些空间中的意义生产和消费又会不断带动意义空间的开拓与转型。对于这一意义空间所建构的人的观念的研究以及在对于这一意义生产的空间中各种力量角逐和博弈的研究,是传播学取之不尽用之不竭的话题"。[1] 鼓楼南北大街的街道即是一个被传者赋予意义的空间媒介,对其街景变迁的阐释是我们从媒介文化视角深入理解和客观认识现代城市规划中的意义交织,并对其予以反思的途径。

三、街景重构:完美背后隐秘的冲突

"自18世纪以来,将审美欣赏视作'保持距离景观'的康德美学时至今日仍然占据着指导审美体验毋庸置疑的地位,在这一传统美学认识中,审美应当是一种超越了庸俗乏味人生的伟大精神体验,今天的城市设计仍难以摆脱此认识的束缚",许多设计师将城市空间塑造成为符合一定规范化要求的表演舞台,"这类城市设计主要通过物质性要素来展示某种意志力量,如城市的建设成就、政府的雄心或设计者的个人理想"。[2] 城市公共空间的设计与建设是随着时代进程不断变革的,从最初为延伸和明确边界的街道界面规划,到追逐现代化而融合文化内涵加强街道风貌建设,再发展至以大众日常生活为出发点的景观转向,每一阶段的街景变迁都作为一种时代的媒介语言代替规划者发声。然而在媒介传播秩序通过以街道为代表的城市公共空间的不断重塑的过程中,呈现审美价值提升、媒介功能加强、景观内涵丰富化的趋势,同时也造成

---

[1] 胡翼青:《显现的实体抑或意义的空间:反思传播学的媒介观》,《国际新闻界》2018年第2期,第35页。

[2] 吕小辉、杨豪中:《论当代公共城市空间中的三种景观范式》,《西安建筑科技大学学报(自然科学版)》2013年第6期,第885—886页。

了对大众本身世俗性和市井化需求的忽略。

强调视觉景观的媒介性是塑造城市形象的途径之一,而实际上将街道改造为理想型城市内涵输出地,将街景布置为泛媒介渗透式的场景,带来的第一影响就是视觉去中心化与陌生化。具有视觉冲击力的大型景观,包括建筑风格、色彩装点、艺术雕刻、墙面街面等每一处的设计感和符号的异质感,都使受众在逛街时能够迅速为不同类型的视觉内容所吸引,尤其是主题明确、简洁清晰的景观因其便于解读,或形态瞩目具有震撼力的街景装饰易被辨别和便于产生视觉记忆,就会唤起受众对新世界的感知兴趣。传统的街景布置会将重要景观重点突出,比如牌楼设立、标志性建筑、具有象征意义的雕塑或集中呈现街道功能性等,街道名称设计也通常以重点景观命名,如北京大栅栏商街,就是以廊坊四条的栅栏制作出色、保留长久而命名"大栅栏"。主体景观突出的街道,传递价值的方式也较为单一直接,人们的关注点集中于主体,无论是置身其中的视觉感受,还是提及街道作为谈资,中心式设计为传统统治秩序的长期稳定起到了潜移默化的作用。现代城市规划打破空间中心化,强调空间均质,通俗来讲,街道由从前"众星捧月"式的特色街转化成为"百花争艳"式的丰富街。"对差异的崇拜正是建立在差别丧失之基础上的。"[1]当街景能够风格独立、呈现差异时,设计者开始在传播信息时采用具有强烈视觉冲击力的方式,以避免受众审美疲劳,因此,夸张的、个性化的、色彩丰富的街道景观开始出现,鼓楼南北大街的大型雕塑及风格各异的公共卫生间都成为自成特色的亮点景观。尽管各个景观通过独特方式传递着相同价值,但碎片化景观的分裂与纷杂,将街道空间分割为多层次多模块的子空间,街道形式呈现出巴赫金所说的"众声喧哗"状态,去中心化成为其新特征,在特色景观短时间内获得关注后,对于维持长期传播秩序并无显著效用,只集中于视觉表象的改观。对于广大市民百姓而言,街道的景观分化会对原本自然集合而成的街道认知、街道功能加以解构,"整体意象正在消失,原来街道空间的视觉秩序规律开始瓦解,人们目之所及的街道景象无法再有整体的脉络可寻"[2]。因此,媒介情境中的

---

[1] [法]让·波德里亚著,刘成富、全志钢译:《消费社会》,南京大学出版社2000年,第52页。
[2] 徐华伟:《媒介传播视域下当代中国街景秩序研究的转向》,重庆大学2017年博士学位论文,第102页。

街道景观分化带给大众的是视觉陌生感。整体规整而风格迥异的街景，在赋予城市现代感的同时掩盖了长期以来形成的熟悉和归属感。小城临汾的大部分普通市民对于多元形态的现代景观做出恰当合理的解读，基本只停留在表面视觉观感的表达，对于规划者渗透其中的媒介意义难以深入分析。第二，异化的街景塑造由于陌生化而影响其接受度，新鲜事物对于传统经典景观造成的挑战，影射在市民身上是对新街较具被动性和抗拒感的。

具有反表征形态的街景符号，能够通过宏观刺激的表达直接引发受众感官的强烈作用。但同时街景作为符号所负载的内容过多，并且强调内容重复高频出现，则会造成过度标签化和信息饱和。采用超大载体、鲜明色彩或独特质感的呈现方式取代不醒目的表达，似乎成为现代化建设装饰的标志，独特才能更易被识别和记忆。鼓楼南北大街的 logo 设计附带着"母亲街"的标签，红色镂空鼓楼图被放置于路牌、公交站点宣传框、墙面等街道各处，街道表皮所传达的视觉心机和附加的装饰字样，均是出于城市新街形象建构的考虑，而给予的充分强调。外化的宣传文字，如街边墙壁张贴的"千年古道，十里长街"巨型宣传语，本身就是专门的直接空间形象构筑。图文结合作为传统宣传形式，在街景塑造中通过融合视觉传播手段对其放大强调，同时也增加了对街道空间的传播控制力和空间表现话语权。而实际上街道所在的媒介情境不仅于此，图文的直接式传播结合各类街边景观，在数量上的负荷早已超过过去的基本街道元素。原以交通功能为主的街道，成为现代化建设中呈现城市风貌的主阵地，大量象征城市内涵的符号与规划者理想城市的代表作堆砌在街道这一有限空间中，街道空间标签化现象的渗透无处不在，好似构筑城市中的符号场景，但事实上过度标签化也导致了城市街道界面被明显的媒介痕迹撕裂。大众置身于街道即身处媒介环境中，而简单日常的逛街过程就是在沉浸式环境中寻找兴趣点的过程。重新翻修的现代街景中，无论传统性还是现代性，质感如何，形态如何的景观极力满足受众对异化快感的追逐，充满瞬时戏剧效应，其承载的大量信息也在等待受众关注并加以解读。"海量信息也造成了接受信息困境，反而使我们面临了信息匮乏的境地。当被海量的信息覆盖而无法判断时，大众的注意力已成为'被蚕食'的对象，成为稀缺资源。为了更好地引起关注，就需要不断变换刺激场景，促进大众注意力的转移。城市街道空间也进入了一个争夺注意力异常激烈的场所。"①由此可以得出，街道景观负载的信息数量与被解读被认同的信息数量并不一定成正比，甚至反而因信息饱和而造成大众的空间认知迷失。

此外，以市民视角反观城市建设，当下严整规范的城市规划是带有乌托邦式的城市理想的，现实实施过程中产生的最大冲突则是规制化于市井化的破坏，以及对于"熟人社会"的分裂。"熟人社会"是20世纪费孝通在《乡土中国》中提出的概念，指人与人之间有一种私人关系，人与人通过这种关系联系起来，构成一张张关系网。传统城市中的熟人网络基于日常交往，场所固定为长期相约的标志地点。"鼓楼东大街老住户张合英说：'当时最高的楼就是胜利百货商场（现在的金泽首饰店）（图9、10为20世纪80年代与2020年同地对比），还有三八商场、大众饭店等，人们来逛这条街基本上能买到所有想要的东西。'谈起往事，张合英不断用手指着远处，向记者介绍那些建筑物具体的方位。"②统一规划建设的街道以及林林总总的特色景观，使得修整变化过大，在短期内会快速分裂熟人社会。人们在不熟悉的环境中缺乏归属感，于是原有

图9　　　　　图10

① 徐华伟：《媒介传播视域下当代中国街景秩序研究的转向》，重庆大学2017年博士学位论文，第106页。
② 临汾新闻网：《临汾鼓楼东大街：繁华商业街背后的故事》，www.lfxww.com/dfsh/2522130.html

熟人社会开始解体,大众交往方式也随之改变,渐趋松散与疏离。

市井文化的主要特征就是人文性,是以人的集聚和具体活动在长期的生活交往过程中形成的世俗文化。城市在为居民提供生存环境的同时,也成为市井生活的集散地,诸如商业活动的宣传叫卖、嘈杂的讨价还价声、门店音响以及汽车来往的鸣笛等,都是融合在街景中典型的市井声音标志;视觉标志就更易捕捉,比如大型海报、广告灯牌,甚至街边拥挤停放的车辆等;此外街道中人的行为状态也是市井气息传递的动态标志,发传单、招呼、拎着购物袋、临窗而坐闲聊等,可谓"市井之民造就了市井文化,市井文化提升了市井之民"。可城市现代化进程是不可逆的,在有限城市空间内部打造时代特色和具有现代性的景观必然需要占用公共空间,重塑媒介环境,因此将打破长期以来形成的市井氛围。最典型的变化就是出于市容街容维护,取消流动摊贩点和广场夜市摊点,对于车辆类型的严格管控即三轮车不得入街。此外为规整街道,街边门店的门头店牌统一色彩、字体和建筑形式,取消与店铺属性相一致的特色门脸,围绕"老街"主题,打造秩序和谐的街道风格。规范化修整和管理街道无疑消磨了街道原有特色,同时更大程度上对于小城居民特有的市井与世俗气息造成了破坏。城市活力很大一部分来源于街区繁华程度,而繁华正是由多元街道形态与居民自主的生活方式自然形成的,另外,具有传统市井文化氛围的街景也正是城市地方人文性的显著体现,完全统一的规划设计使街道丧失了本身时间与生活积淀的活力与城市厚度,塑造成为严整刻板的"千街一面"的景象。

华裔地理学家段义孚的"恋地情结"理论通过研究人对环境的感知、态度和价值观,探讨了人与地之间的感情纽带。人的恋地细微而精妙,对环境的感知也因个体条件不同而有所差异,但恋地本质上就是对于地方传递的熟悉与归属感的认同。同时,城市的活力很大程度上就来源于与人的互动融合,关系、故事、共同记忆远比冰冷的规则的景观更具有可持续性。城市建设在愈发追求速度与现代性的同时,将作为主体的人边缘化,而通过媒介景观的塑造建设决策者构想的"完美空间"。不可否认,在现代化趋势不可逆的前提下,将流行元素与主流价值观念蕴于街道景观设计,赋予街道空间强大的媒介力,是泛媒介时代传播者的有力手段。而重塑传播秩序以加强城市管理是一个动态有机的过程,并非短期内于外在形式上的简单转化,如何在现代化进程中建立整洁有序的城市网络,同时也使老街市井文化得以延续与活化,是需要规划者从传播心理和媒介环境角度着重考虑的内容。

(白紫璇,陕西师范大学新闻与传播学院2019级硕士研究生;鲍海波,陕西师范大学新闻与传播学院教授)

The Story of A Street: Explanation and Reflection on the Change of Street View in Media Situation

Bai Zixuan Bao Haibo

Abstract: With the acceleration of urbanization in China, street widening and construction have become the first step for urban planners to show urban characteristics, shape urban image and reconstruct management order. Media, as a necessary substance to construct the communication and information spreading of urban subjects, also develops towards the trend of fluidity, no-order and weakening of representation in the process of urbanization. This paper argues that by placing street view in the context of media and analyzing the urban landscape as a symbol and its cultural connotation from the perspective of pan-media, the city can be objectively understood the advantages and disadvantages of urban planning. Thus reflect the various conflicts formed in the construction process of city as a spatial medium.

Keywords: Media Situation; Street View; Urban Space

《媒介批评》第十二辑
MEDIA CRITICISM
新媒介学理

代入、共鸣与疯传：品牌爆款营销类短视频创意传播内在理路[①]

王爽

摘要：品牌短视频营销传播已经成为目前企业需要应对的重要发展趋势之一。这其中营销类短视频的创意传播更多地在短视频平台上涌现出来。短视频本身作为一种新媒体形式或者说新媒介载体，自然是品牌营销传播不可错失、不可忽视的重要渠道。文章通过梳理分析发现：品牌爆款营销类短视频创意传播遵循着从"代入"到"共鸣"再到"疯传"的内在理路，这其中主要呈现为：最熟悉的陌生人与"身临其境"之感的精心营造，相关重要颗粒度的意向设计与呈现以及制造具有高度感染性的内容及表现形式等层面。三种主要内在理路能够让人们更为清楚地认知和把握品牌营销类短视频的某些特定属性和大致的创意传播规律。

关键词：品牌传播；短视频；爆款；创意传播管理；路径选择

[①] 本文系 2019 年度辽宁省社会科学规划基金项目"辽宁文创产品与旅游产业深度融合发展研究"（项目号：L19BGL043）；2020 年度沈阳市哲学社会科学规划基金一般项目"沈阳文创产品与旅游产业深度融合发展研究"（项目号：SY202010L）的阶段研究成果。

东京奥运会期间，包括伊利、安踏、奇瑞瑞虎、泸州老窖、广汽丰田雷凌、众安保险、兴业银行、长虹、南孚电池、奇骏汽车、君乐宝、一汽红旗、贝壳等在内的众多国产品牌集中在腾讯视频栏目中涌现，在"内容形式"上主要呈现为"全时段直播""长综艺""直播连麦""纪录片""短视频"等。这其中"短视频"更是以其黑马的角色一路高歌、遥遥领先，可谓为"短视频奥运元年"正式登上历史舞台的标志。

从 2020 东京奥运会传播整体生态更能看出，伴随着咪咕、快手和小红书的全新闯入，那种传统的奥运大众传播模式被打破了，如果将此类奥运传播模式看成是成体系、成套路的玩法的话，似乎也可以说更多的新玩法不断展现在人们的面前。可以看到，包括央视频、咪咕视频、腾讯视频和快手在内的国内版权方 APP 最为明显的革新就是在内容生产及创意传播领域。东京奥运会的空场改变了以往在比赛现场投发品牌广告的路数，就使得线上平台成为品牌创意传播与推广的有效路径，特别是那些没有能够直接赞助奥运赛事的国内品牌不会错失难得的营销传播商机，这就造成各个视频平台的栏目冠名水涨船高，其结果就是在平台的招商成绩上实现了大幅度提升。国内的央视、腾讯、咪咕和快手以及头条系的视频内容平台，相继策划出多达 50 档的高品质内容栏目，这里面短视频内容栏目占比超过 50%。

另外一个不可忽视的抖音短视频平台，因为没有拿到相应版权，在内容策划方面主要以赛前签约相关国家队和运动员入驻形式来进一步获取相关权益。在抖音和西瓜视频平台上，主要以"金牌榜""夺冠 2021""冠军驾到""金牌速递""赛场早报"等栏目为突破和切近路径，吸引了包括宝洁、天猫和伊利在内的赞助品牌参与其中，形式之中主要以短视频为主，同时配合以页面、合辑、直播连麦的形式来构建抖音和头条系的奥运品牌传播矩阵。

东京奥运会期间伊利品牌在抖音平台推送的《蓄力 MOVE》向人们展示出伊利作为中国奥组委合作伙伴，想要在奥运节点中借助奥运营销来加强与年轻人的沟通、交流，进而完成品牌年轻化建设的阶段性目标的初衷。伊利品牌方针对当代年轻人进行较为深入的洞察之后发现年轻人其实并非真的放弃目前、眼前的追求，所谓的"嘴上躺平"，真实情形是蓄力，也就是真正地积攒能量，然后找到突破口实现逆袭，这在《蓄力 MOVE》这则短视频内容中得到应有的体现。

需要说明的是,品牌营销与创意传播绝不会放过任何一个可以利用的平台、渠道、路径。当前各家短视频平台已经成为国内品牌深度拓展自身传播平台及渠道的不二选择。作为品牌营销策划与传播的从业者和研究者,时刻关注和比较感兴趣的就是寻找到某种秘密武器来助推品牌爆款短视频的创意传播以及预期效果的达成。短视频营销与创意传播正逢其时,它实质上有效契合人们对碎片化时间利用要求日益增长的潜在需求。

一定程度来说,品牌短视频营销传播能够契合消费者的需求,尤其是能够有效戳中消费者的痛点,就基本具备了在后续创意营销传播环节实现一定收益的预期目标。短视频营销主要具有用户或观众耗时较少、便捷性较强、内容丰富且包罗万象以及流量可以转化变现等特点。如果单以抖音短视频平台来梳理,能够发现品牌主、品牌经营管理者投放抖音平台开展品牌创意传播营销推广,进而实现品牌影响力和有效、快速增加销售量的基本初衷。实现这一初衷(目标)的具体路径应该是紧盯住年轻人的潜在需求、内在心理,借助于新潮、绚丽多彩的传播推广形式来向年轻用户群体展现相关品牌核心价值观。结合目前较为典型的短视频平台的基本特点、基本规律和基本内容风格,以及国内品牌营销类短视频的发展现状,可以较为清晰地捕捉到品牌短视频创意传播的相关内在理路。

一、代入:最熟悉的陌生人与"身临其境"之感

这里的"代入"实质上就是要求不仅能够让你去观看、关注,还能够让人们想象性体验其中的趣味。首先就是需要弄清楚打破"固有思维"、惯有模式的叙述套路,也就是平常我们熟悉的"打破常规",这是形式主义"陌生化"风格的角色功效体现。那些打破固有思维定式的创意及想法就是很好的选择路径(切入口)。这其实针对的是短视频行业内容层面目前日益走向同质化,用户或观众的无聊感萌生,难以有效延续先前的吸引力和新鲜感等具体现实。此外,深入有效发掘热点也是需要细致贯彻执行的。这提及的是品牌营销类短视频的内容选择要素,在具体的品牌营销类短视频创意生产中,不能仅停留在

外在表现呈现上,还应进行较为深入的策划和编排,要有内容的深度呈现,要在深入挖掘热点以及带给用户更多启示层面做出成效来。

结合目前可以搜集到的典型品牌短视频案例资料来看,那些有趣、有新鲜感的无剧本、无预设的即兴的内在吸引力,带给人们一个重要启示就是品牌短视频创意传播中需要呈现真实、可信的生活细节与原生态,这是成功创意传播的关键技巧之一。具有挑战意味的是,相关设计思维和预定规划目前还没有被大量融入有趣的内容生产基本规则和基本架构。此外,真实感也是品牌短视频创意生产及传播中最想要传达的价值所在,真实贴近生活,以较低的触点和痛点吸引用户普遍关注,应该是目前品牌营销类短视频创意的基本要义之一。

行业内目前一个基本认知就是:短视频基本要素应包含解说词和音乐,这也是创作者有意识地引导观众情绪的工具。从相关爆款短视频内的评论区能够选取大量文本数据,这主要得益于解说词和音乐能够容易产生深度煽情的效果,能够让目标受众(观众)在观念中生成一种新的观念和新的认知,也就是认为品牌短视频文本中包含比拍摄内容更为深厚的价值内涵和价值指向。[①]但是解说词过多或者是音乐使用过多就会降低内容文本自身的"真实感",这恐怕是目前品牌短视频传播中的亟待破解的问题之一。品牌营销类短视频创意传播中,那种短视频呈现出来的真实感能否做到在用户相对体验真实前提下转化为实际的消费值得深度把握和分析梳理,适度的解说和添加背景音乐能够成为引导用户情绪的关键工具。一般来看,那些较少有人为干预的用户体验和用户感受往往能够蕴含着内在力量,但是有明确的商业诉求的诉求目标的视频应该主动淡化相关环节及体验。这其实提到的是品牌营销传播应尽可能减少人为的、过多的引导和干预,要尊重用户在购买决策和购买意愿上的自主权和判断权。很明显,这也是一个品牌营销策划人员和用户(消费者)之间的博弈。

实际上,行业内从业者在品牌短视频创意生产设计时,大多数就是考虑到从所谓"消极"的、反常的相反层面的价值,能从其中挖掘出与众不同的视角及

[①] 巨量引擎官网.《2021 抖音营销通案》,https://www.oceanengine.com/insight/693

解读阐释意义指向。诸如可以从平凡、平庸的事物中解读出内在吸引力来让人们眼前一亮，也是生产及引发"代入感"的一种内容逻辑理路所在，它在实际的品牌短视频创意传播中也是多见的。利用相反价值能够挖掘出内在独有的新鲜感、有趣感等内容文本品质、诉求及呈现。没有见过的、别样视角的阐释与讲述，如对一个本来较为平庸、平常的事件换取新鲜视角和切入口的表现，说的就是这种风格化做法。如果说创意就是旧事物的新组合，那么此种新鲜类似于"最熟悉的陌生人"的新鲜感受。

那些具备代入感特质的品牌营销类短视频一般同时具备内在趣味性的线索，尤其是其中以故事讲述为诉求手段、工具的相关（诸如@我有个朋友、@龙小七等）有趣线索，其中包含对心灵治愈的需求及渴望的契合满足，以及"反转"的助推作用。短视频创意传播最大的功效就是引起消费者的阅读兴趣、吸引和转换下去，引起读者阅读下去的兴趣，视频本身要有吸引人看下去的，不同导演及创作者拍摄短视频的视角要有不同的视角和眼光，那些看似少见的创意内容要有内在吸引力，有一种从未见过的新鲜感，能让用户心灵得到治愈，能够为商品增加魅力。

在休格曼所著的《文案训练手册》中，似乎也能找到对开展相关工作有帮助、有启示的论述及注解，其中之一就是短视频的开头是关键切入点，独立成段的，这些技巧都是能够让人留下悬念，这是吸引人们注意力、阅读兴趣的关键节点。需要注意一个前提就是，消费者或用户根本上是不喜欢看广告内容的，人们也没有过多时间去看广告、看品牌宣传视频的。针对于此，人们不喜欢观看广告是需要使用专门技巧来破解的，可以看到目前可以检索到多数品牌短视频文本具有这样的特质，此外经常采取"反常""陌生化"的不按惯性思维与逻辑的方法来设计和创意短视频标题及开头，这很关键也很重要。

品牌短视频目前主要依托传统广告投放与编排就很有隐患，短视频思维和短视频讲述都有自己的规律，不能简单地挪移和转置，这一点是很重要的，但也不要受到固化的经验限制和束缚。品牌创意传播本身就是一个特殊的行业，是不能满足于"吃老本"的行业，需要寻找每一次重新开始、崭新的"陌生化"。也就是说"反常化"的设计创意及故事讲述都是吸引兴趣的关键所在，寻找那些前所未见的有趣内容的方法是需要深度分析和研究的。一方面是眼界和学科、领域、范围的扩展，诸如传播的新知识、新方法、新技能，也就是纯粹从另外的陌生领域获取较好的资讯；再有就是平常的、习以为常的事物能够以新的面目再次出现的情绪开放状态，品牌短视频传播还是有着与传统广告视频不同的地方的。那些信息性较强、故事性较强的内容文本本身具有较深的内容吸引力。今天来看，品牌爆款短视频的形成本身需要具备"自我品质过关"和"病毒效应过关"两个重要关键环节，如要达到爆款品质还需要同时具备文案引导和情节反转这两个特质。

品牌短视频创意设计之中品牌的植入是一个技巧，它既不能如传统广告那样让人一看到就会意识到这是广告，也就是如何能够做到"不留痕迹"地就达到广告目的，[1]这就考验着品牌短视频创意传播营销策划与创意人员的专业性和职业素养。品牌短视频能更加彰显出品牌自身核心价值观的内在吸引力（魅力），更加吸引用户观众注意力和喜爱倾向。打破平衡的能力隐含在带有某种独特魅力价值感的内容文本内，内容文本不能平衡平庸，它一定是带有启发和吸引力的，是能够抓住人们的眼球与注意力的，这是其中的内在要点。

二、共鸣：重要颗粒度的设计与呈现

品牌短视频创意策划过程中，为了避免内容同质化和重复，基本上遵循着基于具有"人格化碎片"场景及故事讲述融合的原则。品牌如做人，品牌短视频也如此，如果品牌短视频投放仅需要依托的是颜值的话，后续过程中又可以依托创意才华，那么最终还要落到人品层面，这其中人们能够看到具有人格碎片的新场景呈现，这主要表现在品牌一般都具有人格碎片的精神特质。这里所说的人格，主要是指与他人相互区别的某种较为稳定的思维方式或者是一种处事风格。更为重要的说法就是与他人相区分的独特而稳定的思维方式与行为处事风格。要知道在短短的 15 秒乃至 1 分钟内的短视频本身还不具备传统短视频所内含的包容能力，于是带有某种语言与动作、行为风格的人格碎片就成为吸引用户或者观众注意力乃至兴趣的抓手了。从目前汇总梳理的相

---

[1] 王韶春：《不露广告痕迹，达到广告目的》，https://www.sohu.com/a/217084790_703852

关典型品牌短视频内容来看,恰恰是那些具有典型生活片段、特定的生活方式以及独有语言、动作的,往往点赞量、评论量和转发量都不差。

　　碎片化时代人们的信息接受方式及注意力不断被吸引和边缘化,这样周而复始,于是人们的感觉思维和感觉细胞日益钝化,这里提及的以抓住"语言与动作"为代表的人格碎片作为吸引眼球的入口是一个基本原则。还是那句话,如何把握内容的品质仍然是王道,从反面来说品牌短视频能让用户找到"凭什么"和"为什么"的存在理由,也就是说注意并且认同是两个非常重要的问题。

　　这就需要品牌营销类短视频在创意设计过程中注意有效内容及内核的侧重与呈现,其中越是"颗粒度细化"的内容内核,就越有感染力和冲击力、影响力。某种层面来说,颗粒度越细内容内核的短视频感染力和影响力也就越强烈,这种设计就为人们所论证的"共鸣感"提供可以参考和把握的操作着力点。

　　正如前文所论及的,今日时代下碎片化时间的用户需求痛点主要体现为"饱满的内容以及关键节点的提供"两个层面,品牌营销类短视频创意生产的内容文本就具备了爆款品质的内容吸引力和内容预设,从抖音短视频平台可见的多数爆款品牌营销类短视频典型案例来看,诸如长安汽车品牌、奇瑞汽车品牌、理想ONE品牌等典型短视频基本具备成为爆款的典型基因和典型玩法。前不久火爆全网的鸿星尔克品牌之所以能够在短视频圈层内被关注、被追捧,一定意义上也是契合了短视频平台上众多网友们对河南暴雨引发灾害的关注、支援的情绪释放的需求。可以看到鸿星尔克官方抖音账号推送的鸿星尔克0906宠粉节系列短视频,以及星河璀璨系列短视频、冒烟的缝纫机、全网寻找鸿星尔克1号粉丝、鸿星尔克国货加油系列短视频就是目前可以借鉴和参考的爆款营销类短视频的样本之一。那些符合短视频思维、遵循内容逻辑的营销类短视频,考验的是内容编剧能力以及包括语言、动作以及内容逻辑的"表情力"。品牌短视频创意生产与传播实际上还属于将相对职业化的内容输出,这属于专业内容的普遍民众化倾向的内容创意及生产,民众化倾向是需要坚持的,这将会降低普通用户的接受短视频内容信息的门槛,能够充分地为"共鸣感"的生成准备相应的必要条件。

　　这里所说的"共鸣感",其实强调的是品牌短视频创意生产与传播中应该注意另外一种重要的颗粒度的设计与呈现,也就是品牌短视频内容本身传递及传播的价值观、人生观、世界观,也就是所谓的"三观"带来的体验和感受。今天来看,人们能够在众多平台所看到的品牌短视频创意生产及传播中的内容文本多是带有明显人设标签的人格魅力以及人格碎片的内容填充的。此种品牌短视频所激发的情绪效果生成后的状态及反应,情绪的激发及传播是需要有后续的环节配合与支撑的,品牌短视频内容文本正如上文所述,它是充满着某种价值观、世界观、人生观的人设标签的,能够有效传输带有鲜明情绪和情感因子的内容,这个共鸣和共鸣感是有区分的,两者所指涉的意义指向也是有差异的,从实际业务实践所了解的情况来看,共鸣多指物理领域内物体因为共振而发声;也指在别人的情绪激发和影响下产生相同的情绪或者思想感情。而"共鸣感"则是用户对待短视频文本中呈现出来的相关人物和事件,使其与自身记忆和经历中的类似情境产生关联而产生的积极的、正向的情绪感受。这个"共鸣感"还与"同理心"有差异、有区分,同理心更多指的是可怜、同情、潸然泪下等感受,也可以叫作"换位思考",而"共鸣感"说的则是一定要让用户或者消费者跟自己记忆中的情境建立某种连接之后产生相应的情绪体验。

前文所述的"代入"层面内容被添加人格碎片主要体现为方便操作、反馈及时和明显的获得感与成就感。而本环节的"共鸣"(情绪激发导致)的生成与扩散则需要发挥"锚定"效应,就是能够让用户(观众)可以深度沉浸于品牌营销类短视频的故事讲述信息接受之中,在某种层面上,品牌短视频还发挥着"心理补偿"的角色功能。诸如抖音、快手平台的短视频发布与传播本身因为下拉、下刷的 UI 界面设计,一方面在加速内容更换及迭代,同时也能够增加品牌短视频用户的留存选择和问题判断的痛点。依托于抖音等平台的内容分发机制和算法推荐,提醒着相关行业从业人员的就是:品牌短视频创意与传播应该注重抖音等平台内容分发的规律及机制,能够引起用户兴趣和产生强烈共鸣感的品牌短视频往往是那些更注重"落地化"的,是为了满足用户视角需求的,这一点十分重要。否则就不能顺利激发共鸣感和认同感,以人格碎片为中心的塑造完备人格三观的理念,也在不断地指导着今天众多典型品牌短视频的创意与生产的具体实践。

通常来看,当下品牌营销类短视频创意与传播仍旧遵循着以人格三观引领消费观，以消费观引领用户及粉丝价值观的生产逻辑，这也是在顺应新场景变化基础上的更加注重颗粒度细化的有效内容内核的塑造、扩散、传播。可以想见，众多品牌营销类短视频多是在人格化内容层面精心创作生产颗粒度精细的内容产品。这里可以清楚地声明，抖音等短视频平台上的品牌营销类短视频并不是艺术品，而是实实在在的产品，它需要用产品经理的思维和视角来做相应的内容规划，这一点很重要。前文论及的"共鸣感"短视频特质理应代表和彰显依赖于视频影像内容的"真实感"，这是距离新鲜而有效内容的简短生产捷径。

品牌营销类短视频中的此种"瞬间的真实"事实上具备激发情绪生成并且产生"共鸣"的主导引线作用。这里面需要弄清楚"真实感"与"真实"的区别，结合相关品牌营销类短视频的内容文本实际来说，如果缺乏真实感，其文本内容的魅力就会瞬间降低，此种真实感应该是距离前所未有的相关趣味性的内容可以掌握的简便路径。在实际的消费者或者用户接受过程中，此类真实感往往也会在瞬间激发产生，当然也会随着情节转换和观念调整而呈现出瞬间消失的典型状态。

品牌营销类短视频有着与其他短视频不同的用户受众人群定位，它与娱乐类、搞笑类等普泛类短视频相比较，在人数和专业层次上有着较大反差。前文提过，"共鸣"的本意原来指物体因为共振而发声，另外一种解释是由别人的某种思想感情激发唤起相同的思想感情，主要是指在思想上和感情上相互感染而产生情绪、情感。要打破平衡无新意的设计与创意一定要具备仪式感和"瞬间的真实"感觉的体现，品牌短视频创意与传播在构建用户（消费者）"共鸣感"这个关键环节时需要注意剪辑的表现技巧及方法，其有助于品牌在短视频展现与表述层面更好地将故事要点及梗概展现完整、条理清晰。

因为时间的局限，不可能也不允许长篇大论展现故事情节及脉络，主要捷径便是依托短视频思维，借助于对相关人格碎片的展现，以及借助反转技巧来实现预期目标效果。那么此种有效展现人格碎片的策略及实践，主要展现在细节的真实把握上面，主要依托此种细节的真实、细节的编排来与内容的深度做推荐和对比呈现。情节的反转目前还不是品牌在短视频平台主要依托的编辑策略，更为重要的是借助剪辑简短版本的广告片段也说明其还在一个较为传统的生产逻辑上,而对于具有反转和情节设定的故事讲述层面的类型,还是一个亟待大幅度提升、拓展的问题领域。剧情类短剧这样的模式,本质上还没有弄清短视频思维及其运营的精髓在哪里,技能深度和内容深度怎样开展才能有效融合。在品牌及产品、用户定位等基础上展开视频的剪辑与编辑,这是内在故事创作驱动的结果,还需要防止解读多元趋向的现象出现。这需要以一种较为成熟的"剪辑"意识进行挖掘,准确地找到被访对象背后的"内在魅力"。

品牌短视频创意生产与传播虽然在相对较短时间内将传播要点传播、扩散出去,但也是需要经过精心设计、策划与包装的。品牌短视频创意传播要紧贴品牌最为吸引人的内在魅力品质,这就要求品牌短视频创意人员精准挖掘出品牌核心内在价值观、品质,将其转化成可以在短视频中凸显和强调的元素展现出来。品牌短视频故事讲述成为凸显短视频传播内容魅力的典型渠道与途径,这就使得如何利用短时间内的视觉形象与视觉叙事来传递核心而关键的价值观、理念等,不能像时间充分、充足状态下的那种全方面、整体表述状态一样,以秒为计量单位的短视频情节设计与安排,应该是每一秒都不会浪费。

品牌营销类短视频的创意策划及设计人员,是能够挖掘出品牌内在价值观及产品魅力的,也能够将向客户传达产品魅力以及将产品、服务的魅力进行故事化并有效传播给用户等进行业务整合,也就是说能否让最大量化的消费者及用户看到自己的品牌短视频依旧是一个关键的KPI指标所在。

三、疯传:制造具有高度感染性的内容及表现形式

多数情况下,人们是在刷抖音、刷快手短视频时被定向推送的品牌营销类短视频所吸引、所激发而产生对相关品牌的了解和认识的。一旦进入这个层面,也是从客观视角宣示该品牌短视频达到了期待已久的"疯传"程序启动。《疯传:让你的产品、思想、行为像病毒一样入侵》的作者乔纳-伯杰提到的信

息传递要素主要包括社交货币、诱导、情绪、公共性、实用性、故事六个层面。①这可以为人们认识品牌营销类短视频创意传播提供可以参照的评估指标及评估规范。

  品牌开展营销传播的初衷就在于能够借助相关平台和中介载体，将品牌及产品自身的使用价值传递给目标用户和消费者。这表现在短视频平台上就是不仅仅满足于单条次的推送，而是期待借助精美内容和绚烂形式融合基础上的二次分享和转发、扩散。这里所强调的"疯传"并不是能够简单实现的，事实上它并非人们看到的表现层面的意味形式，它还是需要一个相对严谨、较为规范的环节相匹配的。

  首先，就是要在洞悉品牌及产品市场需求上深度研究和挖掘。这就需要相关品牌营销类短视频创意设计与制作上做到以市场需求的导向为出发点。要定向浓缩和提炼品牌自身核心价值观在短视频内容表现上的符号、符码和文化内蕴，进而以此塑造品牌传播推广、扩散中的差异化区隔，这其实本质上就是竞争力的一种体现。国产快消品牌王饱饱本身就是依托互联网媒体平台成长起来的网红品牌之一，作为麦片界的"黑马"，王饱饱在两年内从网红品牌逐渐成为品类第一。建立在精准洞察市场和洞悉消费者痛点基础上的挖掘，力求从产品自身进行创新，是对麦片品类的一种重新定义。"吃完还想吃，但无罪恶感"是其最为贴切的痛点洞察，从而为后期走向"爆款""爆品"奠定了基础。

  其次，契合品牌文化内蕴的好故事很重要。对目前能够收集到的相关典型品牌爆款营销类短视频做梳理分析后，能够发现真正能够缔造出爆款的关键元素还是内容的爆款、内容的刷屏、内容的创意。这其中包括故事的情节设计，也就是创作者对相关内容及事件的选择和在时间上的具体设计与安排。此外就是叙事的基本方法的安排和设定，具体表现在时间、地点、人物、事件、原因和结果六要素的设计上面。与品牌相关联的故事应是短视频内容创意新思维具体展现的产品之一，这里面重要的问题是如何有效将品牌的商业诉求

---

① ［美］乔纳-伯杰著，乔迪、王晋译：《疯传：让你的产品、思想、行为像病毒一样入侵》，电子工业出版社2020年版，第xi页。

较为巧妙地融入内容中,一个好的故事的创意构筑,其实也就是品牌营销创意如何操作的核心问题。

再次,玩转用户感情是首要之义。记住这里说的不是"玩弄",传播性指标和引爆点设定需要注重从剧情为王、明星效应、话题性、借势热点、突破常规和表现个性等方面落实;从故事化、情节化的内容呈现形式着手,进而有效展示品牌的内涵,以求达到与消费者和用户进行多层面、深层次的沟通的目的。用户感情和情绪是激发用户情感认同和认可的导火线,具体创意传播实践中使用的悬念制造和病毒爆点思维,能够带来品牌营销类短视频在社交媒体平台上的"裂变式""爆炸式"传播效果预期。一个标准的操作规程就是先要制造出亮点来,然后细致预埋爆点,在适当的时机和场景、情境下生成病毒效应。除此之外,还可以依托热点借力思维和用户协作思维,系统开展蹭热点、借势营销传播,同时吸引更多网民用户参与互动、生产,也是一种常用的典型策略设计。

(王爽,辽宁传媒学院艺术设计学院副教授)

Substitution, Resonance and Crazy Transmission: The Internal Way of Creative Communication of Brand Explosive Marketing Short Video

Wang Shuang

Abstract: Brand short video marketing communication has become one of the important development trends that enterprises need to deal with at present. Among them, the creative communication of marketing short videos is more emerging on short video platforms. Short video itself, as a new media form or carrier, is naturally an important channel for brand marketing communication. Through combing and analyzing, it is found that the creative communication of brand explosive marketing short videos follows the internal logic from "substitution" to "resonance" and then to "crazy transmission", which mainly presents the following aspects: the most familiar strangers and the meticulous creation of "immersive" feeling, the intentional design and presentation of relevant important granularity, and the manufacture of highly infectious content and expression forms. The three main internal approaches can make people more clearly understand and grasp some specific attributes and general creative communication rules of brand marketing short videos.

Keywords: Brand Communication; Short Video; Explosions; Creative Communication Management; Path Finding

马克思交往异化思想下的网络直播交往分析

王凯文

摘要：人类交往历史已经随着互联网发展步入新时代，以网络直播为代表的交往模式逐渐成为人们普遍性的社会生活习惯。但是，在网络直播交往中，随着社会关系、社会活动日益复杂，产生了交往主体异化、交往手段异化和交往目的异化的情况。在历史唯物主义范畴中，马克思交往异化思想是对人类交往实践活动的科学性把握。本文以马克思交往异化思想为出发点，从交往主体、目的、手段三方面分析了网络直播交往的异化状态，并认为马克思交往异化思想在网络时代背景下，仍有助于构建交往过程的公平自由秩序、加强交往个体的主体本性认识、丰富交往内容的主流正面形态，进而促进人的全面发展，实现主体间的自主平等交往目标。

关键词：马克思；交往异化；网络直播

---

① 本文系上海市教育科学研究课题"新时代网络文化育人"（项目号：CC2021173）阶段性成果、同济大学中国特色社会主义理论研究中心研究成果。

近年来,随着互联网技术的快速发展和人们的社交需要增长,网络直播日渐火爆,由此产生的网络直播交往也成为一种新型的交往方式,并为社会大众带来了全新的交往体验。然而,作为新鲜事物的网络直播发展并不是一帆风顺,交往异化现象贯穿其中。基于互联网这一现实技术产生的网络直播交往形式仍具有历史唯物主义意蕴,以马克思交往异化思想分析网络直播交往现象仍然呈现磅礴的生命力,为改进网络直播交往提供了可靠的理论依据和现实路径,对推进社会进步提供了有效的分析思路和解决路径。

一、马克思的交往异化思想内涵

在马克思看来,交往范畴包括了一切社会关系、社会形式,这一点在马克思写给巴·瓦·安年科夫的信中有所体现:"为了不致丧失已经取得的成果,为了不致失掉文明的果实,人们在他们的交往方式不再适合于既得的生产力时,就不得不改变他们继承下来的一切社会形式。"[1]通过对前人的理论及实践整合,有学者总结,"交往是指在一定历史条件下,现实的个人及诸如阶级、社会集团、国家等共同体之间在物质、精神上互相约束、相互作用、彼此联系、共同发展的活动及其形成的相互关系的统一"[2]。

人类的交往形式经历了以人的依赖为基础的交往,到随着社会生产力突飞猛进,形成以物的依赖为基础的交往,再到个人在追求物质过程中得到极大锻炼。普遍交往将会成为现实,个人摆脱血缘、地域和物质的束缚,开始迈向人的自由全面发展,这是交往的最终目标。随着时代进步和科技发展,交往的范围变得广泛,交往的领域也发生了变化,而交往异化也随之产生。

马克思最初对异化的研究围绕在物质生产领域,他认为异化分为以下四种:劳动产品的异化、劳动本身的异化、人类的本质的异化以及人与人之间关系的异化。这其中,交往异化从本质上揭示了生产关系即人与人之间的关系。

---

[1] 《马克思恩格斯选集》第 4 卷,人民出版社 2012 年。
[2] 范宝舟:《论马克思交往理论及其当代意义》,社会科学文献出版社 2005 年。

马克思的异化理论认为,异化是一种分离和疏远,原本属于人的活动的结果或者物质,在人的对象化的活动中获得了独立,并反过来成为制约人和统治人的力量。在交往异化中,交往双方不再是平等独立的个体,而是成为主客体,甚至双方皆成为客体,从核心打破了主体间的交往活动。马克思对交往异化进行了全面阐述,他认为交往异化主要体现在如下三个方面:

(一)个人所有的外化即为交往的外化

人们通过自身的劳动获得了个人所有物,获得这些所有物的人也被称为私有者,因此,人与人之间的关系变成了私有者之间的关系。人们为了满足自己的生存需要,不得不把个人的劳动所得交换给其他人,劳动产品、劳动关系和人的关系都发生了异化。交往的异化起源于私有制以及以私人所有为中介的交换。[①] 异化使得人的物变成高于人的现实存在,进而又变成了物支配和奴役人。物与物之间的交换替代了人与人之间的关系,主体性地位的缺失使人们不考虑交往价值,而只是考虑交换价值。

(二)货币本身就是交往的异化

交往是人的"社会本质",是人的真正社会形态,人原本就处于这种"相互补充"的关系之中,真正的交往存在于人格与人格之间的交往。[②] 从语言到货币,人的交往中介逐渐变化,通过货币展开的交往关系并非真正的社会关系,人不再拥有支配物的权力,这种权力被转移到了作为交换中介的货币上了。货币作为人的价值的充分体现,成为衡量人的价值的标准。交往的目的也变为了商品的交换,不再具备精神层次的交流和单纯的人格欣赏。人逐渐丧失了个人的本性,开始依赖货币这一交往媒介,货币成为私有制环境下真正对人的支配力量,继而使人与人的交往呈现异化的形态。

(三)交换本身就是交往的异化

"我们每个人都把自己的产品只看作是自己的、对象化的私利,从而把另一个人的产品看作是别人的、不以他为转移的、异己的、对象化的私利。"[③]通过交换,买卖关系逐渐形成,人自身的劳动产品既是自己支配他人的基础,也成

---

① 韩立新:《〈穆勒评注〉中的交往异化:马克思的转折点》,《现代哲学》2007年第5期。
② 《马克思恩格斯全集》第1卷上,人民出版社2012年。
③ [德]马克思:《1844年经济学哲学手稿》,人民出版社2000年。

为物对自身支配的权力。尽管当下看来商品的交换和市场稳定和谐，但是，在交换过程中，个体经常为了获得更多私有物或利益，满足个体的需要不再是人生产所有物的目的，侵占和掠夺其他个体的所有物反而成为目的。

进入资本主义生产方式占主导地位的阶段，人与人的交往异化体现在人对物的依赖。随着现当代社会的发展，在政治、经济、文化各个方面都随着互联网技术等科学生产力的发展而出现了现代性危机和异化现象，而这其中最深层的异化仍然体现为交往异化。

二、网络直播交往的历史唯物意蕴

普通大众最初接触的"直播"，主要是指观看电视台的直播节目，该类直播依托传统电视发射信号传播信息。随着网络时代的到来，根据《互联网直播服务管理规定》中的定义，"互联网直播是指基于互联网，以视频、音频、图文等形式向公众持续发布实时信息的活动"。[①] 传播主体利用互联网平台，将传播内容传递给有观看收听需求的受众，继而形成在线互动的网络直播形式。截至2020年12月末，中国网络直播用户规模达到6.17亿人，占全国网民整体的62.4%。[②] 目前，已形成了电商直播、真人秀直播、游戏直播、演唱会直播、体育直播等多类别鼎立的局势，中国网络直播行业逐步发展进入多维发展、多强并行的成熟阶段。

网络直播不仅是一次技术革新，也打开了一段人类交往史。在网络直播空间，网络主播发起吸引受众参与、满足人际交往的实时互动，通过虚拟场域中个体的相互往来，实现物质、信息和精神领域的交换，形成了网络直播交往。从根本而言，网络直播交往仍属于人的实践活动，具有现实性，是人类改造自然和社会的活动。从哲学实践的视角来看，人在网络直播环境下的所有互动行为，都是广义上的网络直播交往。从历史唯物主义的视角来看，网络直播交

---

① 中共中央网络安全和信息化委员会办公室：《互联网直播服务管理规定》，http://www.cac.gov.cn/2016-11/04/c_1119847629.htm

② 中国互联网络信息中心：第47次《中国互联网络发展状况统计报告》，http://cnnic.cn/gywm/xwzx/rdxw/20172017_7084/202102/t20210203_71364.htm

往主要具有如下三方面的理解。

(一)网络直播交往的内容和形式,不断更迭满足发展中人的需要

马克思指出,"由于人类自然发展的规律,一旦满足了某一范围的需要,又会游离出、创造出新的需要"[①]。随着市场变化、社会生产力的发展,中国网络直播行业的交往内容和主题也随着人们的需要而发展转变。2005年可谓直播元年,以秀场直播、观众打赏作为主要运营模式。2014年以来,游戏市场异军突起,游戏直播平台高速发展,到了2016年,网络直播的内容开始以泛娱乐项目为主,人们热衷于通过直播平台随时随地记录并分享自己的生活状态,人人可以成为主播,主客体形成转化。[②] 2017年后,移动直播和泛娱乐的直播+模式应运而生,2019年开始,"直播+"模式赋能传统产业,重构了传统场景,创新了商业交往模式。到了2020年,疫情影响导致人们开启居家生活,物理空间的隔绝使人们需要了解更多外界信息,直播领域就此点燃了新的势头,跨界直播、跨界综艺等形式层出不穷,在这些直播平台中的交往也呈现不同态势,交往的形式、内容都走向了新的起点。

(二)网络直播交往是人类交往形式的变革,具有虚拟现实统一

马克思认为,现实的个人是人类在进行物质生产的基础上产生的个人,是历史的创造者。建立在物质生产基础上的现实的个人交往,是马克思关于交往的内涵阐释。与传统的现实空间交往一样,人在网络直播中依然是社会关系中的个体,只是在网络直播环境下搭建了新的互动交往平台。网络直播交往需要互联网和移动终端等中介载体,看似虚拟的交往形式仍然离不开现实的物质基础,体现了其具有现实属性。在虚拟环境中开展的交往,传递的是不可触摸的虚拟信息和精神世界的思想碰撞,这正体现了网络直播交往是在现实的物质基础和虚拟的精神手段的高度统一中实现的。通过直播开启的新兴交往方式对调动受众自我展现欲望、提供便捷消费渠道和体验事件在场感具有推动作用。

---

① 《马克思恩格斯全集》第47卷,人民出版社1979年。
② 陈经超、吴倩:《变革与回归:中国网络直播平台发展历程探析》,《媒介批评》(第七辑),广西师范大学出版社2017年。

(三)网络直播交往打破局限,推进市场经济发展

人们的交往范围和交往内容在移动新技术的支持下广泛扩展,现代社会消费符号化的演变,使物质交往不再局限于使用价值的追求,更重要的是价值认同和文化积淀,这种精神交往的独立形式越发达,就越可以能动地作用于物质交往与生产。直播观看者打破时间、空间的局限,与陌生人建立一定的交往联系,自己也可以在一定条件下,成为某一平台或领域的主播。在直播的过程中,观看者一般发弹幕与主播构建交流,也能够以打赏表达对主播的喜欢,这也是网络主播获利、推动产业发展的直接手段。部分主播通过连麦聊天、对唱、表演的形式吸引双方粉丝观看,更有部分主播形成了"打造人设—聚集粉丝—直播带货"的流量变现模式,在以直播平台为代表的资本逻辑引导下,从精神生产和物质生产双重角度推进了市场经济发展。交往是生产力发展的动力和保障,生产力的发展也给交往带来了推动作用。网络直播交往已经成为网络场域生产力发展的重要力量,进一步加深了当前社会的交往程度,使得中国社会的物质交往和精神交往更加丰富和活跃。

三、网络直播交往异化的表现

现实生活中的异化问题在网络世界进一步延伸,在网络直播环境中产生的交往异化,一方面,包含了现实交往异化转移而来的异化现象,是一种对现实异化的复写和时空的延展,另一方面,还包括在网络直播环境下产生的全新的、特有的交往异化现象。网络直播交往异化的产生,带有明确的脱离信息分享目的,将限制人在直播交往中个人能力的发展,甚至丧失个人认同感。交流不再是自然而真实的,人与人之间原本因为交往所产生的稳定、互利的获得感降低。在网络直播交往中,人格的扭曲、功利主义和个人思想的传播屡见不鲜。在网络直播交往中,主要的交往异化表现在交往主体、交往手段和交往目的异化。

(一)交往的主体异化

1.主播的人设禁锢

网络直播本应是一种即时的、真实的现实展现,从"延时反馈"提升为"实

时反馈"的交往方式[①]。但实际情况却并非如此,通常"爆红"的网络主播都无形中打造了一个被粉丝追捧或带有舆论热点的人设。这些人设中,一些基于现实职业和背景,以打破刻板印象的形态出现,一些则完全背离现实人物,以重新解构的形式于直播平台受到关注。人的自我认知表现为一种自身的交往[②],主播们对自我的认知出现了异化,他们逐渐放弃自己的内在尺度,转而屈从于客观现实环境的束缚。主播们为了成为被期望的角色,不惜将个人隐私的生活推至台前,粉丝的认同成为主播们打造和调整人设的重要参照指标。

在异化理论中,劳动产品变成了异己的力量,形成了不依赖生产者且与劳动对立的存在。在过去,这种对立的结果使工人在交往的过程中丧失劳动品,并在无形中被奴役和异化。在直播交往中,这种异化即对立仍然存在,原来工厂的工人即为直播间的主播,直播内容即为劳动产品,异化的主体也从"被资本家奴役的工人"变为"被人设奴役的主播"。

交往本身的最终目的是实现人的自由全面发展,而在网络直播交往中,为了稳定个人热度和收益,主播只能长期禁锢于人设,忽略了个体的全面发展。网络直播成为一种外在的、与个体对立的异己力量,人也开始为网络直播和背后的利益所控制,丧失了作为主体对自身精神、交往的控制。在人设的禁锢下,交往的主体在直播空间所扮演的角色成为个体的虚假人格,而交往主体本身逐渐迷失自我,交往异化日益明显。部分主播认为网络直播平台下的虚拟性可以遮蔽自己的法律责任,在追求人设的过程中打着法律的擦边球,丧失自身的社会责任感,最终引发交往秩序的混乱,也将影响广泛大众的普遍交往。

2. 带货主播的商品化

在疫情期间,由于人们居家隔离而脱离了现实购物场域,电商直播以充分的多元化"在场感"满足消费者方便快捷的消费需求,如雨后春笋般发展。在主播声嘶力竭的讲解和倒计时的紧张感中,电商直播构建了与受众生活场景趋于一致的狂欢式场景。消费者在恍惚间点击下单,直播场景的构建消弭了现实与虚拟的区分。私人的购物行为也变成了直播中的社群化集体行为,所

[①] 葛方圆:《网络直播的受众心理及传播力分析》,《媒介批评》(第七辑),广西师范大学出版社 2017 年。

[②] 陈力丹:《精神交往论》,中国人民大学出版社 2016 年。

谓真实的场景实则为传播技术和主播构建的虚假社交场域。

对于主播而言,有利有名的直播力量驱动促进了其直播带货的热情,直播者带着销售和变现的目的与消费者进行交往,看似出于消费者的角度分析、交流、推荐,实则通过前期选货、设定脚本、综合策划爆点等行为,以具有真实感、在场化的直播行为构建新型的交往关系,在电商直播中打造以人为连接的"主播—产品—消费者"的交往模式。交易成为直播中主播与粉丝情感互动和语言交流的最终目的,归根结底仍是以产品为中介,以消费为终极目的,交往出现异化的形态。

马克思认为,"社会的物质生产力发展到一定阶段,便同它们一直在其中运动的现存生产关系发生矛盾。于是这些关系便由生产力的发展形式变成生产力的桎梏"[①]。生产力和生产关系的矛盾正是产生异化的根源,新的交往模式取代旧的交往范式,直播者和观看者通过弹幕进行交流,实际上这种交往已经成为买家与卖家的主客体关系。部分观看者选择在某一主播的直播间购物,实际上并不只是出于对产品的需求,更多人源于对主播的喜欢和追捧,满足自身作为交往主体对客体的情感需求。而此时的主播也成为与商品捆绑的消费产品附属价值,主播个体也随之被物化,交往关系呈现"作为商品的主播—被商品支配的消费者"双客体态势,原本的交往主体双方变成了抽象的类,成为毫无主动性、被奴役的"物"。

(二)交往的手段异化

1.货币化的打赏模式

网络阅读刚刚兴起的时候,粉丝会为感兴趣的作者在线支付一定金额,这是最初的"打赏"行为。到了网络直播时代,观看者在直播间和主播互动交往,这其中重要的手段就是"刷礼物",主播通过虚拟礼物实现平台变现,形成新的"打赏"行为。以往满足精神交往需要的支出并不是消极的,譬如购买音乐、欣赏演出等,这恰恰是创造精神交往的新参与者[②]。但是,主播为了迎合平台的奖励机制,适应市场的甄选机制,追求市场量化数据,想尽办法引导观看者打

---

① 《马克思恩格斯全集》第 2 卷,人民出版社 1995 年。
② 陈力丹:《精神交往论:马克思恩格斯的传播观》,中国人民大学出版社 2016 年。

赏,最主要的努力却不是致力于提升自己的综合才艺、自身价值。部分主播开始打起了"擦边球",挑战道德的底线,传播猎奇心理等。同质化面容和谄媚交流手段存在于各个直播间,形成"直播—打赏—分成"的数字化流水线。

在网络直播时代,观看者付出金钱是为了与主播和他人平等交往,可是由资本平台一手营造的平等交往通常只是虚假的平等。观看者为了获得与主播更进一步对话、线下见面等交往的机会,也为了在同一直播间获得其他观看者的关注,往往投入大量的金钱,物欲充斥在直播间的每一次刷新礼物行为中。在物欲的冲击下,直播者和观看者都进行了自我物化,点赞量、礼物数据都成为扭曲人格的数字化陷阱,在虚拟的网络技术空间忘记了自己的真实需求。

马克思把货币本身看作交往异化的典型表现,货币化的打赏行为作为交往的中介,打破了人格与人格之间的纯粹交往。人变成了私有者,以打赏为交往手段的交往互动就变成了私有者之间的交换活动,直播者和观看者双方都被打赏这一货币化的交往模式奴役,人们受到直播间"物"的支配。人格之间的纯粹交往被限制和支配,直播间里的人变成了丧失自我的人,人变成了异己的存在,人与人之间物的交换反而成为最主要的交往关系,无形中将人推进了交往异化的深渊。

2.数字技术的中介干预

网络直播平台基于观看者的浏览喜好和习惯,通过智能算法进行大范围的定点推送,这一举动首先改变了传统交往环境中由交流主体自行选择交往对象的交往模式。资本增值推进现代社会发展,观看者往往被推荐的都是具有商业价值的头部主播。资本通过技术的方式,以非理性的选择替代了大众对所需的选择,观看者因为缺少直播信息的对比,只能任由渠道推送链接反复切换。看似传受双方都在自由选择的环境下建立了交流,实则交往双方完全被动地通过技术配对,在技术介入下制造交往对象。持续观看这些符合个人喜好的直播非但没有丰富个人的精神追求,更使得观看者逐渐丧失自行选择直播交往对象的批判权和选择权。原本应该作为一方交流主体的观看者往往处于一种无意识的交往参与中,被限定在由数据和计算搭建的信息茧房却不自知。搭建网络直播交往平台的技术手段反而成为支配观看者选择的控制力量,从根本核心造成了交往手段的异化。

在原始的交往关系中,交往只存在于人与人的关系,而在数据计算的干预下,网络直播交往呈现了"交往个体—技术筛选—交往个体"的链接模式。在多元化、泛娱乐化的数字空间的科技外衣下,基于互联网空间的交往也逐渐呈现数字化过渡或转变。原本作为交往手段和交往媒介的技术反过来控制作为交往主体的人,数字网络技术成为重要的牟利手段,观者被置于以技术为表征的特殊市场逻辑之下。

互联网已经几乎沦为现当代资本主义的扩张工具,在看似自由的网络空间,直播技术、智能算法和移动设备控制了交往场景,这正是数字化时代下现实人的交往遭际。数字化技术构建了一个当代个体难以抽离的数字化网络交往模式,人开始被置于技术的操控下,技术剥夺了人的自由,造成了人对直播交往的沉溺。[①] 以技术堆砌的网络直播交往场景让人逐渐迷失自我,侵蚀了个体的闲暇时间,占据了本该由交往个体开展交往和思考的时间空间,形塑了人的数字化生存状态。

(三)交往的目的异化

1.忽视人的全面发展

马克思认为,一个人的发展取决于和他直接或间接进行交往的其他一切人的发展,交往是社会发展和历史现实中个人的"社会的活动"。交往的本质是一种实践活动,包含在人们所有的实践活动之中,交往的根本目的应该是人的自由全面发展、人格与人格之间的平等交流,强调在传播过程中主体之间的平等交流以及单纯的分享动机。

在网络技术尚未打造虚拟世界前,人类唯一的交往空间只有现实世界。当下,作为可以联通世界、打破时间空间双重壁垒的网络直播,以高度便捷性和较低准入标准而深受群众喜爱。在网络直播空间,每个人都有权力开通直播间,在自己的舞台全面展现自我,多才多艺、知识输出、不同阶层的交流都有助于实现人的全面发展,连麦、弹幕等双向交流方式也使网络交往更具有即时性,网络直播本应成为飞跃式的交往形式。然而,越来越多的人利用网络直播并不是为了通过与更优秀的个体交流成为更好的自己,也并非利用网络直播

---

① 汪怀君、张传颖:《数字资本主义的数字劳动异化及其扬弃》,《宁夏党校学报》2021年第5期。

平台展现全面自由发展的自我,而是逐渐暴露出社交目的肤浅化的趋势。一方面,主播创作直播内容受利益所驱使,转而为了获取资本的关注走向低俗化;另一方,观看者关注直播只是为了满足自身浅薄的精神需求,把感官的刺激和瞬时的满足当作交往的结果,交往异化逐渐显现。

直播的现场感和互动性营造了虚假的客观环境,资本逻辑潜移默化地对交往逻辑进行遮蔽,交往过程屈从于资本增殖的逻辑,自由交往成为带着滤镜的美好追求,看似近在眼前,却实际相差千里。在资本逻辑的控制下,直播开始压制人的发展,降低了受众的日常精神需要层次,长此以往将导致人们丧失对交往的真正追求。在直播的快感和人性成瘾的根本特性双重刺激下,精神虚无的现象将日益明显,甚至阻碍社会进步和人的全面发展。

2. 虚拟空间的失范表达

马克思认为,交往作为人的一种存在方式,是日常社会生活中不容忽视的重要组成。网络直播交往以声、像和互动搭建了广阔的虚拟平台,在传播过程中,交往的主体本来希望可以创造平等交流和单纯分享的动机,却在虚拟性、隐匿性和利益性的背景下产生了异化。

马斯洛曾结合人的需要、人的价值和人的幸福三者统一的关系,提出人由低至高的层次需要论,在这些层次中,自我实现是最高层次的需要,只有真正实现了自我的价值,人才能感到真实的幸福。在网络直播交往中,人们凭借网络的虚拟性掩盖自身的现实身份,实现了自由开放的同时也摆脱了现实的规范约束。直播间的主播和观看者在虚拟的符号交往中,表达了对个体自由的极限追求,但却逐渐忽视了自身源自现实基础的社会责任感和法律道德约束,网络交往秩序逐渐被破坏,转变为一种近乎病态化、逃避现实、寄托于虚拟世界平等交往的模式。

在网络直播强大的吸引力作用下,人们沉溺于虚幻的虚拟交往,已经习惯隔着网络和屏幕开展直播交往的群体,在一定程度上疏离于现实的人际交往。在直播交往中,一方面直播者沉溺于自己所打造的虚拟人设,另一方面观看者也能摆脱现实束缚,以个人喜好通过语言、符号、行为进行交流,虚拟的交往逐渐替代了现实的交往和沟通。人们不再追求健康、平等的交往,现实的道德标准也在虚拟交往中逐渐弱化,摆脱繁杂的现实人际关系使人们忘却了网络直播交往终究是虚拟存在的,每个人仍需要面对现实生活、面对现实中的本我。异化的交往目的虽然短暂满足了人类的精神快感,但终究会使人迷失自我,沉沦为技术的奴隶,直面交往异化造成的社会不稳定因素和普遍化的道德失范行为。

四、网络直播交往的改进路径

(一)构建交往过程的公平自由秩序

社会关系的发展与生产力的发展通常会有时间差,这使得社会关系的制度化和规范化在一定程度上稍显落后。因此,随着交往的范畴和对象扩大,原有的制度和规范不再能适应当下的社会交往关系发展。马克思认为,"权利永远不能超出社会的经济结构以及由经济结构所制约的社会的文化发展"①。他们对现实表现自由的认识相当深刻,也从不把表现自由解释成为所欲为。在网络直播交往中同样需要适应当下发展的约束,社会各界共同构建公平自由的交往秩序。

规范直播宏观环境。自由的各种形式是相互制约的,在人与人的交往中,法律具有保障社会稳定、约束人的交往的作用。面对交往中产生的冲突、矛盾和异化现象,法律可以起到一定引导作用,近年来对于直播平台的不良内容整治和行业管理规范陆续出台。2016年12月,国家网信办颁布《互联网直播服务管理规定》,对直播平台加强弹幕管理、直播者自觉维护直播秩序、用户文明理性表达等进行了具体规定。2020年,《网络直播行为营销规范》《关于加强网络秀场直播和电商直播管理的通知》《互联网直播影响信息内容服务管理规定(征求意见稿)》等政策文件相继颁布,要求主播坚持社会主义核心价值观,遵守社会公德,不得采取任何形式进行流量等数据造假。这将有助于淘汰无序从业者,为资本平台敲醒警钟,避免走入功利主义的极端。

广泛树立法规意识。在做好客观环境的强制约束后,引导交往主体对法律政策的认知迫在眉睫,提高个人对法律法规条目、限制的知晓度,并提升个

---

① 《马克思恩格斯全集》第19卷,人民出版社1975年。

人依托法律法规而形成的监督意识。主播服务机构应当与网络直播营销平台积极合作,落实合作协议与平台规则,对签约主播的内容发布进行事前规范、事中审核、违规行为事后及时处置,共同营造风清气正的网络直播营销活动内容生态。提升用户的主体自律,及时举报不良内容和不良直播现象,从宏观政策到微观实践,发挥个体的主观能动性,全面立体打造良好的网络直播交往生态环境,杜绝不文明、不友好、不利于交往长期发展的各类直播内容。政府部门、资本平台和用户合力解决泛娱乐平台规范问题,保障交往可以在清朗的直播空间有序开展。

(二)加强交往个体的主体本性认识

马克思认为,回归交往的本质应该是主体间的关系恢复正常,人在交往中的主体性得到充分发挥,不受资本的控制,回归社会联系,使人与人脱离物质交换的关系。[①] 在交往中,人与人之间充分肯定彼此的个体价值,不应过度纠结于经济效益,避免被物化为客体。

摆脱被物质客体化。人在使用网络直播的过程中沉迷其中,为互联网的技术所操控,失去主体位置,作为互联网的创造者,人需要自觉树立个人的主体意识。人具有改造世界的实践力,互联网技术、打赏等行为对人的物化控制只是短暂的,对被物化为客体的交往关系进行批判迫在眉睫。需要重新理清网络直播交往与个人需求,以人类共有价值导向消除在网络直播范畴内由资本造成的剥削和物化,不被技术和资本奴役,坚持技术和人的和谐发展。激发网络直播交往主体的能动性,提升直播平台文化品位,引导用户理性打赏和有序精神交往。

强化个人网络认知。尽管网络直播带来在场真实感,但归根结底直播间只是网络虚拟空间,主播和观看者都需要对这一客观事实有明确的认知。了解互联网的特点,辨析网络与现实的差距,对参与直播的双方交往具有重要意义。加强主播教育培训及管理,增强网络空间行为与现实个体角色的同一性,提升签约主播的综合素质。引导观看者正确看待网络环境下的互动交往,跳出网络虚拟空间直面现实世界。重塑对网络直播交往的预期,抵制对现实世

---

① 《马克思恩格斯全集》第4卷,人民出版社2002年。

界的逃避,真诚、理性的进行交流和分享,清醒认识到网络直播空间也是由现实的人构造而成,实现现实交往和虚拟交往的整合。交往双方需要提升个体网络使用素养,主播摆正价值观,转变低俗取悦的观念,观看者理性对待,形成良好的欣赏水平,实现高层次的精神交往需求。

(三)丰富交往内容的主流正面形态

在特定的社会历史条件下,交往才能得以实现,社会生活背景决定了交往的内容,对推进交往过程具有重要的引领和指导作用。在网络直播这一新型交往空间,交往内容作为精神交往的重要体现,更需要紧跟交往平台的快速发展节奏,保证交往的顺利开展。

促进个人的全面发展。不管是作为一份职业还是一份兴趣,具有把关人特性的直播者需要提升个人的公众意识和内在涵养,全力创造积极健康的网络文化内容,使网络直播空间效力于丰富大众精神世界。马克思认为,人的自我实现是扬弃了人的依赖关系和物的依赖关系的自我实现方式,而代之以个人发展和社会发展一致的自我实现方式。[①] 直播平台需要打破为了经济利益而异化自我的交往行为,引导直播者挖掘个体的内在本质,在直播内容上深耕细作,满足人的精神交往的需要。作为观看者,在互动过程中提升自我认知,与直播者共同提高直播内容的价值性和科学性。交往双方需要把握自由行为的限度,明确个体自由发展的前提,即自由具有相对性和具体性,在符合法律法规和有利于社会进步的背景下,实现个体的自由交往与全面发展。

塑造正面的主流形象。每个人既是他自己,也是社会一切关系的体现者,他的精神交往活动都带有社会的性质。[②] 作为精神交往的重要渠道,普遍存在于社会联系中的直播平台需要致力于推荐符合社会和谐发展需要的主播形象,传递正面、积极的精神交往作品,将直播交往的开放性和虚拟性有效结合,使直播交往内容走向生态化。直播者应对个体角色认定充分考量,发掘个体正面、积极的形象及内涵,传播有助于精神交往的信息,最大程度发挥具有科技效用的网络平台,消除社会信任危机和社交形象低俗的弊端,推进交往健康

[①] 姜爱华:《马克思交往理论研究》,知识产权出版社 2009 年。
[②] 陈力丹:《精神交往论》,中国人民大学出版社 2016 年。

有序发展。组织机构需要对网络直播平台的内容生态和个体形象全面巡查监督，对违规平台限期整改，共同打造风清气朗的网络直播交往空间。每个主体都有责任和义务维护网络直播交往空间健康、良性发展，让技术和资本让位于原本的交往，让健康有序的交往继续促进社会的稳定发展。

（王凯文，同济大学马克思主义学院在读博士，讲师）

Analysis of Webcast Communication under Marx's Thought of Communication Alienation

Wang Kaiwen

Abstract: The history of human communication has stepped into a new era with the development of the Internet, and the communication mode represented by webcast has gradually become people's universal social habits. However, with the increasing complexity of social relations and social activities, alienation of communication subject, communication means and communication purpose appeared in the webcast communication. In the category of historical materialism, Marx's thought of communication alienation is a scientific grasp of human communication practice. Starting from Marx's thought of communication alienation, this paper analyzes the alienation state of webcast communication from three aspects of communication subject, purpose and means. This paper also considers that Marx's thought of communication alienation, under the background of network era, is still helpful to construct the fair and free order of communication process, strengthen the understanding of the subject nature of communication individuals, enrich the mainstream positive form of communication content, and then promote the all-round development of people and realize the independent and equal communication between subjects.

Keywords: Marx; Communication Alienation; Webcast

网络剧广告受众的弹幕互动行为研究

张玉　汤佳佳

摘要：文章阐述了网络剧广告的特征与营销意义，并以青年亚文化理论为研究视角，结合网络新媒体的传播特征与文化特性，系统分析了网络剧广告受众的弹幕互动行为的产生、互动模式与弹幕文本内容，研究受众对于网络剧广告的多元解读与互动传播。研究认为，受众对于网络剧广告的解读与互动具有更多的积极意义，其弹幕互动行为对于网络剧广告具有传播和营销两方面的价值，为广告的互动与营销开创了新领域。

关键词：网络剧广告；青年亚文化理论；弹幕；互动行为

一、研究缘起

网络剧具有低成本、内容及篇幅相对自由、主题和形式更符合网络受众接受心理的特点，因而受到了更多的关注。近年来国家对电视台影视作品管制措施愈加严格，以及网络剧制作水平的不断提升，都使网络剧逐渐崛起。对于广告主来说,受众投放的高效化和精准化以及营销合作上的灵活化与多样化[1]是网络剧相对于传统电视剧独有的优势。这不仅为网络剧广告带来了更多的投资,也促成了网络剧广告内容及形式的创新。

随着弹幕功能在主流视频网站的开放以及用户使用的普遍化,弹幕这种来自二次元世界的亚文化现象已经成为网络剧中的一道景观。其同步性、微观性、变化性及泛娱乐化的文化特质[2]与创意形式多样的网络剧广告发生碰撞,使网络剧广告摆脱了传统电视剧广告单向传播的缺陷,为受众提供了基于剧情场景的沉浸式互动体验,也推动了广告内容的二次传播。

当前关于网络剧广告的研究主要集中在广告创意、传播特征、伦理问题及规制等领域,关于网络剧广告的互动性研究较少,且多拘泥于广告形式为互动性提供的可能,缺少以受众为中心视角的对网络剧广告的弹幕互动行为的研究。因此,本研究针对融入网络剧剧集中且能够产生弹幕互动的植入式广告[3],聚焦于网络剧广告受众的弹幕互动行为,关注弹幕功能入驻主流视频网站给网络剧广告的传播模式带来的影响,通过对广告相关的弹幕文本的内容分析讨论受众对广告的多元解读,思考弹幕互动行为对于网络剧广告传播和营销的价值,希望能为充分发挥网络剧广告创意性与故事性、即时互动性、定位精准、投放灵活等特征[4]为其作为广告载体带来的在受众互动方面的优势提供参考。

二、作为网络青年亚文化的弹幕文化

亚文化这一概念最初由芝加哥学派正式使用。[5] 伯明翰学派在芝加哥学

---

[1] 曹钺:《原生广告在网络剧中的应用探究》,《视听界》2017 年第 3 期,第 123—128 页。

[2] 姚婕:《传播学视角下的弹幕亚文化研究》,南京大学 2016 年硕士学位论文,第 41 页。

[3] José Alberto Simões, Ricardo Campos. *Digital Media, Subcultural Activity and Youth Participation: the Cases of Protest Rap and Graffiti in Portugal*. Journal of Youth Studies, 2017, 20 (1), pp. 16-31.

[4] 卢鹏:《亚文化与权力的交锋:伯明翰学派青年亚文化研究的逻辑与立场》,《青年研究》2014 第 3 期,第 84—93 页。

[5] 闫翠娟:《从"亚文化"到"后亚文化":青年亚文化研究范式的嬗变与转换》,《云南社会科学》2019 年第 4 期,第 178—184 页。

派越轨社会学的理论基础上,结合了西方马克思主义、符号学和结构主义相关理论,形成了自己的亚文化研究范式。[1] 伯明翰学派的青年亚文化理论关注媒介、消费与大众文化,认为受众具有选择、抵抗和创造的能力,亚文化通过风格的形成与表达在符号层面上体现了对大众文化和社会秩序的抵抗,但这种抵抗不可避免地面临着被收编的命运。后亚文化理论结合网络新媒体的传播特征,认为互联网时代的亚文化是多样的、流动的、通过消费建构的一种生活场景或文化空间。[2] 社会文化不再是二元对立的关系,而是多元文化的融合,因此亚文化的抵抗意义在一定程度上被消解而走向娱乐化,亚文化的表达也成为一种消费选择与生活方式。

弹幕原属于一种二次元亚文化,在与大众文化的融合过程中逐渐实现从二次元向三次元的蔓延。[3] 弹幕在主流视频网站的入驻一方面使其强烈的亚文化特色和抵抗意义体现在受众与视频作品的互动中,另一方面由于脱离了原本的生成语境,弹幕受到商业文化和大众文化的影响,其原本的抵抗意义在一定程度上被消解,而娱乐性和互动意义得到了强化。尤其在网络剧广告这一艺术性与商业性交融的语境中,弹幕互动既体现了受众与作品的交流,又体现了受众与商业文化的斗争与妥协。

本文借用伯明翰学派青年亚文化理论中"拼贴""抵抗"与"收编"的概念,结合后亚文化理论提出的新媒体中亚文化的变化,通过对网络剧广告受众弹幕互动行为及弹幕文本的分析,研究弹幕背后蕴含的抵抗意义与消费文化,探讨受众对网络剧广告的解读与互动,由此得出弹幕互动对于网络剧广告的价值。

---

[1] 杨婷:《5G时代弹幕文化的发展及转向》,《青年记者》2020年第35期,第16—17页。
[2] 李志明、王春英:《传播学视角下的网络剧特征探析》,《中国广播电视学刊》2011年第11期,第53—54页。
[3] 王笋:《网络视频广告的分类及其模式关系的研究》,《卫星电视与宽带多媒体》2020年第1期,第106—107页。

三、网络剧广告受众弹幕互动行为的产生

接受美学理论认为,具有召唤结构的文艺作品能够激发受众的思考与再创作。① 网络剧广告由于其内容的艺术性与创意性,容易引发受众的深入阅读与思考,而主流视频网站中弹幕功能的开放,则为受众的思考提供了即时表达的途径,也为受众提供了再创作的便捷空间。

召唤结构指作品中存在的不确定性,主要体现为两种形式:空白和否定。空白指作品中的开放意义,在网络剧广告中主要体现为无处不在且相对隐蔽的植入方式,由剧情到广告的自然过渡以及广告情节对剧情的创意性改造。这些开放的空间对受众产生召唤,受众因此对广告作品有了思考与表达欲望,这种表达欲望可以通过发布弹幕来实现。而受众发布的弹幕一方面加深了对于广告作品的理解,另一方面也为广告添加了新的内容,创作出新的广告作品。随着网络剧的重复观看、弹幕的不断增加,广告作品就一直处在变动之中,不断刺激受众的表达欲望。否定是指通过文艺作品特有的形式对受众已有的信念、态度,或者社会流行的观念、习俗规范等予以适当的否定,给受众造成一种思想的冲击。② 网络剧广告中的否定结构体现为广告情节的出乎意料、突然转折等,这些否定结构与受众的既有认知存在差异,为了达到认知的协调,受众会产生表达和讨论的想法,而弹幕则是即时表达的重要形式。通过弹幕受众可以就广告作品中的否定结构表达及讨论自己的感受、质疑等。

此外,受众的期待视野也会通过影响受众对作品的认知与理解,来影响其与文艺作品的交流过程。期待视野主要由受众的既有倾向与审美习惯构成。文艺作品的审美视野与受众的期待视野并非越接近越好,存在适当的审美距离既可以促进受众对作品的进一步思考和创作,也不至于使受众对作品产生抵制。网络剧广告属于商业宣传,与剧情发展存在距离,也就与受众的期待视野存在距离。但与传统的广告形式相比,网络剧广告随机嵌入剧情中,并且存

---

① 姚文放:《重审接受美学:生产性批评范式的凝练》,《社会科学战线》2020 年第 5 期,第 158 页。
② 姚文放:《重审接受美学:生产性批评范式的凝练》,《社会科学战线》2020 年第 5 期,第 162 页。

在对剧情的创意性改编,不至于引起受众的过度反感,甚至在剧情中出现的这种创意性的中断反而因适中的审美距离而促进了受众交流、讨论的行为的产生,即弹幕。

网络剧广告的内容特征为弹幕互动行为的产生提供了可能性,而相比于孤立的静态的传统广告,受众的弹幕显然为网络剧广告增添了新的意义,是对广告内容的扩展。"网络剧广告+弹幕"的形式成为受众与作者共同创作的不断更新的作品。

四、网络剧广告受众弹幕互动过程与模式

相比传统电视广告的单向传播和网络视频贴片广告通过点击产生的互动,网络剧广告依靠其内容的艺术性和创意性、传播渠道的互动性和话题性,产生了双向的、多级的传播与互动过程模式(如图1所示)。网络剧广告受众的弹幕互动行为主要包含两种模式:受众与作品互动和受众与受众互动。

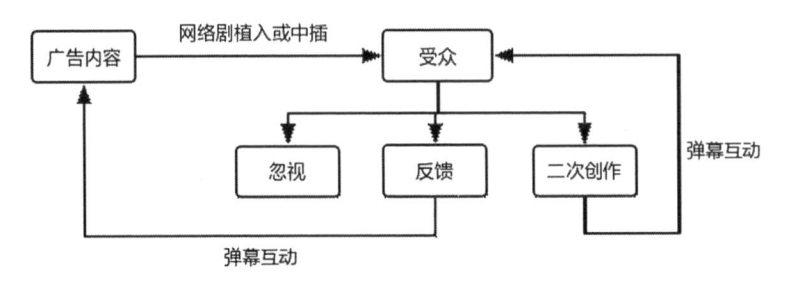

图1 网络剧广告受众弹幕互动过程模式

1.受众与广告作品的互动

网络剧广告受众与广告作品的互动体现在受众通过弹幕表达的广告内容的解读、对广告商品及广告行为的态度,属于受众对于广告作品的感受的即时反馈。另外,受众发布的弹幕也为广告本身增添了新的内容,赋予了新的意义,是对广告文本的再创作,体现了受众与作品的交流。总之,弹幕使受众与网络剧广告的交流过程具象化,尽管这种具象的呈现无法表现出整体。

2.受众与受众的互动

除受众与广告作品的互动外,由于弹幕可以留存叠加,网络剧广告受众还可以通过发布弹幕表达自己对已有的弹幕的看法,形成一种跨时空的"即时"讨论。参与讨论的受众发布弹幕尽管不一定处于同一时间,却是处于同一观看场景中。而与广告内容相关的弹幕的不断叠加也促成了广告的多次传播。传统的电视广告受众间的互动受到观看时间、空间以及观看人数的限制,网络视频广告通过评论区实现的受众间互动也无法使评论精准定位到内容区间。相比之下,弹幕帮助实现了网络剧广告受众处于相同观看场景的多人即时互动。当然这种互动也存在一定缺陷,如对已有弹幕的回应是单向的,原弹幕发布者无法及时接收到这种回应。目前这些缺陷也在被逐渐改善,如腾讯视频设置了对于已有弹幕的点赞功能,爱奇艺在弹幕功能中增加了回复功能,我们可以期待通过技术升级对弹幕互动功能的进一步优化。

五、网络剧广告受众弹幕内容分析

针对网络剧广告的弹幕基本可以分为五类:(1)内容讨论类,即关于广告内容、广告商品的解释、讨论;(2)观点态度类,即对广告内容、广告商品以及广告行为的态度;(3)娱乐调侃类,即纯娱乐化的吐槽、调侃、恶搞等;(4)改造改编类,即对广告语、广告内容及其他相关元素的改编、重新组合与再造;(5)空降弹幕类,即提示广告或帮助跳过广告的弹幕。以下将借用青年亚文化理论中的部分概念对网络剧广告的弹幕文本进行分析。

1.拼贴

拼贴是指将已有的物体或文本进行改造后再重新排布。在网络剧广告的弹幕中,拼贴主要体现为将广告内容中的部分元素进行改编或与其他相关元素进行融合与再造。如改造改编类弹幕,就属于对广告内容的拼贴式改造,而"弹幕+广告"的模式,本身也可以算作一种拼贴。这种戏谑式的改造过程,对于广告原本的商业性来说存在一定的抵抗意义。而这种表达形式,在网络剧广告的弹幕中已然形成了一种风格。

拼贴通过对广告内容的重新组合与再造,破坏了广告原本的整体性意义,甚至颠覆了原内容的商业意义，使广告作品的关注点和话题发生转移。如网络剧《重启》中，王胖子端着一杯"香飘飘"奶茶，说了一句"叫飘飘的怎么都这么香"（他的暗恋对象名叫飘飘），弹幕中出现了"喝香飘飘，想着飘飘""飘飘可能姓香""因为飘飘香精放多了"等与人物台词相似或关联的文本，但广告原本的商业化语言变成了调侃剧情的娱乐化语言，讨论的话题也从广告商品转向了剧情。

拼贴式改造在消解了广告的商业意义的同时，重构出新的娱乐性的意义。重构出的新意义可能与原广告内容毫无关联，甚至背离了原广告内容的宣传目的。同样的"香飘飘"奶茶广告，弹幕中还出现了"天真需要优乐美""我优乐美有美美""香飘飘优乐美奶茶，更好嗑"（此处"嗑"为网络用语，在不同语境中意思略有差异，一般指"接受""喜欢"或"喜欢看"的意思，如"嗑CP""这是什么神仙爱情，我嗑了"等）"优乐美不香吗"等文本，在消解了广告语本身的商业宣传意义的同时，弹幕意义转向娱乐化，并引入了剧情中的人物关系和其他具有竞争关系的品牌的元素，重构了广告作品意义。

2.抵抗

除了对广告作品意义的颠覆与重构，网络剧广告的弹幕文本有时也可以体现受众对广告的对抗式解读。如部分观点态度类的弹幕、娱乐调侃类及空降弹幕，均在不同程度上体现了受众的抵抗，这些弹幕中的抵抗意义一般可以体现为三种形式。

首先是狂欢式的弹幕抵抗，即对广告中的情节或细节的集体吐槽、调侃以及恶搞，通过话题的转移使广告作品脱离了原本的意义，转向娱乐化的集体狂欢。如网络剧《蓬莱间》中，与女主相关的日常生活剧情中出现了大量明显的"御泥坊"面膜的植入，因此在全剧的"御泥坊"面膜植入广告中，出现了大量"御泥坊给了你多少钱，我自然堂给两倍""我自然堂给你三倍""自然堂你反省一下"等类似的刷屏式弹幕，受众群体通过这种集体的调侃狂欢的方式，表达了对于过多植入广告的吐槽和不满。广告原本的宣传意义自然也转向了对露骨的商业行为的讽刺。

其次是受众通过弹幕直接表达对广告内容、广告商品或广告行为的反感或批判。如同样的"御泥坊"品牌广告中，弹幕池出现了"这个植入，这么明目张胆的?""毫无植入气息呢!""你面膜遍地放啊""御泥坊红瓶不是中老年用的吗""不卸妆就敷面膜?""姬存希更好"等弹幕。关于"58同城"的广告中,也出现了"58都是坑""58都是中介,小心坑""58基本都骗子"等弹幕。这些弹幕表达了受众对广告植入的生硬、广告内容的不合理及广告商品本身的质疑与讽刺。受众对立的态度直接及时地呈现出来。

最后是空降弹幕。这类弹幕一般针对网络剧中的中插广告或较为明显的广告区间,即受众在广告开始部分通过弹幕提示其他受众手动跳过广告,直接表达了对广告行为的抗拒。如一些中插广告开始前弹幕中通常会出现"广告来了""××分××秒正片开始""空降到××分××秒手动跳过广告"等类似的文本,直接引导后续的受众跳过广告内容。

3. 收编

尽管弹幕可以在一定程度上表现出抵抗意义,但在网络剧广告的语境中,弹幕的抵抗意义被削弱甚至转化了。一方面,网络剧本身的娱乐性和商业性以及当前社会的商业文化对发布弹幕的受众的影响促进了对弹幕亚文化的商业收编。另一方面,弹幕受自身体量限制表现出的碎片化特征以及弹幕功能的商业化也削弱了它作为亚文化的抵抗力量,反而与网络商业文化更加契合。

商业广告一般可利用品牌效应、粉丝效应等作为营销手段,引起受众对广告的好感,这种好感在网络剧广告的弹幕中主要体现为对广告内容或广告商品的偏好式解读与传播。如部分广告产品会选择流量明星作为代言人,在网络剧中这些产品的植入广告一出现就会有大量粉丝进行刷屏式的弹幕互动与传播。如网络剧《蓬莱间》中,由于男主角是"佳洁士"牙膏的代言人,当出现了购买大量"佳洁士"牙膏的场景时,弹幕池中出现大量类似于"不愧是佳洁士代言人""只要佳洁士,谢谢"的粉丝刷屏弹幕。

弹幕功能在主流视频网站的开放并且实现部分收费本身也属于商业文化对弹幕亚文化的收编。受众通过购买VIP等方式可以发布设计多样的高级弹幕,这使弹幕原本的交流意义更多转变为展示意义,具有了商业色彩。爱奇艺视频还增加了"梗弹幕"功能,即点赞评论数高的弹幕就会成为带有特殊设计的"梗弹幕",这使得受众发布关于广告的弹幕时更注重文本的趣味性和娱乐性,抵抗意义被淡化和消解。

而当前社会中消费文化的渗透也在一定程度上改变了受众的思维习惯，对商业行为的接受度的提高逐渐消解了受众的抵抗行为。而在网络剧广告中由于广告植入方式的多样性和隐蔽性，很多受众也自然而然地接受了网络剧中无处不在的广告植入或插入，甚至对广告内容产生了一定的兴趣。这在弹幕文本中体现为对广告内容、广告商品以及广告行为的正面或中性的讨论。如针对网络剧《重启》中出现的多处"感康"感冒药植入，弹幕文本中出现了"金主爸爸来了""金主爸爸你好""知道了，这集特效钱感康出的""感冒药来的毫无违和感"等对广告行为表示理解和接受的表达，也出现了"感康很好用""不过我吃感康也很管用""感康包装这么高级"等对于广告商品相对正面或中性的态度表达。

六、受众弹幕互动行为对网络剧广告的价值

尽管网络剧广告受众发布的弹幕对广告内容存在一定的抵抗意义，但这些抵抗意义在网络剧广告商业化和娱乐化的语境中很大程度上被削弱或消解了。且对抗式的表达大多与广告内容或呈现方式有关，可以通过广告创意设计的修正得到改善。同时弹幕作为一种与广告互动的方式，对于广告本身也存在一定的积极意义。受众弹幕互动行为对网络剧广告的价值主要体现为传播价值和营销价值两个方面。

1. 传播价值

首先对于广告主来说，弹幕可以直接反映受众在观看广告时的感受以及对广告及商品的印象和购买意愿，对于其观测广告效果、修正广告内容、调整投放策略、定位目标受众都具备一定的参考意义。同时，弹幕也为广告主与受众的即时沟通提供了一个便利的渠道，弹幕池可能会成为广告传播的新领域。

其次，受众的弹幕互动行为对于网络剧广告的内容具有两方面价值。一方面弹幕为广告作品增添了新的内容，拓展了广告作品的意义空间，也使广告作品始终处于动态变化中。另一方面受众的弹幕反馈对于广告的内容创意与设计也具备一定参考价值，即便是负面的表达对于广告设计与呈现方式的修正也可以作为参考性的依据。

最后,从传播效果上来看,网络剧广告受众的弹幕互动行为对于广告内容的传播具有促进作用。丰富有趣的弹幕内容作为广告作品的附加意义会吸引一部分观众观看广告甚至关注到广告作品的部分细节,起到一定的引流作用。而弹幕中与广告内容以及广告商品相关的讨论对于广告来说也是一种二次传播,有利于加深受众对广告的印象,实现广告的宣传目标。

2.营销价值

基于弹幕互动行为对网络剧广告的传播效果的积极作用,发布弹幕、观看弹幕以及参与互动的行为都是对广告内容的认知和理解的加深。广告和弹幕共同作用、反复诉求,提升了广告的营销效果,加深受众对广告品牌和商品的了解,使受众形成深度记忆,提升品牌认知度的目的由此得以实现。

另外,网络剧广告中的弹幕对受众来说是即时的互动或娱乐化的狂欢,对广告的营销来说则提升了广告的影响力,影响了受众对于现实环境的认知。对于广告内容的关注度和参与度的提升会加深受众对广告品牌或商品的印象,而对剧情的记忆和喜爱也会提升受众对于广告品牌或商品的好感度,从而在受众有需求时进一步刺激消费行为,甚至达到直接刺激受众产生需求的效果。

七、结语

根据《中国互联网广告发展报告 2019》,网络视频内容付费规模达到645.59亿元,三大长视频平台(爱奇艺、优酷、腾讯)会员收入规模有可能达到300亿量级。[①] 随着视频网站付费模式的用户接受度的逐渐提高,原有的贴片广告等广告形式的传播效果必然受到影响,植入广告和中插广告等融入网络剧剧集的广告形式成为广告主更优的选择。网络剧广告自身的兼具艺术性与故事性的内容特征引发了受众的弹幕互动行为,而受众弹幕尽管表达了一定的抵抗意义,也体现了受众的观看体验和意见,同时还促成了广告内容的延伸和二次传播,为广告的传播和营销提供了助力。因此网络剧广告中的弹幕应

---

① 陈永主编:《中国互联网广告发展报告 2019》,中国市场出版社 2019 年,第 130—131 页。

该得到更多的关注、分析和引导。一方面无论是广告主还是广告设计人员都应关注到通过弹幕表达的受众反馈，及时分析受众数据并适当调整广告投放策略和内容创意，另一方面网络剧广告播放期间的弹幕池也应该作为广告互动营销的新平台而受到重视，通过直接互动或间接引导的方式利用其中的受众言论来推动广告效益的最大化。总之，网络剧广告受众的弹幕互动行为对于广告传播和营销具有积极作用，应该把握住这种新的传播途径，以适应网络剧广告传播环境的不断变化，拓展广告互动与营销的新领域。

（张玉，同济大学艺术与传媒学院副教授；汤佳佳，同济大学艺术与传媒学院 2020 级硕士研究生）

Research on the Interactive Behavior of the Audience of Internet Drama Advertising through Barrage

Zhang Yu　　Tang Jiajia

Abstract: We expound the characteristics and marketing of internet drama advertising, systematically analyze the production, interactive model and text content of interactive behavior through barrage of the audience of internet drama advertising from the angle of youth subculture theory and combine with the spreading and cultural characteristics of network new media, study the audience's multiple interpretation and interactive communication of internet drama advertising in this paper. According to the research, the audience's interpretation and interaction of internet drama advertising have more positive significance, and the interactive behavior through barrage has both communication and marketing value for internet drama advertising, which creates a new field for the interaction and marketing of advertising.

Keywords: Internet Drama Advertising; Youth Subculture Theory; Barrage; Interactive Behavior

二次元青春片:全媒体时代青年文化的电影表达[①]

桂琳

摘要:学界目前对以2013年《致我们终将逝去的青春》为开端的一批青春片的研究,忽略了其与以网络为主体的全媒体环境的重要关联,导致目前对这批青春片的研究结论可能是有偏差的,对21世纪以来青年文化大加批判也可能并未命中靶心。本文聚焦全媒体时代的青年文化,以"青年异托邦"为关键概念对这批"二次元青春片"展开重新的研究,将它看作观察全媒体时代青年文化乃至整个社会文化的重要窗口。

关键词:二次元青春片;青年异托邦;全媒体时代;青年文化

2013年《致我们终将逝去的青春》(在后面的论述中简称《致青春》)上映并赢得了极高的票房。由此为开端,国产青春片形成了一轮类型发展潮,目前这

[①] 本文系中国社会科学院大学新文科卓越研究项目"跨媒介文艺的理论建构研究"(项目号:02011903820235)的中期成果。

轮类型热潮余温仍在。这股青春片热潮也引起了学界的重视，各种研究文章从2013年开始就不断涌现。其中有一些关键的问题比如怀旧、爱情等也被学者们不断提出并进行讨论。而且对这轮青春片的研究已经突破了电影研究领域，文化研究学者也以此展开对21世纪以来的青年文化的研究。

但是，学界目前的研究都忽略了这批青春片与媒介的重要关联。从其来源来看，这批青春片中的绝大部分作品都是由网络小说改编的。更关键的是，这批青春片表达的是在以网络为主体的全媒体环境下成长起来的年轻人新的成长体验。本文将这批由网络小说改编或更广泛意义上与网络文化相关的青春片统称为"二次元青春片"。[①] 如果忽略了重要的媒介角度，学界目前对这批"二次元青春片"中重要类型元素如怀旧、爱情等的探讨结论可能是有偏差的，对21世纪以来青年文化大加批判也可能并未命中靶心。本文打算聚焦全媒体时代的青年文化这个视角，对这批"二次元青春片"展开重新的研究。

一、21世纪以来的青年文化：从媒介异托邦到青年异托邦

21世纪以来的网络青年文化由"大话文化"[②]作为开端。经过了十几年的发展，随着网络对社会文化的影响力日益扩大，本来盘踞于网络的青年文化逐渐渗透到主流文化之中。网络小说的火爆进而带动影视改编就是一条很常见的"破圈"路径。2013年的《致青春》所开启的"二次元青春片"类型就是"破圈"

[①] 电影研究界普遍将2014年作为电影互联网时代的元年，同时2014年围绕着互联网与电影的讨论也在研究界慢慢升温，但这些研究主要还是聚焦在产业视角上。不过有敏锐的学者已经发现了网络进入电影也反映着文化的冲突和分化。2014年《当代电影》杂志在第11期策划了一组关于"网生代电影"的文章，在《网生代与互联网》这篇谈话文章中，尹鸿就提出"'网生代'电影，其实在一定程度上反映了社会文化的某些冲突和分化，也带来电影市场和电影评价的分化"。网络与电影的文化讨论从2015年开始在学界升温，"网生代电影"、IP等更重视网络对电影产业影响的概念开始为"二次元"这个更重视网络文化的新概念所取代。2016年《当代电影》第8集中刊发了一批研究"二次元"与电影的文章，是当年举办的第22期中国电影学博士生论坛的成果，属于国内首次。"二次元"文化与电影美学和"二次元"与电影文化空间两个单元集中聚焦了文化意义上的"二次元"与电影的关系。基于这样的学界研究背景，本文采用"二次元青春片"这个类型命名，主要是强调这批青春片与网络文化以及以网络文化为核心的全媒体文化的密切关系。

[②] 周星驰的《大话西游》1999年在内地青年中引发的热潮后来持续升温并不断扩展，逐渐形成了"大话文化"。

的成功产物,并绵延至今。

随着"大话文化"的兴起,21 世纪以来的青年文化研究也出现了两次小高潮:第一次是"大话文化"研究高潮。代表性研究者陶东风以"消费主义""犬儒主义"来把握"大话文化",进而与后全权社会理论结合起来。[①] 陶老师的分析是有其说服力的。但由于忽视了"大话文化"的媒介属性,其结论可能是有偏颇的。因为如果从媒介角度重新解读"大话文化",它也可能是电子场景[②]下成长起来的青年人的一种主动变革行为。作为青年文化的"大话文化"兴起,也是整个社会文化在电子场景下行为模式转变的一个信号。[③] 第二次则是"二次元青春片"研究高潮。以周志强为代表的这批研究抓住这些"二次元青春片"中的怀旧和爱情两种重要类型元素,讨论"新怀旧美学"和"卑恋情结"。研究者追究其产生原因,仍然是"不断强化的资本机制和日益科层化的社会结构,造就了当前中国社会的单向度趋势"[④],"社会完全被功利主义、物质主义和市侩主义所浸染"[⑤]。

从"大话文化"到"二次元青春片",中间相隔十几年的时间,也是网络青年文化飞速发展的十几年。但文化研究学者们的研究结论则很相似,基本都是批判的立场,并且将其与日益扩大的消费主义和日益强化的科层化社会结构等联系起来。但这些对青年文化大加批判的研究,对于整日沉溺于网络及其全媒体世界的青年们来说,也许仅仅一句"I don't care"就可以打发掉。因为所有这些批判都发生在那个他们并不 care 的现实世界。而他们有一个自己的以网络为核心的全媒体世界,我称之为媒介异托邦。这个媒介异托邦不是单数,而是多如牛毛的网络社群组成的复数。借助这些媒介异托邦,青年文化建立了一个充满象征意味的青年异托邦。这不仅是理解 21 世纪以来青年文化的另一个入口,也是理解整个当代文化的一个窗口,因为青年文化往往也是整

[①] 陶东风、徐艳蕊:《当代中国的文化批评》,北京大学出版社 2006 年,第 249—276 页。
[②] 这个概念由美国媒介研究者梅罗维茨提出,主要为了与"印刷场景"相对。具体论述可以参看约书亚·梅罗维茨著,肖志军译《消失的地域:电子媒介对社会行为的影响》,清华大学出版社 2002 年。
[③] 桂琳:《"电子场景"下青年文化的"中区倾向"——对"大话"文化的一种阐释角度》,《内蒙古社会科学(汉文版)》2006 年第 6 期。
[④] 周志强:《青春片新怀旧:卑恋与"多语性失语症"》,《文艺研究》2015 年第 10 期。
[⑤] 周志强:《青春片的新怀旧美学》,《南京社会科学》2015 年第 4 期。

体社会文化的一种征兆。

异托邦这个概念最早来源于福柯。研究者在阐述福柯所提出的这个概念时,强调了异托邦的几个特点:一是异托邦并不是彼岸世界,而是镶嵌在我们文化内部的空间,但又以它的异质性存在进行毁坏、颠倒、抗议。异托邦存在的功能就是"呈现、命名、反映、中立、抗议甚至颠倒常规空间的秩序和逻辑"。① 二是异托邦数量繁多,"'异托邦'的抵抗性不在于自身有多么强大,而在于它们多如牛毛,却非一盘散沙"②。以网络为主体的全媒体正提供了媒介异托邦存在的可能性。而21世纪以来对中国青年文化影响巨大的文化文本,也确实都与媒介异托邦有极大的关系。

我们要考察的第一个文化文本就是周星驰的《大话西游》。1999年左右《大话西游》在中国青年人中的意外走红,对研究21世纪以来的中国青年文化来说意义重大。它的意外走红实际是世纪之交中国媒介文化与青年文化交汇所产生的结果。《大话西游》被在电视熏陶下成长起来,又作为中国第一批网络使用者的年轻人,拿来作为自己的文化资源和武器,向印刷媒介主导的父辈文化提出挑战。仿照《大话西游》,青年人制作了大量的大话文本,形成了一股"大话文化"的潮流。他们采取的文化策略包括故意以降格的方式将经典作品和经典英雄拉下神坛;把周星驰电影中的无厘头小人物当作新的英雄;对各种文化资源都采取为我所用的自由姿态,任意拼接和组合等。这些策略本身就属于异托邦策略,使青年文化与现实世界形成若即若离的关系。

在《大话西游》中,孙悟空和至尊宝生活在两个世界,但又是同一个人,就是对这种异托邦与现实世界的并置表达。这种前世今生的人物形象塑造和情节结构,后来也成为中国网络青春题材小说中最核心的内容架构。作为《大话西游》网络同人小说的《悟空传》在2000年更新完,是早期中国网络小说中影响最大的作品之一。2011年《悟空传》(完美纪念版)的封面醒目地写着:畅销十年不朽经典,影响千万人青春。《悟空传》写于作者今何在大学毕业后的第

---

① 张锦:《"命名、表征与抗议"——论福柯的"异托邦"和"文学异托邦"》,《外国文学》2018年第1期。
② 邵燕君:《从乌托邦到异托邦——网络文学"爽文学观"对精英文学观的"他者化"》,《中国现代文学丛刊》2016年第8期。

一年,虽然仍旧写的西游故事,但已经向一代人的青春故事在转移。《悟空传》中西天取经的人物群像完全可以被看作"世纪之交中国青年的社会镜像"。[①]它也是电子场景下成长的中国青年第一次强烈的自我成长表达。除了语言风格与《大话西游》相近,《悟空传》也采取了前世今生的人物形象塑造和情节结构。孙悟空因为失忆,忘记了自己曾经是齐天大圣,变成了浑然不知的取经人,生活在两个世界,但仍然是同一个人。

辛夷坞 2007 年在晋江文学城连载的《致我们终将腐朽的青春》同样关注青年人从大学进入社会的转折时期。只不过今何在是借《大话西游》来浇自己的块垒,而辛夷坞则直接描写 21 世纪以来的都市青春。与前两个"大话"文本的前世今生的结构相似,主人公郑微的青春故事里同样隐含着同一个人的两个世界和两种人生。一个是在大学挥霍青春,敢爱敢恨的郑微;另一个则是工作后迅速成熟的郑微。上一个镜头还是毕业时说着"我吃什么亏了,这事就图个你情我愿,谁也不欠谁"的为爱服输的郑微;后一个镜头就是那个毕业工作后谨慎细致,熟通职场规则的郑微。在这两个世界的设定中,主人公们都更推崇那个自由而奔放的世界,也就是他们作为精神归宿的异托邦世界。但更值得我们注意的是,对于现实人生,他们也不再有强烈的改造欲望,而是作为无可逃脱的宿命接受下来。由此将异托邦与现实人生两个空间并置在一起。

第二个文化文本是以《新世纪福音战士》为代表的一批携带着后现代御宅族文化基因的日本动画作品。御宅族指的是与日本动漫文化相关的亚文化趣源团体,它产生于 20 世纪 70 年代。东浩纪在《动物化的后现代:御宅族如何影响日本社会》中将 20 世纪 80 年代前后出生,《新世纪福音战士》(以下称《EVA》)热潮时的粉丝群体称为后现代御宅族。《EVA》导演庵野秀明自己就是一个御宅族,并将御宅族的情感和思想通过机器人动画这种类型表达出来。男主角碇真嗣就是御宅族思想和情感的一个象征,他想逃脱体制的束缚,又身陷其中。种种矛盾让他选择在自己和他人之间树立起屏障,封闭自己。后现代御宅族文化体现的是青年一代面对社会和生存压力的矛盾心态,"如此矛盾让他们封闭自我空间、疏离人际关系、对社会共同体的规范漠不关心,迷失在

[①] 邵燕君主编:《网络文学经典解读》,北京大学出版社 2016 年,第 31 页。

动画的亚世界里,(他们)是人际关系薄弱、不擅表达感觉与情绪的一代"①。

1995年《EVA》刚刚问世,就在中国通过各种途径被动漫爱好者熟知并迅速走红。在2001年,译制的《EVA》更是在中国各电视台播出,进一步扩大了它在中国的影响力。这个时间与《大话西游》在内地的走红几乎同时。随着《EVA》这样的日本动漫作品传入中国,很多中国青年网络文化的流行词语都来自日本的御宅族文化,比如宅、萌、有爱、羁绊、中二等。御宅族最大的特点就是沉浸在自己的世界里,处于与外界隔绝的状态。外部世界往往被他们设定为残酷和冰冷的状态,而以动漫为载体的御宅族文化世界内部则强调了情感主义的逻辑。御宅族将自己的强烈情感都投入动漫作品所建构的世界之中,用来满足自己强烈的情感需求。我们在御宅族文化中再一次看到了由动漫作品所建构的异托邦世界与现实世界的并置。御宅族对由动漫作品所建构的异托邦世界投入了大量的情感,而对现实世界则是漠不关心。

从以上两个文化文本可以看出,以网络为主体的全媒体空间给予了青年异托邦存在的条件,并对其不断肯定。无论"大话文化"还是御宅族文化,都以异托邦世界与现实世界的并置来形成自己的文化表达。而网络小说、动漫作品等这些媒介文化产品又成为青年异托邦建构的主要文化资源。异托邦的激情澎湃与现实人生的呆板宿命在全媒体时代的青年心理空间是同时存在的,他们的深情与冷漠都藏在其中。我们以这种异托邦思路再来看"二次元青春片"中的怀旧与爱情表达,就会发现它们实际是青年异托邦与现实世界进行区隔的产物,怀旧的完美与爱情的决绝都是为了与现实空间划清界限。

二、作为空间区隔策略的"怀旧"

目前对"二次元青春片"中怀旧元素的研究从研究范式上都延续了传统时间向度的怀旧研究思路。其实已经有学者注意到了"二次元青春片"中对怀旧时间和现实时间处理的不同,"青春时间仍属于一种历史时间,而另一重时

---

① 李彦:《日本动画类型化思考》,《日本研究》2010年第3期。

间——现实时间则被处理为极度平面而非历史的"[①]。需要进一步追问的是，如果说现实时间因为极度平面而呈现出非历史的特征，"二次元青春片"那种过分唯美与极致浪漫的怀旧时间处理方式，不是同样也呈现出非历史的特征吗？而这种将怀旧与现实都进行非历史的处理并进行强烈对比的表达方式，在之前的青春怀旧作品中是没有出现的，是"二次元青春片"的怀旧与之前的怀旧极其不同之处。

福柯认为异托邦正是在传统时间完全中断的情况下开始发挥作用的。我们可能也需要转变对怀旧的研究范式，从时间向度的怀旧转向空间向度的怀旧，才能够理解为什么"二次元青春片"中要将怀旧与现实进行如此强烈的非历史化和并置处理？"二次元青春片"在青春时光与成人生活之间设置了一个独特的接口空间：校园，而且有意将其进行一种封闭化、唯美化和抽象化的处理。校园时空中的故事设定、人物形象设定、场景设定又都暗含着一种强烈对比，即青春时光与成人生活的对立。"二次元青春片"也完全省略了描写主人公们在校园生活和成人生活之间冲突过程的阵痛经历和变化，这恰恰是传统青春片最着力描写的成长主题。主人公都是突然长大，毕业即成人。由此可见，"二次元青春片"中的怀旧实际上是一种时间化的空间表达，是全媒体时代青年人对时空体验的不同形式。怀旧作为一种空间区隔策略，将他们自己的异托邦世界与现实世界区隔开来。

《致青春》中郑微和陈孝正这对恋人被塑造成校园时光中两个对立的个体，同时又是年轻人的一体两面。郑微代表着年轻人在走入可怖的现实之前最后的挥霍机会。陈孝正反而代表了大学校园中对未来焦虑从而打拼的真实年轻人。很显然，"二次元青春片"中正面价值都给予了前者。我们同时还要注意另一个现象，挥霍青春的郑微在走入工作岗位后，立刻就被塑造成了一个精明和谨慎的职场精英。她似乎不需要痛苦的成长，因为在两个时空中她很自然地选择了两种行为逻辑。校园时光的奋不顾身和放纵挥霍并不影响她走入职场后立刻对职场的理性规则和逻辑了然于心。

为了表现这种区隔，影片才会将校园时光高度抽象为各种怀旧符号堆积

[①] 唐宏峰：《怀旧的双重时间——〈匆匆那年〉与80后青春怀旧片》，《当代电影》2015年第2期。

的美丽景观,通过怀旧的色调、场景、道具、事件以及音乐来实现,使青春影像散发出一种朦胧渺茫的美感。毕业离开校园的故事桥段会在影片中被突出并以夸张的方式呈现。它就像异托邦与现实空间的区隔点,通过一种狂欢化的表现手法来将校园中的青春与校园外的现实泾渭分明地放在两端。而离开校园后的现实生活在影片情节上往往被弱化,而且在校园时光中浪漫幻想、个性各异的青年人在毕业后都清一色地成为所谓城市中的成功人士的刻板形象。《致青春》中的郑微、阮莞、朱小北等人成了干练的白领。家境最贫寒的黎维娟变成了阔绰的老板娘。陈孝正成了事业有成的海归。类似的情况还有《匆匆那年》里人物的成功群像,《何以笙箫默》中的律师与摄影师,《原来你还在这里》里的白领等。

区隔与对立不同,对立强调了斗争,区隔则强调了各不相同和互不打扰。"二次元青春片"中的怀旧设置之所以如此美好、单纯甚至虚幻,是因为这个异托邦世界是年轻人自己的地盘,他们可以为所欲为的地方。而与此相对的,是他们很清楚的现实世界及其逻辑。他们不在意,但会照规行事。很多研究网络文学的研究者也都注意到了网络媒介所带来的"线上"与"线下"的新的空间体验,"这种区分带来了主体性、自我与身份的深刻变化,精神摆脱躯体的物质束缚,似乎能以现实化的形式成为虚拟空间中的幻想天使"。[①] 当青年人将媒介异托邦作为自己文化的主要表达空间之时,他们与现实世界的距离实际上是不断拉大的过程。一方面是在他们不"care"的现实空间中,他们可以毫无负担地与之形成共谋。另一方面就是在那个异托邦空间以更大的强度表达激情、牺牲与反抗。"二次元青春片"中的"爱情神话"就是这样诞生的。

三、作为价值观区隔结果的"爱情"

除了怀旧,爱情也是这批青春片中研究者集中探讨的话题。学者们普遍认为这批青春片中的爱情描写过多过滥,并认为其中的爱情描写只是用来装饰苍白的青春。这些分析当然都没有错。只是除了批判,我们还需要探讨爱

---

① 黎杨全:《网络穿越小说:谱系、YY与思想悖论》,《文艺研究》2013年第12期。

情在"二次元青春片"中到底承担怎样的功能。

实际上,爱情在"大话"文本和御宅族动漫中就是十分重要的内容。在《大话西游》中,爱情是其中解构一切之后唯一留下的可能性,代表着唯一残存的理想主义。《悟空传》延续了这种爱情神话,作品中虽然充满了怀疑的色彩,有一种比《大话西游》更强烈的悲观气质,但书中为每个主人公都保留了爱情:孙悟空和阿紫、猪八戒和阿月、小白龙和唐僧,爱情似乎是他们被摆布的宿命中唯一可以自主决定的东西。选择义无反顾地爱一个人,就是一种对唯一残存的自由选择的表达。

《致青春》中对爱情的理想主义气质仍然是坚持的。但值得注意的是,郑微和阮莞对爱情都是勇敢和执着的,但她们所选择的爱人却是极其不完美的。女神般的阮莞选择的是胆小懦弱的赵世永,迷人的郑微选择的则是谨慎自私的陈孝正。而这种爱情与爱人的矛盾带来的必然结果就是失败的爱情。有研究者将此解读为年轻人的一种渴望绝境,"无论郑微还是阮莞,她们本质上是难以忍受平凡的,然而面临的又是一个任何理想都无处安放的现实,于是爱情的幻境成为她们寻找主体价值与人生意义的最后一片土壤"[①]。这个观点的有趣之处是强调了爱情主人公一种主动的选择绝境。我们可以用拉康提出的自由选择的观点来解释这种爱情模式。

拉康提出过两种自由选择,一种是理智的自由选择,一种则是心的选择。理智的自由选择实质上总是在一套隐秘的既有价值框架下做出的选择。这样的"自由选择"实则根本上就不是由主体依据自己的自由所做出的,而是背后那一套意识形态价值系统所(先定性地)做出的。用拉康的术语就是由"大他者"所做出的。真正的自由选择则是理智上已经想清楚了这一选择的所有不利乃至可怕后果,但仍然去选择它。主体性的自由正是在激进拒绝那无形但却无处不在的一整个意识形态框架中显现自身——在这一激进拒绝中,人真正地从必然走向自由。"这些最为激烈、最为感动人的爱情,本身都是被理智判了死刑的爱情。但正是在这样的爱情故事中,刺破理智(日常意识形态之矩

[①] 邵燕君主编:《网络文学经典解读》,北京大学出版社 2016 年,第 235 页。

阵)冲决而出的爱情,达到了情之至极。"①郑微和阮莞对爱情的选择在某种意义上就是一种真正的自由选择,即明知会失败却仍然选择的自由,由此保留了爱情的理想主义气质和超越性力量。这样看来,"失败的爱情"恰恰是青年异托邦的一种价值观选择。

在《匆匆那年》中,方茴对陈寻的爱情最独特之处就是强调一种不可改变。只要相爱,就必须天长地久。爱情超越了正常青春爱情的特征,似乎成为一种渴望永恒的执念。当男主人公陈寻正常地成长并有了新的爱人后,方茴宁愿自毁也要守住这份爱情。这种爱情的执念和坚持与沈晓棠的现实爱情观恰成对比。方茴对爱情的决绝恰恰就是对青年异托邦对爱情作为超越性力量的维护。正是这种对爱情的态度也让方茴成为《匆匆那年》中最有资格代表青春的真正核心人物。因为作为超越性力量的爱情代表的是对现实世界理性价值观的激烈反抗和毫不在意,这恰是青年异托邦所珍视的价值。由此我们才能理解为什么"二次元青春片"中对校园爱情的呈现往往以"失败的爱情"为主,并且赋予爱情一种不顾一切的决绝气质。

但这样的"爱情神话"只在校园时光中才是成立的。以郑微为例,一旦走出校园,她的爱情逻辑就在发生转移,爱情的超越性力量在此被完全否定。从她最后选择林静的结局来看,爱情变成了你情我愿,各取所需的利益交换,也是平凡生活的一种保证。而那些非要在现实世界中坚持"爱情神话"的主人公,要么只能是如阮莞一样的死亡结局,要么就是如方茴那样在后来的现实时空中几乎消失,自身成为一种被讲述和追忆的神话。

四、青年异托邦的坍塌危机

以上我们对"二次元青春片"中的重要类型元素——怀旧和爱情进行了重新分析。这批青春片都自觉地选择了一种区隔策略,表征的是 21 世纪以来的青年人追求自由与承认宿命在精神世界里的并存。怀旧和爱情因为承担了青

---

① 吴冠军:《"只是当时已惘然"——对〈色·戒〉十年后的拉康主义重访》,《上海大学学报(社会科学版)》2018 年第 1 期。

年异托邦和真实世界的区隔功能,从而成为"二次元青春片"的重要类型元素。按福柯对异托邦的分类来看,这个青年异托邦似乎更接近危机异托邦,①其中的主要特点就是禁止别人入内。正是因为这种禁止性,所以作为区隔标志的怀旧和爱情才变得如此突出和重要。但以网络青年文化被改编为"二次元青春片"的过程来看,这个青年异托邦实际上从一开始就是脆弱和被逐渐侵入的状态。

如果说早期的"大话文化"文本还是少数作者和读者自发的网上行为。2002年起点中文网的成立并推出付费阅读,可以看作中国网络文学发展的转折点。文学网站的商业化运用快速发展并趋向成熟,使网络文学作家、作品和读者的数量都在剧增。到2010年左右,网络文学市场已经十分繁荣,作品类型众多,数量巨大。网络小说采取的是一种全版权的商业运作模式,一篇网络小说发表之后,它的付费阅读、影视改编、各种版权交易也就同时在进行。如果一篇网络小说的读者阅读情况良好,顺理成章地就会被改编为影视作品。2014年被研究者看作网络文学发展的又一个转折点,"声势浩大的净网行动和同样声势浩大的资本行动,让网络文学感受到前所未有的震动"②。实际上,资本行动也是2013年之后网络小说被大量改编为"二次元青春片"的重要原因之一。

"二次元青春片"由此也成为我们观察青年异托邦被资本等权力话语逐渐渗透并演变发展的窗口。这个演变过程让青年异托邦与福柯对异托邦的乐观判断之间的距离似乎越来越大,研究者们也忧虑地提出疑问:"以'异质性'为语义基础的'异托邦'必须要警惕的是,在经济全球化的时代,'差异'本身是否依然还有那份反抗性存在?是否已经成了资本收编的对象?是否因此助长了它原本所反叛之物?"③以2016年上映的《微微一笑很倾城》为例,从表层故事文本来看,它很精巧地通过网络游戏与现实生活两个时空将虚拟世界和现实

---

① [法]福柯著,王喆译:《另类空间》,《世界哲学》2006第6期。
② 邵燕君:《"媒介融合"时代的"孵化器"——多重博弈下中国网络文学的新位置和新使命》,《当代作家评论》2015年第6期。
③ 肖炜静:《福柯"异托邦"在汉语世界的语义分叉、创生驱力及理论反思》,《华文文学》2017年第6期。

世界进行并置。但此时的并置不再是一种区隔,反而变成了同构。无论在虚拟世界还是现实世界,爱情都变成了高富帅和白富美才能玩的游戏,早期"二次元青春片"中对爱情超越性的表达则完全被去除。电影最后的结局也充满意味,这对"人生赢家"最终被资本垂青和收购。

从"二次元青春片"中的主人公形象也可以看到一些变化。早期网络文学将周星驰电影中的无厘头小人物作为自己的英雄,还具有反叛性的一面,像《悟空传》中的悟空形象就表现了强烈的反叛色彩。但随着网络文化的发展,无厘头英雄却逐渐被"屌丝"英雄取代,如《夏洛特烦恼》中的夏洛和《煎饼侠》中的大鹏,都是这种"屌丝"英雄的代表,他们的自恋与无力感代替了无厘头英雄曾经的反叛性和异质性。"屌丝"英雄在现实世界里几乎没有太多翻身的机会,只有靠在异托邦中做梦或奇迹出现才能虚幻地实现人生的某种变化。他们"在凡人与英雄、无力与超能力之间撕扯和跳跃,凭借无来由的超能力试图改变生存状态,并实现其梦想,反而更映衬了主人公在现实面前的无力"。[①]

随着青年异托邦被大举地入侵,近期的"二次元青春片"呈现出两种发展方向:一种发展方向以 2018 年大火的《前任 3》为代表,青年异托邦在电影中几乎消失,完全被现实世界吞噬。不仅其中的爱情描写完全为金钱与欲望所统治,价值观也变得极其保守。作为早期网络青年文化圣经的《大话西游》元素在电影最后成为完全多余的装饰物。另一种发展方向则是以 2019 年的《最好的我们》为代表,现实世界完全消失,剩下的则是更加梦幻的校园生活细节。这似乎在昭示青年人的另一种"投降"方式,与其在青年异托邦与现实世界之间纠结与痛苦,干脆将青年异托邦变成一个幻想乐园,其中只展现"YY"和甜宠。这种看似"甜蜜"的选择不过是现实世界对青年异托邦吞噬的另一种表现。现实世界不是在"二次元青春片"中消失,而是成为一种无可逃脱的无物之阵,"分明有一种敌对势力包围,却找不到明确的敌人,当然就分不清友和仇,也形不成明确的战线;随时碰见各式各样的'壁',却又'无形'——这就是'无物之阵'"。[②]因为媒体消费手段其实已经成为现代社会的一种隐蔽的管控

---

① 桂琳:《新世纪以来大陆喜剧电影的三种新形式》,《中国文艺评论》2018 年第 3 期。
② 钱理群:《心灵的探寻》,北京大学出版社 1997 年,第 123 页。

方式,当青年人以为自己在媒介文化产品中放飞自我之时,不过是让自己成为情感性劳力的一部分。媒介娱乐也不过是"更有效地促使人们自觉参与到意识形态复制生产的机制中去,而不断跟随和学习潮流已经变成毕生的任务"。[①]所以,青年异托邦不得不逃到更虚幻之处来进行一种自我催眠。

在目前这个以网络为主体的全媒体发展日新月异的时代,青年文化的走向依然扑朔迷离。随着现实逻辑对青年异托邦的大肆入侵,它是不是有土崩瓦解的可能? 或者以其他的抵抗方式继续存在? 无论如何,青年异托邦依然是一个我们观察全媒体时代青年文化乃至整个社会文化的重要窗口。因为异托邦总是处于一种外在性视角,这给予它机会去观看权力关系在常规空间的运作。

(桂琳,中国社会科学院大学文学院教授)

Quadratic Element Youth Film:
The Film Expression of Youth Culture in the Era of All-media

Gui Lin

Abstract: At present, the academic research on youth film starting from *So Young* in 2013 ignores its important connection with the all-media. As a result, the research conclusion on the important elements of this genre is biased and the criticism of youth culture may not hit the target. This paper focuses on the youth culture in the all-media era, and takes "youth heterotopia" as the key concept to re-examine these "Quadratic Element Youth Film", regarding it as an important window to observe the youth culture and even the whole social culture in the all- media era.

Keywords: Quadratic Element Youth Film; Youth Heterotopia; All-media Era; Youth Culture

---

[①] Thomas Elsaesser. "The Mind-Game Film", in Warren Buckland (ed). *Puzzle Films*. Oxford: Blackwell Publishing Ltd, 2009, p. 34.

后末日科幻想象里的性别、自然与解放
——以《疯狂的麦克斯：狂怒之路》为例

王雨童

摘要：本文从经典后末日电影《疯狂的麦克斯》系列的新作《疯狂的麦克斯4：狂怒之路》引发的文化争议入手，首先分析后末日电影类型形成的影像风格和故事模式，作为西部片变奏的欧美后末日电影遭遇英雄叙事危机；继而指出《狂怒之路》的创新焦点，即女性主角以女性赛博格这一深具潜力的科幻形象为后末日电影开辟新内容；最后指出，超越单纯的性别对立之争，《狂怒之路》释放出利用后末日电影思考生态问题的想象力。

关键词：后末日电影；科幻；《疯狂的麦克斯：狂怒之路》；赛博格

后末日电影是20世纪70年代后形成并在欧美广泛流行的科幻电影类型，在该类型的形成脉络中，《疯狂的麦克斯》(Mad Max)系列被视为故事类型和美学风格的奠基之作，以及商业化、主流化最成功的特许经营电影(Franchise Movie)案例。然而，依旧由乔治·米勒导演的《疯狂的麦克斯：狂怒之路》(Mad Max：Fury Road，2015)却在取得前所未有的商业成功的同时,引发了关于类型传统、性别议题的激烈争论:第一次由女性担任动作主角,后末日亚文化深刻的男性气质传统被着意淡化,支持者赞扬米勒反思科幻文化中性别偏见的勇气,反对者则将之视为讨好主流价值的媚俗之举。本文认为,该系列的演变深刻地内嵌在反映大众心理的流行影像中,但也以科幻文化的敏锐头脑捕捉到后人类领域有关性别的最新思考。超越了类型模式,《狂怒之路》重新启动了后末日电影的活力。

一、后末日电影:西部英雄主题的科幻变奏

后末日电影又称后启示录电影(post-Apocalypse film),名称借用自《圣经·新约》的最后一章《启示录》,它预言了使世界毁灭的大灾难以及世界末日的种种可怕景象,然而末日作为当代欧美社会普遍的文化想象,并非宗教灵感,而是直接来自冷战时期的核恐慌。从"二战"末期开始,美国在美洲沙漠和太平洋海域进行多次核试验,由于计算错误,1954年的"城堡行动"严重辐射了周围作业的渔船及上万人,引发了全球性的核恐慌和反核浪潮。直接受该事件触动,1954年日本首创《哥斯拉》(*Godzilla*)系列怪兽灾难片,人们开始把世界末日、大毁灭同核恐怖联系起来。此后,由冷战军备竞赛和技术进步引发的全球性毁灭,成为欧美科幻电影的集中主题,引发末日的原因也从核战争扩展至全球气候恶化、生物入侵、物种变异、资源枯竭等一系列问题。植根于20世纪70年代第一次石油危机的《疯狂的麦克斯》系列为末日想象确立了经典内容:煤炭、石油等燃料资源枯竭,以此为基础的工业文明崩溃,幸存者重新回到野蛮时代,汽车成为在末日生存生死攸关的工具。麦克斯本是一名工业社会末期的公路警察,为了复仇主动放弃了文明世界,自1979年第一部《疯狂的麦克斯》上映以来,末日、荒地、赛车、皮衣等视觉元素迅速发展为流行文化中的废土(wasteland)亚文化,并在其影响下产生了一系列影片,如《浩劫2000》(*Holocaust 2000*, 1977)、《生存区》(*Survival Zone*, 1983)、《废土战士》(*Warriors of the Wasteland*, 1983)、《失落世界的勇士》(*Warrior of the Lost World*, 1985)、《火轮》(*Wheels of Fire*, 1985)、《灰烬之国》(*Empire of Ash*, 1988)、《天雷地火》(*Cyborg*, 1989)、《暴力军团》(*Raiders of the Sun*, 1992)、

《末日杀戮》(American Cyborg: Steel Warrior, 1995)、《未来水世界》(Waterworld, 1995)、《邮差》(The Postman, 1997)等。"在核灾难、生物灾难和环境灾难引发的世界毁灭中,人类凭借个体行动而非集体或政府行为幸存"①,这类电影想象拥有固定类型的人物(作为英雄的男主人公、作为伴侣的宠物/儿童、作为奖品或受害者的女性)和固定故事模式,并形成独特的影像风格:突出环境,特写机械,用远景镜头展现人物的被动渺小;大量使用朋克美学体现末日的怪诞和混乱。《疯狂的麦克斯》系列最大的视觉创意就是被改装得奇形怪状的战斗车辆,它们由废弃部件拼接而成,布满尖刺、长矛和火焰喷射器,在《狂怒之路》中,一辆巨型卡车被改造成重金属摇滚乐舞台。如果说赛博朋克是由高楼、霓虹灯和雨夜组成的逼仄空间,那么废土世界就是由荒漠、尘土覆盖的机车和火焰组成的荒芜世界。为了生存,利用有限的资源拼贴乃至杂交出战斗方式、机车甚至是人本身,都不是无法想象的事情,用极限生存环境冲击现有认知框架内的审美,这即是废土美学的核心。

与被推至极致的视觉形成鲜明对比的是,后末日电影在叙事上并没有提供太多新意,而是多方借鉴了好莱坞经典类型电影的程序,它可被视为西部片的科幻变奏,也借鉴了黑色电影(Film Noir)里的硬汉形象,更无须赘言《疯狂的麦克斯》与公路电影的相似之处。以《原野奇侠》(Shane, 1953)为例,西部片总有一位沉默寡言、行动力强的孤胆英雄在西部荒野上漫游,保卫白人定居点的老弱妇孺免遭印第安人或匪帮侵害,并最终返回荒野。这一"战斗—捍卫—离开"的行动模式被《疯狂的麦克斯》系列继承:麦克斯在为妻儿复仇后离开文明社会(第一部);护送石油部落突围后驾车离开(第二部);战胜巴特镇邪恶力量后离开(第三部);帮助城堡人民摆脱不死乔统治后离开(第四部)。麦克斯只在必要情况下使用暴力,也有牛仔"峡谷里的最后一支枪"的身份矛盾:自身的暴力能力为他所维护的秩序所不容。《疯狂的麦克斯2:路上勇士》(Mad Max 2: The Road Warrior, 1981)中的野孩子(Feral Kid)喊出了《原野奇侠》牛仔离去时小男孩的声声呼唤"肖恩,肖恩!回来!",麦克斯最终和肖恩一样

---

① Gaeta, Luca. Planning to Survive: Imagining the World Catastrophe in Science Fiction. CRIOS, 2016, p. 1.

掉头离去，只有行驶中的汽车才是他的归宿。然而，如果说西部片主人公是《千面英雄》里完美的传统英雄，"(英雄)从日常生活的世界出发，冒种种危险，进入一个超自然的神奇领域……完成那神秘的冒险，带着能够为他的同类造福的力量归来"①，后末日电影的主角则不存在任何回归的可能，他无法让受印第安土著侵扰的峡谷重归宁静，无论是家庭还是世界都已被彻底毁坏，遭受玷污的英雄只有一个动机：生存。情况相似的还有以都市犯罪为题材的黑色电影，无论是悲观黯淡的影像风格，还是具有反社会气质的另类硬汉英雄，都为后末日电影提供了丰富的资源库：身处不可信任的环境中，遭到蛇蝎女性诱惑，奋力打斗却以迷惘收尾，在此本文不展开详述。总之，后末日电影将西部片、黑色电影、公路片中的男性主角在冒险中寻找自我价值的叙事延伸到终极灾难的未来，借此传递在20世纪70年代之后，经由第三次科技革命、后殖民运动和冷战局势的冲击，西方文化对传统英雄叙事的焦虑。

如果说西部片是通过召唤拓荒历史，重塑被两次世界大战冲击的男性英雄，被战争和女性运动损害的男性气质经由边疆神话修复，"西部是一个技术原始的地方，物理环境艰苦，社会基础设施并不存在，而女性的能力和地位也相应减少……它与文明和边疆的相遇无关，而与男性害怕失去自己的主人翁地位，从而失去身份有关，这二者都是西方持续重构的"②，那么后末日电影则在继承男性英雄的基础上，凸显新自由主义的个人观。后末日的景象既有关于彻底毁灭的恐惧，也唤起个人主义施展拳脚：集体行为只能导致竞争力/男性气质的衰落，它同女性、阴谋诡计和苟且偷生相关（最好的例子就是巴特镇），像麦克斯一样少数有竞争力的个体靠孤独保持强大。此外，后末日电影可被视为对西方主流基督教价值观的个人主义式解读。后末日英雄不仅是自我价值的捍卫者，同时也是带有明确基督教文化意味的救世主，甚至后末日电影中一类宣扬弥赛亚思想的影片被称为"福音主义电影"（evangelicalism films），如《艾利之书》（*The Book of Eli*，2010）、《末日迷踪》（*Left Behind*，2014）等，捍卫秩序同宗教卫道相重叠。尽管并未明言，但麦克斯作为（前）警

---

① ［美］约瑟夫·坎贝尔著，张承谟译：《千面英雄》，上海文艺出版社2000年，第31页。
② Tompkins, Jane. *West of Everything: The Inner Life of Westerns*. Oxford University Press, 1993, pp.44-45.

察的执法者地位显然曾经同理想核心家庭的象征性首领结合起来,他多次充当无力自卫的群体的指引者,甚至在《疯狂的麦克斯 3:超越钢铁苍穹》(*Mad Max 3: Beyond Thunderdome*,1985)中,一群部落孩童将麦克斯指认为救世主("the one"),并最终在麦克斯带领下找到了"应许之地"的对应地。然而这一切在《狂怒之路》中被几乎彻底颠覆,麦克斯不仅不再能维系悲情之余的强大,甚至连自我救赎都无力实现,影片甫一开头就被捉到不死乔(Immortal Joe)的城堡里做了奴隶血袋,整个系列中首次在精神上受到创伤,考虑到他最初的敌人就是因精神错乱而作恶取乐的飞车党,这似乎暗示麦克斯已然在废土中迷失自我。然而,与其说是性别议题剥夺了麦克斯的行动力,不如说是2008 年金融危机后人们对个人主义信念的持续崩溃。面对越来越频繁和深入的各种危机,个人主义从鼓励实现个人价值的成功学转变为个人自负后果、组织无须负责的风险学,人们无法再从孤胆英雄神话中获得慰藉,一种选择是《小丑》(*Joker*,2019)式的反英雄反秩序主角,另一种则是想象一类有行动力的新式主体,这便是《狂怒之路》的创新。

二、新主体:"赛博格在救赎的历史之外"

《狂怒之路》同前三部《疯狂的麦克斯》对比显得如此异质,一个原因是它同前作间隔了整整三十年的社会变迁,尤其是 20 世纪 70 年代的第二次女性主义运动将女性生育权利、职业性别平等、受教育权等作为社会共识,继而形成深刻影响影视作品的文化政治。同时,该系列也从澳大利亚小成本业余电影发展为预算 1.5 亿美元的好莱坞商业大制作,为了尽可能扩大受众范围,前作中饱受批评的性别场景必须要得到认真对待。为此,乔治·米勒为《狂怒之路》设置一系列女性角色,将生育自由作为叙事核心,并任用玛格丽特·西塞尔(Margaret Sixel)担任剪辑指导,"如果一个男性做(剪辑指导)的话,那就跟其他动作片没什么两样了"[①],这是第一次由女性负责好莱坞动作类型大片剪

---

① Gardiner, Margaret. *Mad Max: Fury Road- Stop the Presses! A Woman Edits an Action Film*, in *The Huffington Post*. 19 May 2015. Website.

辑。当银幕上首次出现福瑞欧莎手握象征着行动力的方向盘时,《狂怒之路》处于非常复杂的话语情境中:既有对后末日题材时代限定性的大胆反思,对文化政治思潮的积极吸收,又有经由好莱坞商业体制折射的含混暧昧。

我们很难仅将《狂怒之路》看作同属一系列的续作,而应看到它探索出后末日电影的新主体和故事。麦克斯无力于拯救,尽管最终他对着福瑞欧莎说出了自己的名字,完成了拯救自我的仪式,但这同上文所述的救世主相差甚远。虽然影片并未完全脱离传统英雄套路,如麦克斯刺穿福瑞欧莎的肋骨并将自己象征生命的血液赋予她,这一场景是对基督教创世神话的模仿,也是男性主角动作片的经典程式:英雄占有他的奖品(女主角)并给她一切。然而影片的积极意义不在于对男性英雄的削弱,而在于让多样的女性在后末日想象中占据充满可能性的位置。拍摄于20世纪七八十年代的三部前作常被视为"千禧年男性气质危机的早期路标""对第二波女性主义和厌女症的回应"[1],尽管末日亚文化不被西方主流社会接受,但它却分享着主流社会的性别价值:男性开车,男性主导,男性观看。前三部的女性角色不是处于极端被动、遭受伤害的位置上(如麦克斯的妻子杰西、部落战士莎凡娜),就是代表阉割威胁的邪恶化身(如巴特镇的控制者"阿姨"),这正是劳拉·穆尔维在1975年的经典论文中所说的:"一种主动/被动的异性分工也同样控制了叙事的结构……女人作为影像,是为了男人——观看的主动控制者的视线和享受而展示的,它始终威胁着要引起它原来所指称的焦虑。"[2]恰巧在女性主义视角进入电影研究四十年后,《狂怒之路》中的女性形象在男性观众的欲望目光外溢出,尽管有批评家认为逃跑的妻子们从形象上仍然属于充满性诱惑力的超级模特[3],但她们也以堪称莽撞的逃跑、欺骗和抗争摆脱了女性受害者的无力位置。更鲜明的形象是福瑞欧莎(Furiosa),她是司机、战士、拯救者,同时也是被拯救者、女儿、受

---

[1] Du Plooy, B. 'Hope Is a Mistake, If You Can't Fix What's Broken You Go Insane': A Reading of Gender, (s)Heroism and Redemption in Mad Max: Fury Road. Journal of Gender Studies, 2018, pp.1-21.

[2] [英]劳拉·穆尔维著,吴斌译:《视觉快感与叙事电影》,收录于吴琼编《凝视的快感:电影文本的精神分析》,中国人民大学出版社2005年,第9—11页。

[3] Jones, Eileen. Actually, Mad Max: Fury Road Isn't That Feminist; And It Isn't That Good, Either. In These Times, 18 May 2015. Website.

害者,虽然名字源自拉丁语 furiōsus(狂怒的)的她在整个叙事中居于核心,推翻了不死乔的残暴统治,但本身并不在末日救赎叙事中充任救世主。事实上,福瑞欧莎是一个跳出传统性别二分,因而跳出救赎传统的形象:她既像战争男孩一样以机油涂面,手持方向盘,也像妻子们一样身着布料服装,这暗示了她们同处于易受伤害的性别地位,性别对于福瑞欧莎来说不意味着任何固定的边界。

福瑞欧莎展现了赛博格(cyborg,机器与生物混合体)这一科幻文学及电影中经典形象的女性解放潜力,她可被视为从唐娜·哈拉维《赛博格宣言》中走出的女性赛博格。被人工/机械增强的女性战士在科幻类型中有其脉络,在《大都会》(Metropolis,1927)所代表的传统科幻想象中,具有威胁性的女性机器人被视为科技威胁和性威胁的结合,机械增强的身体也暗示着女性被控制、被塑造,并在思维/物质二元对立中处于劣势地位。或许是在《赛博格宣言》的召唤下,20世纪90年代初,勇敢、有行动力的战斗女性被主流商业电影接纳,如《终结者 2:审判日》(Terminator 2: Judgement Day,1991)的莎拉·康纳,《末路狂花》(Thelma & Louise,1991)里的塞尔玛和路易斯等,科幻电影也出现有主体意志的机械人女性,如《攻壳机动队》(Ghost in the Shell,1995)的草雉素子。赛博格不只被冷战军事控制论操控,还可以成为反抗压迫的有力女性形象,比如福瑞欧莎以机械臂勾住不死乔的呼吸面具并杀死了他,并在城堡众人面前展示自己残损的手臂,她的残疾不再被视为缺陷,而是一种可被增强、充满潜力的状态。她与机械臂的结合并非偶然,在有关生产、繁殖和想象领地的争夺战中,"有机体和机器之间的关系已经成为一场边界战争",种族主义和男性主导的资本主义传统以巩固二者的清晰界限为要务(如不死乔对自然降生的健康男婴的痴迷),被压迫的另一方则积极使用混合、越界和反叛来将自己从救赎历史中释放,产生有行动力的新主体。影片对救赎叙事相当警惕,这甚至在一定程度上破坏了它的商业逻辑,不少观众对电影缺失情感线表示失望,然而非此不足以让赛博格摆脱异性恋核心家庭所代表的拯救模式:"与科学怪人创造的怪物所期待的不同,赛博格并没有期待它的父亲通过修复花园来拯救它;也就是说,通过虚构一个异性伴侣,通过它在一个完成的整体,即城市和宇宙中的实现(来解救它)。"[1]此外,《狂怒之路》的自觉性还在于它拒绝了更大的救赎诱惑,即以母系社会神话替代父权制统治——即使前者承诺了共存和繁荣,但它仍属于旧日的神话系统。影片的转折发生在福瑞欧莎找到了绿洲和母亲部落之际,她被告知绿洲已经毁灭,母亲部落也因没有后代而即将消失,无论父神还是母神居住其间,伊甸园都无法延续。这曾是西部片实现意识形态效果的方法:通过财产和占有权的斗争,将荒无人烟的荒原改造为生机盎然的花园,继而宣告文明对自然的占有。[2] 与真正改善自然的行动不同,重建伊甸园将乌托邦放置在过去而非未来,试图通过回到一个未经破坏的起源来结束末日危机,这将抹去像福瑞欧莎这样不存在于起源历史中的赛博格,以及她们为了颠覆在末日被加强的暴力秩序所做的努力。最终,"赛博格的化身在救赎的历史之外"[3],母亲部落象征过去的草籽无法在废土上生存,不肯恋旧的赛博格女性驱车向无法预计的未来。

三、废墟上的自然再生

正如《赛博格宣言》所说,"我们需要再生,而不是新生"[4],跳出西方中心拯救叙事的后末日想象才真正具有想象"未来"而非"末日"的能力。末日电影同西部电影的生态有本质不同,西部荒野联系着尚未被资本开发的土地,拓展边界本身是增殖行为,而末日电影中的废土则意味着资本主义业已走到自身尽头,所有的生产资料(或者说生态)都已被榨取干净。后末日电影之所以能形成大众文化潮流,也正在于它几乎揭示了人与生态悲剧关系的必然性,这在20世纪后期频繁发生的极端天气、物种入侵、环境污染等生态危机中成为大众心

---

[1] [美]唐娜·哈拉维著,陈静译:《类人猿、赛博格和女人:自然的重塑》,河南大学出版社 2016年,第 318 页。

[2] Brereton, Patrick. *Hollywood Utopia: Ecology in Contemporary American Cinema*. Intellect Books, 2004, p.92.

[3] [美]唐娜·哈拉维著,陈静译:《类人猿、赛博格和女人:自然的重塑》,河南大学出版社 2016年,第 316 页。

[4] [美]唐娜·哈拉维著,陈静译:《类人猿、赛博格和女人:自然的重塑》,河南大学出版社 2016年,第 385 页。

理的一部分。影片将对女性和生态的压迫结构并置交缠,从而揭示出将生存空间变为末日的原因乃是资本主义父权制的一体两面。不死乔奴役的对象不仅是妻子、城堡里的平民,更有被他垄断的水资源,他将水称为"可乐水"(Aqua-Cola),讽刺性地揭露即使消费社会早已瓦解,商品拜物教符号魔力仍存这一事实。影片里出现的另外两个暴君也是晚期资本主义时代的漫画化形象,子弹农场主是无理智的战争狂热分子,燃气镇的食人者像银行家一样抱怨物资损失。在资本主义同父权制之间建立起必然关联的正是"资源",自然中的水、土地和女性生育都被彻底物化为与生产者自身割裂的资源,它们的价值只在被资本家/父权制家长的使用中显现:妻子们在不死乔囚禁她们的房间里写"我们不是物品",她们是生育工具,失去做妻子资格的女性被当作产奶工具,麦克斯则是造血工具。极端物化形成了毁灭文化:战争男孩们虽然身体不良,却将汽车发动机的电路图纹在胸口,以铬喷漆装饰,并在狂热的战争口号中死去。他们是资本主义逻辑自我毁灭的缩影:由于放射性污染,整个世界上长久没有健康的后代出生,不死乔、战争男孩等亦受其反噬,身患重病。这种导致自我毁灭的统治方式被生态女性主义学者生动地称为"有毒男性主义"(toxic masculinity)[1],毒素蔓延到了自身、环境和后代中,试图靠耗竭资源来超越自然规律的不死乔导致了自身的毁灭。

一般而言,后末日电影是对资本主义大崩溃后的想象,学者齐泽克曾说过"想象世界末日比想象严肃的社会变革容易得多"[2],当末日因其注定到来而在电影中得到详细展现时,我们却罕见终结末日、终结资本主义的另类选择,或与危机并存的希望。在商业电影本身所设定的意识形态限定内,《狂怒之路》对思考"生存在末日之后"做了尝试。表面上看,无论何种阵营,暴力是废土世界的唯一生存之道,即使是福瑞欧莎也不能逃过暴力逻辑,打碎暴力循环就只能让废土获得再生。当一位妻子询问母亲部落成员为何要杀人时,种子保管员说:"(生态还未破坏时)大家都能吃饱喝足,也不需要去杀人。"然而绿洲已然毁灭,微茫的希望在于本片结尾的仰拍镜头:福瑞欧莎与妻子们缓缓升入城

---

[1] Boulware Taylor. *'Who Killed the World': Building a Feminist Utopia from the Ashes of Toxic Masculinity in Mad Max: Fury Road*. The Journal of Film & Visual Narration, 2016, 1(1).
[2] Žižek, Slavoj. *The end of Nature*, in The New York Times. 2 Dec 2010. Website.

堡,那里有控制水源的开关。赛博格女性们能与之积极互动的不只有母系神话,也有长期关系复杂的自然。雪莉·奥尔特曼曾揭示出西方文化中女性—自然这组关联的负面意涵:西方文化中女性联系自然、男性联系文明的传统,使得女性被定义为生理属性、被动和原始的,尤其是在迫使自然服从文明的技术社会,类似的偏见根深蒂固,并由生物学背书:"女人吗?这也太简单了!热衷于搞简单公式的人说:她就是子宫,就是卵巢。她是个雌性(female)——用这个词给她下定义就足够了。"①因此,第二次女性主义思潮会选择"社会性别"(gender)这一范畴来消除"性"(sex)范畴的生物属性,强调社会文化对性别身份的建构,并减少对女性的自然/身体属性关注,如生育、哺乳或月经。去自然化的性别观对争取性别社会平等的斗争曾发挥过巨大作用,但在解放性别概念的同时也固化了"自然/文明"这组等级分明的二元对立。当资本在世界范围内对自然的破坏、占有和耗竭成为"资本世"(Capitalocene)的主要问题,甚至根本性地改变了生态基础时,重新思考"自然/文明"同性别的关系将会释放出另类选择的想象力:女性和自然不再等待被拯救,而是积极寻求一切被压迫者的解放,并超越征服与被征服的关系。

这也不得不提及本片的明显缺陷:当性别和自然得到解放的同时,种族和肤色却仍是不成问题的问题。本片仅有两位出现在片头字幕中的有色人种角色(妻子 Toast 与 Cheedo),仿佛种族等级比产生它的资本主义父权制更加顽固,在废土世界仍旧延续。考虑到囚禁、奴役、强制生育等剧情元素同时也是最常见的种族殖民历史片段,这种无视更凸显了构想普遍解放的困难:它不仅要始终同偏见作斗争,还要超越既有的思考和视野结构,希望只在彻底断裂中萌生。麦克斯曾经警告众人"希望是个错误,如果你修不好坏了的东西,你会发疯的",影片结尾,他明白了与其修复旧日记忆/秩序,不如在废墟上持续再生。后末日启示录之所以不能被宗教框定,就因为它永远不会有弥赛亚等在终点。麦克斯还要继续向前奔驰,废土世界上各个物种、生态系统的生存斗争也是如此,这或许是希望的一种苦涩的形态。

(王雨童,北京大学中文系博士候选人)

---

① [法]西蒙娜·德·波伏娃著,陶铁柱译:《第二性》,中国书籍出版社 2004 年,第 1 页。

Gender, Nature and Liberation in the Post-apocalyptic Sci-fi Imagination
—Illustrated by *Mad Max: Fury Road*

Wang Yutong

Abstract: The paper starts with the cultural controversy caused by the new work *Mad Max: Fury Road* of the classic post-apocalyptic movie series "Mad Max". First, it analyzes the image style and story mode formed by this genre of movies as a variation of the Western Movies. Post-apocalyptic movies in Europe and the United States are faced with a crisis of heroic narrative. Then it points out the innovative focus of "Road of Fury", that is, the female protagonist setting uses the female Cyborg, a sci-fi image with great potential, to open up new content for post-apocalyptic movies. Finally, it points out that beyond the simple battle of gender antagonism, *Mad Max: Fury Road* unleashes the imagination of using post-apocalyptic movies to think about ecological issues.

Keywords: Post-apocalyptic; Science Fiction; *Mad Max: Fury Road*; Cyborg

时间概念的文化传播
——以科幻作品中的时间旅行想象为例

戴凌青

摘要：科学概念在诞生之前，就必然在社会思潮中有所体现。而在诞生之后，科学概念又会进入科幻文学、科幻电影、科幻动画等大众文化领域，而它们在大众文化领域所经历的改造，也会折射出社会思想潮流及其变化。本文以科幻作品中的时间旅行想象为例，对经典物理学、相对论、量子力学里的时间概念的文化传播进行考察。通过梳理20世纪以来物理学时间概念的变化及其传播，探析人们对时间的理解，本文亦有助于诠释近年来时间旅行相关作品背后的科学原理和哲学理念。

关键词：时间；时间旅行；科幻；文化传播；物理学

一、经典物理学里的时间概念及其文化传播

牛顿以降，经典物理学不断发展完善，直到19世纪末，不少物理学家对未来甚为乐观，认为物理学的大厦已经基本完成，未来物理学家的工作不过对这

一大厦进行缝缝补补。这一时期,对于时间的理解有着突出贡献的科学家和哲学家有牛顿、莱布尼兹、拉普拉斯、康德、黑格尔、叔本华等人。这里重点讲述以牛顿、拉普拉斯为代表的机械论中的绝对时间。

牛顿的科学观念与其神学观念保持一致,如万有引力与上帝的第一推动密切相关,对于时间亦是如此。在《自然哲学之数学原理》(*The Mathematical Principles of Natural Philosophy*)中,牛顿写道:"绝对的、真实的和数学的时间,由其特性决定,自身均匀的流逝,与一切外在事物无关,又名延续。"[1]这意味着牛顿时间是"绝对时间",它与一切事物互为外在;时间的流逝是绝对的、均匀的,运动可以增速或减速,但是时间的流逝却不涉及任何变化。正是因为时间与一切事物互为外在,所以存在一个观察者,这个观察者就是上帝,他和时间一样是延续的、永恒的、绝对的。"因为时间和空间是,而且一直是它们自己以及一切其他事物的处所。所有事物置于时间中以列出顺序;置于空间中以排出位置。时间和空间在本质上或特性上就是处所……"[2]因此和万有引力类似,他将这种绝对性归结于上帝,"他不是永恒和无限,但却是永恒和无限的;他不是延续或空间,但他延续着并且存在着。他永远存在,且无所不在;由此构成了延续和空间"。[3]

事物被时间进行排序,事物按时间顺序发展变化,这种顺序是固定的、绝对的、无法更改的,就像物理上的刚体一样,刚体上的两个点的位置是绝对的、不会发生变化的,所以牛顿的宇宙就是一个刚体,无论时间还是空间都是绝对的,这是机械论世界观的一个本质体现。

在牛顿力学的基础上,拉普拉斯提出了"拉普拉斯妖"的概念,这个妖精知道宇宙中每个原子确切的位置和动量,能够使用牛顿定律来展现宇宙事件的整个过程,知晓过去以及未来。这是因为在世界观上,宇宙本身就是一个刚体,知晓了某个点的运动状态,这个刚体上其他点的运动状态自然就确定了。

---

[1] [英]伊萨克·牛顿著,王克迪译,袁江洋校:《自然哲学之数学原理》,陕西人民出版社2001年,第10页。

[2] [英]伊萨克·牛顿著,王克迪译,袁江洋校:《自然哲学之数学原理》,陕西人民出版社2001年,第12—13页。

[3] [英]伊萨克·牛顿著,王克迪译,袁江洋校:《自然哲学之数学原理》,陕西人民出版社2001年,第612页。

拉普拉斯在《概率的哲学探究》(A Philosophical Essay on Probabilities，又译作《关于概率的哲学随笔》)写道:"宇宙的目前状态看作是它的先前状态的结果，并且是以后状态的原因。一位万能的智慧者(an intelligence)能够在给定的一瞬间理解使自然界生机盎然的全部自然力，而且能够理解构成自然的存在的各自的状态，如果这个智慧者广大无边到足以将所有这些资料加以分析，将宇宙中最巨大天体的运动和最轻的原子的运动都包含在一个公式中。那么对于这个智慧者来说没有任何事物是不确定的，未来如同过去一样在他的眼中将一览无余。"[1]这个万能的智慧者即我们熟知的"拉普拉斯妖"。

绝对时间和机械论的观点在20世纪之前的影响自不必多言，如爱伦·坡在《言语的力量》(The Power of Words，1845)[2]中就借天使之口说道，天使还在尘世时挥舞双手使周围的大气振动，这个振动会无限传播开来，直到它触动了地球空气中的每一个粒子，直到永远，而这个事实星球上的数学家都知道。这描述的显然就是一个刚体的宇宙。

而新的观点取代旧的观点需要时间，所以在经典物理学向相对论、量子力学转向的历史过程中，文学家们在他们的作品中对经典力学的机械论框架仍津津乐道。H.G·威尔斯在《自传》(Experiment in Autobiography，1934)[3]中关于古特里(Guthrie)教授和物理学的第5章写道:"假设一开始有一个以太均匀分布的无限空间，在其中放置一个粒子。如果确实存在且一直存在的某种宇宙刚性，若严格根据唯物主义思路可推导，后续世界的特征将完全取决于放置时的初始速度。"这就是牛顿和拉普拉斯的宇宙，知晓初始状态进而可以推知宇宙未来的一切。

博尔赫斯《天地创造和菲·亨·高斯》(The Creation and P.H. Gosse，1941)[4]引用了约翰·斯图亚特·穆勒的论证说，"宇宙在任何一个瞬间的状态是其前一状态的结果，只要有无限的智能就足以通过全面了解一个瞬间而了

---

[1] 转引自王幼军《拉普拉斯的概率哲学思想阐释》，上海交通大学出版社2017年，第96—97页。
[2] Edgar Allan Poe. *The Power of Words*. Broadway Journal，1845(2)，pp.243-244.
[3] Herbert George Wells. *Experiment in Autobiography: Discoveries and Conclusions of a Very Ordinary Brain*. Read Books Ltd，2016.
[4] [阿根廷]豪·路易斯·博尔赫斯著，王永年、黄锦炎等译:《探讨别集》，上海译文出版社2017年，第33—38页。

解宇宙的过去和将来的历史",并提及了更早一些时候毕达哥拉斯也有类似说法,认为拉普拉斯的说法"颇有分寸"。只不过,穆勒和高斯认为拉普拉斯的时间可以被上帝的行为打断,区别在于穆勒认为这一行为发生在未来,高斯认为这一行为已经发生,即"天地创造"。即便如此,博尔赫斯笔下的高斯"向宗教和科学提出的绝妙的(首先是不可思议的)论断"也属于典型的机械论。虽然高斯的观点在当时就被学者和记者束之高阁,博尔赫斯为高斯所做的辩解似乎有点为传主讳的意味,但也反映出当时人们对时间的理解框架,也影响着博尔赫斯等人的创作,他的名篇《小径分岔的花园》(*The Garden of Forking Paths*,1944)①带有浓重的高斯理论的味道,文中的结构像一棵分形的二叉树一样,宇宙的一切都蕴含在树中,"天地创造"自种子萌发始,一切发生在时间中的事件如树杈一般简单明了,未来的一切可能早已蕴含在过去的种子当中。但小说中的观点和机械论又有不同,本文的第三部分将进一步说明。

正如牛顿将绝对的观察者归结于上帝,不少作家们也将这个观察者归结于某个能观察到全局的时间旅行者,如威尔斯说的那样,"对于一位全知的观察者而言,将不存在被遗忘的过去(没有一段时间会因为被遗忘而仿佛不曾存在过),也不存在尚未展开的未知未来。不仅洞悉现在的一切,一位全知的观察者也将在同时洞察过去的一切以及不可避免的未来的一切。确实,现在、过去和未来对于这样一位观察者而言将毫无意义:他将总是观察到同一件事情。事实上,他将看到一个充盈空间和时间的刚性宇宙——一个其中的事物亘古不变的宇宙"②。在这个刚性的牢笼中,只有全知的上帝才是自由的。

如果赞同现代意义上的科幻小说自玛丽·雪莱的《弗兰肯斯坦》(*Frankenstein*,1818)始,那么时间旅行作为类型文学的题材或许也只能追溯到威尔斯的《时间机器》(*The Time Machine*,1895),虽然在这之前关于未来

---

① [阿根廷]豪·路易斯·博尔赫斯著,王永年译:《小径分岔的花园》,上海译文出版社2017年,第83—100页。
② 转引自[美]詹姆斯·格雷克著,楼伟珊译《时间旅行简史》,人民邮电出版社2017年,第15页。这段文字仅见于《时间机器》最初连载的版本,在最终图书中被删去。

的作品已不胜枚举。① 事实上,英语中的"时间旅行"(time travel)正是由《时间机器》中的"时间旅行者"(Time Traveller)一词而来。考虑到时代背景,当时的评论家脑子里只有机械论框架下的时间观,因此批判这篇小说不科学也就在情理之中了,如赞格威尔就说,对于未来,除了等待别无他法。② 本文的第二部分将进一步讨论《时间机器》。

这一机械论的框架虽然仍在不同层面影响着人们对世界的看法,但它也被一些作者揶揄。例如,道格拉斯就在《银河系漫游指南》(*The Hitchhiker's Guide to the Galaxy*,1979)③中提到一台计算机可以计算出宇宙终极答案是42,这可以视为对"拉普拉斯妖"般机械论世界观的反讽。

二、相对论中的时间概念及其文化传播

1905 年,爱因斯坦创立狭义相对论。1915 年,他又创立广义相对论。因为对牛顿时间和空间理解的颠覆,爱因斯坦一度成为媒体的宠儿。1921 年,爱因斯坦访问美国,记者要求他用几句话解释相对论的本质和内涵。他说:"在19 世纪,人们认为:如果把所有的物质从宇宙中拿走,还剩下空间和时间。相对论不这样,它说明:如果把所有的物质从宇宙中拿走,那么空间和时间也消失了。"④

狭义相对论有两个基本假设。一是狭义相对性原理:所有物理定律在任何惯性系中都具有相同形式,即物理定律(除引力外)适用于一切惯性系;一是光速不变原理:光在真空中的速度与参考系无关,始终是恒定的。这两个原理在光速的惯性系中会出现矛盾,举一个通俗易懂的例子,日常生活中,在一列相对地面以速度 v 运行的列车上,一个人以速度 w 在车内行走,那么相对于地面这个人的速度是 $v+w$;如果在车上发射一束光线速度为 c,根据狭义相

---

① 如狄更斯的《圣诞颂歌》(*A Christmas Carol*,1843)和马克·吐温的《康州美国佬在亚瑟王朝》(*A Connecticut Yankee in King Arthur's Court*,1889),但很显然这些作品都不是严格意义上的科幻作品,只不过是文学常见的用超现实的手法借古讽今。

② Israel Zangwill. *Paradoxes of Time Travel*. Pall Mall Magazine,1895(7),pp.153-155.

③ [英]道格拉斯·亚当斯著,徐百柯译:《银河系漫游指南》,四川科学技术出版社 2005 年。

④ 孙秀民、马仁惠译注:《爱因斯坦:德汉对照》,上海外语教育出版社 1983 年,第 74—75 页。

对性原理,这束光相对于地面的速度将为 $v+c$,但是根据光速不变原理,这束光相对地面的速度仍是 c。爱因斯坦认为,这个矛盾的本质不在于两个原理必有一错,而在于人们对时间的理解出了问题。

和牛顿的绝对时间不同,爱因斯坦认为时间不是可以脱离物质世界而存在的,时间不是绝对的而是相对的。换言之,在不同的参考系中,时间的快慢是不一样的。爱因斯坦写道:"空间-时间未必能看作是可以脱离物质世界的真正客体而独立存在的东西。并不是物体存在于空间,而是这些物体具有空间广延性。"[1]这个本质还可以通过双生子佯谬来进一步说明:一对双胞胎,一个留在地球,一个乘坐近光速宇宙飞船旅行,回来后会发现自己比留在地球的兄弟更年轻。

另外,在经典力学中,时空是分开的,即时间和空间;但是,在相对论中,时间是和参照物相关的,因此时间不能脱离空间。所以,爱因斯坦用"时空"这一统一的整体来表述这种关系,用"事件"来取代"事物",所谓事件就是发生于特定时间和空间的事物,事物不能单独于时空之外,每一个事件都可以用闵可夫斯基时空(三个空间坐标 $x\backslash y\backslash z$ 和一个时间坐标 t)表示。因此,在爱因斯坦的眼中,世界的总和是事件而非事物,世界本身就是一个连续统,就像牛顿世界里的刚性时间或刚性空间一样。

进一步的,他在广义相对论中提出两个基本假设。一是等效原理:惯性力场与引力场的动力学效应是局部不可分辨的;二是广义相对性原理:所有的物理定律在任何参考系中都取相同的形式。在这两个基本假设上,他指出万有引力的本质就是时空弯曲的几何效应。好比在一个柔软的床垫上放一个大且重的铁球,铁球造成了床垫的弯曲,如果在弯曲处放置一个小且轻的乒乓球,乒乓球就会沿着弯曲部分向铁球运动,铁球对乒乓球的引力就是因为铁球造成了床垫弯曲。

广义相对论对物理学、宇宙学产生了极其深远的影响,其中一个是虫洞,又称"爱因斯坦—罗森桥"。这一概念在 1916 年由奥地利物理学家路德维

---

[1] [美]爱因斯坦著,杨润殷译:《狭义与广义相对论浅说》,北京大学出版社 2006 年,第十五版说明,附录Ⅱ"自述"。

希·弗莱姆提出,1930年爱因斯坦和罗森在研究引力场方程时进一步研究,并由约翰·惠勒命名(黑洞也是他命名的)。众所周知,一个质量极大的天体在其自身重力下,不断坍塌,达到史瓦西解的要求(半径小于史瓦西半径),那么光也无法逃离黑洞的引力场,形成视界(事件消失的边界)。黑洞可以理解为一个密度无穷大、时空曲率无穷大、体积无限小、热量无限大的奇点。黑洞目前已经被观测到,霍金因此认为从广义相对论就能推出宇宙大爆炸理论,宇宙(时空)自大爆炸开始,在大挤压奇点(如果整个宇宙坍缩的话)或黑洞的奇点处(宇宙局部坍缩)结束。换句话说,霍金因此认为时间不仅有起点(宇宙大爆炸),还有终点(奇点)。与之相反,如果时空曲率是负无穷大,那么就形成了白洞,目前这还只是一个数学模型而没有为观测所证实。而连接黑洞与白洞的就是虫洞,和前面床垫的比喻只代表空间不同,在爱因斯坦的理论中,时空是一体的,虫洞连接的可以不仅仅是两个不同的空间而是两个不同的时空,所以某些人认为虫洞也可以实现时空旅行,即时间旅行和星际(空间)旅行,但是目前毫无任何实证根据。而且由于黑洞内部引力无穷大,任何物质都无法穿过虫洞,使得虫洞旅行变得不那么靠谱起来,之后对虫洞的缝缝补补与其说是科学的推测,不如说是科幻的想象。

事实上,在物理学家认识到时间和空间的关系之前,文学家也早已注意到了莫比乌斯环、黎曼几何这样的数学概念,1884年艾勃特写出了名作《平面国》(*Flatland*,1884),维多利亚时代的英国已经在流传第四维度隐藏着世界的秘密,或是像哆啦A梦的口袋一样是一个百宝箱。威尔斯甚至比闵可夫斯基更早意识到时空是四维的,但显然他并不具备科学知识也不想以此构造一个新的宇宙模型,他在《自传》第三章中写道,1879年他的脑海中没有时间是空间这样的概念,有的只是三个维度:上下、前后以及左右,直到1884年前后他都从来没有听说过某种第四个维度,而一旦知晓就觉第四维度的概念妙不可言。[①]

这是因为,在牛顿的理论体系中,虽然时间和空间是分割的,但不可避免

---

① 穆蕴秋、江晓原的《科幻中时空旅行之物理学历史理论背景分析研究》对时空旅行的物理学历史背景进行了简要分析,其中比较详细地论述了《时间机器》和第四维度的时代背景,该文还对时空佯谬、多宇宙诠释等进行了分析。见江晓原、刘兵主编《科学败给迷信?》,华东师范大学出版社2007年,第87—114页。

地会将两者进行类比,如果空间可以用笛卡尔坐标这样的坐标系表示,为什么时间不可以呢？19世纪,德国哲学家就进行了这方面的尝试,将时间和空间结合起来看待。事实上,早在1813年,叔本华就指出:"在纯粹的时间中,一切事物都前后相随,而在纯粹的空间中,一切事物都互相并列;因此,只有将时间和空间结合在一起,共存的表象才能产生。"[1]虽然并没有证据表明威尔斯知道它,但很快威尔斯就用类似的观念写出了《时间机器》,这是威尔斯《时间机器》的思想源泉。

今天我们熟悉的时间旅行要归功于威尔斯的杰作《时间机器》,这部作品的诞生有着极强的时代背景。19世纪末20世纪初正是蒸汽时代向电气时代过渡的时候,人们对世界的认知日新月异丝毫不亚于互联网的今天。正如希尔伯特在面对物理学的两朵乌云做出预言和担忧之时,人们对未来一百年充满了同样美好或担忧的想象。例如,为了迎接1900年的到来,法国玩具制造商阿尔芒·热尔韦委托艺术家让-马克·科泰制作了一套五十幅彩色版画,打算将它们作为香烟卡片分发,这些图像想象了一个可能存在于2000年的神奇世界,后来这些作品辗转到了阿西莫夫手里,阿西莫夫以此完成了自己的第344部作品《未来的日子:一个19世纪对2000年的想象》(*Futuredays: A Nineteenth Century Vision of the Year* 2000,1986)——虽然阿西莫夫在书中坚定地认为时间旅行绝对不可能。菲利波·托马索·马利内特很快于1909年发表了《未来主义宣言》(*Futuristic Manifesto*),"未来主义"成为当时流行的词语和思潮。需要注意的是,未来主义是一种典型的进步主义,但在牛顿的原始理念中,时间并不存在进步,甚至恰恰相反,和他那个时期很多神学家的观点一致,他认为上古时代才是最好的时期,世界正从黄金时代走向黑铁时代,最终《圣经》中所言的末法时代即将来临,甚至不少人相信牛顿亲自预测过末日何时来临。这种未来主义的进步观点并不来自绝对时间本身,而来自当时的社会环境,科技的眼花缭乱使得人们对未来充满了乌托邦似的想象。威尔斯自己也受邀撰写了系列文章讨论机械和科学进步对于人类生活和思维的影响,这成为威尔斯《时间机器》的时代背景。而他自己也是受影响的人之一,

---

[1] [德]叔本华著,陈晓希译:《充足理由律的四重根》,商务印书馆1996年,第31页。

例如，小说中时间机器的灵感很明显来自当时热门的机械工具——自行车；而在车上观看到的景象，则来自当时兴起的摄影技术。1879年由迈布里奇发明的动物动视图（zoopraxiscpoe）很像中国古代的跑马灯，之后爱迪生发明了动视镜（kinetoscope），马雷发明了连续摄影枪，使得电影成为新兴的载体。时间旅行者看到的时间，正如电影胶片上定格的一幕幕时间，威尔斯首创的这个意象不仅形象直观，符合当时人们的审美和认知，也赋予了时间机器和电影一样的哲学含义。

同时，《时间机器》也引起了学术界的关注，1914年哥伦比亚大学教授沃尔特·皮特金在自己的论文中就引用了《时间机器》，称其是"取自当代文学的肤浅案例"[1]，那时广义相对论还未发表，狭义相对论在学术共同体内被艰难地理解着。在牛顿力学中，时间就是绝对的，而且同时热力学第二定律告诉我们熵增是不可逆的：孤立系统的熵永不自动减少，熵在可逆过程中不变，在不可逆过程中增加。这指明了时间的方向，所以时间旅行是绝对不可行的。皮特金的这篇论文本是为了批判另外一位哲学家的观点，但是他在文章借用《时间机器》予以批判，指出人们可以在空间的各个方向运动，但在时间上却不行；时间并不是第四维度。今天的科幻迷会对这篇文章及后续讨论感到极为熟悉，因为它需要回答："如果时间旅行是可行的，为什么我们至今没有见到任何一位时间旅行者？"皮特金和霍金都用这个问题来反证时间旅行并未实现，霍金后来将此称为"时序保护猜想"。后来K.S·索恩和I.D·诺维柯夫在研究虫洞理论时，提出了诺维柯夫自洽原则（Novikov Self-consistency Principle），和霍金的观点类似，他们认为历史是受到保护的，更改过去会受到限制或惩罚，以此规避掉时间旅行中的自由意志问题。科幻作品中对时间旅行的看法本质上也因此存在两种对立观点，一种认为可以随意改变过去（如《回到未来》[Back

---

[1] Walter B. Pitkin. *Time and Pure Activity. The Journal of Philosophy, Psychology and Scientific Methods*, 1914(11), pp.521-526.

to the Future，1985—1990］系列），一种则坚持前述原则（如诺兰的电影①），认为过去不可更改。下面还会提到一些例子。

  回到威尔斯，他面对这样的诘难，并没有意识到自己的作品正好处于物理学变化的边缘，他写《时间机器》时，自己也没有将其视为科学，而仅仅是某种解决情节的道具，今天的科幻创作者称之为"handwavium"。他只是在《时间机器》第三章写道，在停下来之前，自己的一个个分子会挤进任何挡在自身前面的东西；这意味着自己的原子会与障碍物的原子如此密切接触，从而引发一个剧烈的化学反应（有可能是一场剧烈的爆炸），将自己和设备轰出所有可能的维度——抛进未知。这一原则基本为后来的科幻文学所沿用，如果不沿用也会予以说明，如菲利普·迪克的《给时航员的小礼物》(A Little Something For Us Tempunauts，1972)提到，返回过去时的危险包括时间不同步以及两个实体在分子层次上撞在一起，因为没有两个物体能同时占据同一个空间。这就是今天大家很熟悉的设定：时间旅行者要避免和过去/未来的事物接触，尤其是自己。这一设定某种程度上也可以视为坚持时序保护猜想或诺维科夫自洽原则的尝试，而且在20世纪80年代、90年代还引入了虫洞的概念，因为穿越过去的世界是反物质的世界，两人接触会引起正反物质湮灭。或许是因为这一解释过于不科学，今天新一代科幻迷已经很少见到这样的故事了，2020年诺兰导演的《信条》(Tenet)再次启用了这一看法，不过穿越时间的人变成了倒带似的沿着正常时间另一个维度运动，他们需要背着逆时间的氧气和翻译机。这种不同时间线的交汇也是科幻作品中常见的类型，当把时间看作一种维度之后，人也就可以像物理学中的粒子一样进行反演，《信条》的来源如影片中说的那样，来自狄拉克对反电子的预测。与之类似的还有菲茨杰拉德原著、大卫·芬奇导演的电影《本杰明·巴顿奇事》(The Curious Case of Benjamin Button，2008)，只不过变成了人的生长是逆向的（溯时人）。这两者本质上体

---

  ① 诺兰的电影是很典型的相对论视角下的时间，在他的作品中，时间和空间等同，通过视觉、听觉等的联动，将时间和空间串联起来，这一灵感的真实来源是巴赫和艾舍尔。例如，《盗梦空间》(Inception，2010)中多次出现的彭罗斯楼梯（这一结构多次出现在艾舍尔的画中）；《敦刻尔克》(Dunkirk，2017)的配乐是在巴赫基础上形成的谢波德音调，对海陆空三条时间线的处理也是同一法则；《信条》(Tenet，2020)中的时间结构就是艾舍尔的画作。但是，在他的时间观中，即便可以回到过去，也无法改变，如《星际穿越》(Interstellar，2014)《信条》都是如此。

现了人在时间维度上相向而行的交汇,更宽泛的应用要等到下文平行宇宙的概念出现之后,不同宇宙有自己的时间线,不同时间线不断交叉、分离,创造出五彩斑斓的幻想世界。

相对论的诞生,促进了大众对《时间机器》一类作品的理解,哪怕威尔斯自己仅将这部作品看作某种玩笑。当 1915 年广义相对论给整个文化界、思想界带来震撼时,文学界自然也不会没有反应,这就不得不提雨果·根斯巴克等人在科幻文学方面的贡献。20 世纪 20 年代,在电报等无线电技术的发展,使得威尔斯逐步失去对未来的渴望之时,根斯巴克这个对未来充满希望的人远渡重洋来到了美国,他不仅批判威尔斯没有看到无线电带来的光明前景,而且创办了自己的电学杂志,虽然很快倒闭。于是,他创办了一份廉价的地摊杂志《惊奇故事》(*Amazing Stories*)来维持生计乃至谋取暴利。在这本杂志上,根斯巴克定义了什么是"科幻文学"(他首次用的词是"scientifiction"),并开始刊登大量时间旅行题材的小说,虽然没几年他又失去了自己杂志的控制权。于是,他又创办了新的杂志《科学奇迹故事》(*Science Wonder Stories*),在创刊号中,他将"scientifiction"改成了今天我们熟悉的"science fiction"。1929 年,他在给《时间振荡》(*The Time Oscillator*,1929)写编者注的时候说道:"假设我能够穿越时间,回到比如两百年前,并前往我曾曾曾祖父的农场……我得以在他未婚时射杀他。需要注意的是,这样做时,我已经阻止了自己的出生,因为这条传宗接代的线在那里已经终结了。"①这就是我们今天熟知的(外)祖父悖论。这一悖论的集大成者是海因莱因写的《你们这些还魂尸》(*All You Zombies*,1959),在书中"我"既是父亲也是母亲,还是女儿和儿子。事实上早在《自力更生》(*By His Bootstraps*,1941)中,他就玩过类似的梗,借书中人物之口说出,时间旅行有可能被构想出来,相关公式可以消除理论中存在的种种悖论。而且在《自力更生》和他的处女作《生命线》(*Life-Line*,1939)中,他都提到了时间作为第四维度出现,可以说海因莱因在时间旅行这一题材方面做出了极为重要的贡献。

很多科幻作品都从相对论相关理论进行时间旅行的通俗化演绎,其原理

---

① Hugo Gernsback. *The Question of Time-Traveling*. Science Wonder Stories,1929(12),p.610.

如果坚持用物理学解释，大抵可以包括以下几类。第一类是利用相对论的时间效应，即高速运动的物体时间流逝会变缓慢，科幻作品中常以双子佯谬或祖父悖论的形式出现。涉及双子佯谬的作品中常与星际旅行联系起来，表现为经过长时间星际旅行的人返回地球，发现地球已经沧海桑田，这实际上是利用了时间的相对性，因为高速运动中的人并不会意识到自己的时间变慢，只是相较于地球上的人，他的时间变慢了，经典作品有老版《人猿星球》（Planet of the Apes，1968—1973）系列等。利用祖父悖论的作品则充分考虑时间线的悖论，如前述海因莱因的作品、《时间旅行者的妻子》（The Time Traveler's Wife，2009）、《回到未来》系列、《终结者》（The Terminator，1984—2019）系列等，特别要提及的是《回到未来》中的博士雪白的头发和经典的造型，一看就知道是在向爱因斯坦致敬。

尤其需要指出的是，在牛顿的理论中，时间和空间是分离的，所以在牛顿时空框架下，仅能进行空间旅行而无法进行时间旅行，相关科幻代表作如凡尔纳《从地球到月球》（From the Earth to the Moon，1865）、威尔斯《最先登上月球的人》（The First Men in the Moon，1901）等，但在爱因斯坦的理论中，时空是一体的，时空旅行得以实现，所以时间旅行常常和空间旅行（通常表现为星际旅行）联系在一块。第二类作品主要利用的就是这一点，在科幻作品中常通过黑洞或者虫洞进行穿越，这在科学上也仅是带有幻想色彩的理论，在科幻作品中被发扬光大，如近年比较热门的《星际穿越》（Interstellar，2014）。除了虫洞，还有超空间旅行（Hyperspace Travel）、曲率引擎等方法解决星际旅行问题，其原理也都是相对论，严格说来也可以导致时间旅行。第二类还有一种特殊的变体，即时间循环，只有把时间看作一个维度的时候，才可能出现这种作品，牛顿物理学下是不存在这种观点的。而且正如我们所言，时空是一体，本质上时间循环是目前宇宙学最为关注的问题：宇宙的起源。在爱因斯坦方程的哥德尔解下，宇宙的时空回路是闭合的，允许时间旅行，虽然后来在霍金等人的研究下发现，哥德尔宇宙并不是我们这个世界的宇宙，但这个解的确也给予了人们足够的想象空间。以时间回路或者循环为主题的科幻作品很多，如电影《土拨鼠之日》（Groundhog Day，1993）和小说《一日囚》等，同时由于电脑技术的普及，使得存档-读取的概念深入人心，时间和空间（磁盘）的转换变得具象化了起来,时间变成了可以复写的产物,如《明日边缘》(*Edge of Tomorrow*,2014)就是最典型的例子,随着游戏发展和游戏化思想深入人心,这类作品也日益增多。

第三类与前两类不同,它们将相对论的物理原理进行省略,只保留时间是一种维度或者时空是一体的哲学概念,如前面提及的溯时人,近年很多网络小说如穿越小说,哪怕不涉及科学内容,其哲学理念也是相对论框架下的,而与牛顿时空框架不同。值得注意的是,近年来有很多科幻作品,将时间视为单一维度,从而存在高级生物站在高维度看待时间,因而可以看到整条时间线,这一说法和前述牛顿绝对时间中万能的观察者并不一样,正如牛顿需要上帝的第一推动、高斯需要天地创造一样,机械论中的观察者一定是参与到世界中的第一推动者,由第一推动推导整个世界,而这些科幻小说玩弄的仅仅是数学上的技巧,本质上是相对论框架下的意象,认为高维生物能超脱在时间这一维度之外,可以不参与时间线的进程,自然也就不存在第一推动。

时间旅行就此在文化领域开枝散叶,不断壮大。

三、量子力学里的时间概念及其文化传播

与相对论几乎同时,量子力学发展起来。自从1900年普朗克提出量子的概念以来,量子力学几经发展,以玻尔为代表的哥本哈根学派逐渐成为主流。

前面说过,热力学第二定律在牛顿力学范畴内意味着绝对时间是有方向性的。而热力学的本质是分子层面的粒子运动,温度越高粒子运动越快能量越高,这恰恰是量子力学的适用范畴。在量子力学中,粒子状态用状态函数来表示,其状态是一个概率的函数,根据海森堡测不准原理无法同时测得一个粒子的速度和位置,因此对于单个粒子或少量粒子而言,其运动是随机的,因此会形成类似海水涨潮退潮似的涨落,这种涨落导致能量可以自发地由低能状态转变成高能状态,如果硬要将这种少粒子系统用宏观语言描述,就会得出热量从低温物体传向高温物体而不引起其他变化,似乎与热力学第二定律是矛盾的,其实这是适用范围导致的错误结论。这就是量子力学的独特之处,处处充满了概率和随机。

如果是多粒子系统，这一矛盾被称为洛施密特悖论，玻尔兹曼是这么解释的：熵增过程确实并非一个单调过程，但对于一个宏观系统，熵增出现要比熵减出现的概率要大得多；即使达到热平衡，熵也会围绕着其最大值出现一定的涨落，且幅度越大的涨落出现概率越小，由此他还提出了一个玻尔兹曼大脑的假设。当然事实上，科学的发展是反过来的，正是解决了洛施密特悖论，导致了统计物理学的诞生，而统计物理学又和量子力学息息相关。

故事来到了读着科幻小说长大的休·埃弗里特，他最终选择了惠勒作为自己的博士导师，他有点儿受到爱因斯坦的影响。众所周知，爱因斯坦说过"上帝不掷骰子"，对哥本哈根诠释并不认同，一方面爱因斯坦相信不存在超距作用，不然就会出现和相对论假设相违背的超光速，另一方面正如"薛定谔的猫"形容的那样，又死又活的猫是不可理喻的（爱因斯坦、薛定谔、德布罗意他们都不信奉哥本哈根诠释，薛定谔的猫本意是指出观察者影响观察的荒谬）。事实上，哥本哈根学派坚持两点：非决定性论和宏观、微观的分离，然而宏观世界从未观察到叠加态。薛定谔方程描述了量子系统波函数随时间的演化，而演化过程本身是决定性的并且在时间上是可逆的。在测量过程中，数学上严格推演的叠加态却坍缩为其中的一个态，呈现出不可逆性，这样就打破了波函数演化在数学上的连续性。这就是著名的测量难题。哥本哈根诠释在处理测量难题时主要可归结为两点：一点是认为宏观和微观是天然分离的，分别遵循不同的规律，从而规避了宏观世界时间的可逆性；另一点是对坍缩问题只给出了概率解释，对其本质却一无所知。

埃弗里特的想法和爱因斯坦类似，他无法相信，一只老鼠仅仅通过看一眼就能给宇宙带来剧烈改变。他开始思考，要是每个测量实际都导致了宇宙的一次分裂，事情会怎样？如果一个量子态可以是要么 A 要么 B，则这两种可能性没有哪个是更应该的：现在将存在宇宙的两个副本，各有其观察者。即打开箱子之后，宇宙随之分裂成了两个，一个宇宙里猫是活的，一个宇宙里猫是死的。他认为这样分岔开来的分支，都是同等的"实在"，没有哪个更为真实。这和哥本哈根学派的本质区别在于，他将宏观和微观结合起来考虑，把被测量系统、测量工具和观测者整体一起看作一个量子系统，并且用一个宇宙波函数来描述，将宏观物体也纳入了量子体系中，在这个宇宙波函数描述的孤立系统中,波函数是决定性演化的,不需要坍缩。同时在这个假设下,观察者的波函数,会在每次测量后发生分岔,宇宙波函数会包含叠加态的所有分支,也就是说叠加态的每种可能都会实际发生。在观察者每测量一次之后世界就发生了一次分岔,每个平行的世界仅能感觉到发生在自己世界中的一个结果。根据薛定谔方程的数学形式,每个分支都独立存在,每个分支的演化也完全不受其他分支的影响。这就是量子力学的多宇宙诠释。

但这个理论一开始并没有引起多大反响,一方面它无法被证实或者证伪,因为人永远活在当下的分岔当中,无法观察到另一个分岔;另一方面,根据大多数科学家喜好的奥姆卡剃刀原则,这个假说使得世界变得格外复杂了起来。埃弗里特在他的博士论文中阐述了多元宇宙诠释,这也是他最后一篇物理学论文,之后他就离开了学界投身实业。1970年退相干理论的提出,似乎是对多宇宙诠释的一个证明,当系统与测量仪器和外界环境相互作用后,就会发生退相干过程,因此可以解释为什么现实生活中只能感知到彼此已无相干性的经典分支,而无法感知具有相干性的量子叠加态。同时,一些物理学家对埃弗里特思想的重新解读及其文集的出版,多宇宙诠释开始重新被科学界重视;伴随着量子力学的进一步发展(主要是高能物理、粒子物理发展)和社会思潮(如嬉皮士文化)的改变,量子力学再次对社会思潮产生冲击,多宇宙诠释以类似《小径分岔的花园》的面貌进入大众文化领域,即平行宇宙成为大家熟知的概念。

除了哥本哈根诠释和多宇宙诠释,量子力学中还存在其他较冷门的学说。例如,有人认为时间可能也是一份一份的,存在最小时间——普朗克时间,而哥本哈根诠释认为,即便存在普朗克时间,也仅是微观上的(甚至无法观察到的),对宏观上的时间连续性没有影响;还有些人认为时间就是连绵不绝的幻觉,由薛定谔方程的演化假设得出量子力学领域因果律失效,认为时间只是虚构出来的数学工具。但是对于时间的本质是什么,目前还没有较为统一的认识,如前述两种观点本质上都侧重微观上的量子效应,区别在于前者认为时间是不可分的,最终存在不可分的、最小的物理实在,后者认为微观反演既然可行,说明时间只是一个数学工具而非物理实在。

早在埃弗里特读中学的时候,博尔赫斯就出版了其杰作《小径分岔的花园》,在他看来,时间像爱因斯坦说的不满足同时性,但是他同时也反对时间是连续的,小说中说"和牛顿、叔本华不同的地方是他认为时间没有同一性和绝对性"。后者很像量子力学里的量子,但有着本质区别,博尔赫斯只是从文学或者哲学的角度思考今天的你和明天的你是否还是同一个人,而量子力学的时间存在最小单元,但并不意味着宏观上人的意识不连续(至少哥本哈根诠释如此认为),更不要提还有一些学派认为量子力学只是某种数学模型而非物理实在。

在第一部分中说过,赫尔博斯的时间很像拉普拉斯,这里会发现他的理解又很像后来埃弗里特的见解,《小径分岔的花园》借书中人物之口说"时间有无数系列,背离的、汇合的和平行的时间织成一张不断增长、错综复杂的网。由互相靠拢、分歧、交错或者永远互不干扰的时间织成的网络包含了所有的可能性",就像一个宇宙波函数还未坍缩前蕴含着所有可能。以至流行文化中的平行宇宙基本都会采用博尔赫斯分岔、迷宫的意象,而基本没有学会埃弗里特的数学和物理。因为平行宇宙能很好地解决祖父悖论的问题,在你枪杀祖父的那一刻,宇宙分岔成了两个,一个祖父死亡因此你没有诞生的世界,一个原来的世界。平行宇宙因此成为科幻作品的宠儿。

平行宇宙里有一个著名的思想实验——量子自杀,想象你自杀了,世界会分成两个分支,一个是你死了,一个是你没死(这个说法是大众文化中的,其实在量子力学里是所有世界同时存在,所以在物理哲学中,多宇宙诠释中人的自由意志被消解掉了,除非利用退相干理论下的人择原理对当前所处的宇宙进行观察),你没死的那个宇宙你接着自杀,宇宙再度分裂,总有一个宇宙你是没死的。所以你是否永远不会死呢?唯有死亡能让人稍微意识到平行宇宙哲学的不太美妙之处。那么多个你,到底哪一个才是你,是死去的那无数多个,还是活下来的那一个?21岁的戴维·丹尼尔在《奇迹故事》(*Wonder Stories*)上发表了《时间的分枝》(*The Branches of Time*,1935)①来思考这个问题:一个人在使用时间机器改变历史后发现,一切其实未被改变,只是宇宙分裂出多条平行世界线,各有各的不同历史。这个故事甚至比博尔赫斯更早,然而次年,

---

① D. R.,Daniels. *The Branches of Time*. Wonder Stories,1935(08),pp.295-303,p.366.

丹尼尔举枪自杀。[1]

《瑞克和莫蒂》(*Rick and Morty*)是近年来使用平行宇宙很火的科幻动画剧集，但在科学背后往往也闪现出一丝人性的光辉（主要来自对莫蒂的同情），大家对不同莫蒂的喜爱不仅反映了对莫蒂不同个性的喜爱，也是认同他们都是莫蒂，某种意义上也是对平行宇宙的一个新的解读。虽然这种解读是在量子力学通俗化的过程中自然形成的，和科学中那个没有自由意志的多宇宙诠释已经相差了十万八千里，但这或许也表明了大众对平行宇宙的喜爱和对多宇宙的恐惧与厌恶。同时也可以看到，这种丰富的时间线和宇宙给了创作极大的自由度和创作空间。以漫画为例，不仅以漫威、DC 旗下漫画为代表的美漫开始重启时间线，以 JOJO 为代表的日漫亦开始重启时间线。

在相对论中，时间旅行是在同一条时间线上的旅行，但是到了平行宇宙，时间旅行变成了不同宇宙的旅行。理解了这一点，也就理解了电影《复仇者联盟 4：终局之战》(Avengers：Endgame, 2019)中的吐槽，因为影片的时间旅行原理和《回到未来》那种相对论似的并不一样，实际上第三部的副标题"无限战争"(Infinity War)已经暗示了这一点。无限战争不仅让复仇者们陷入绝望，变成普通人，也让他们的意义得到了进一步的提升：因为他们是 14000605 种可能性中唯一反抗天命成功的那一个！这就是他们区别于其他平行宇宙的地方，是他们存在的意义，他们的自由通过抗争而体现。这也是惊奇队长的作用必须十分克制的原因，否则众多复仇者的反抗将显得毫无意义，这也使得整个大战充满了古希腊史诗的味道。

当然，除了平行宇宙之外，也有不少作品运用量子力学的其他概念来解决时间旅行的问题。例如，刘洋的《单孔衍射》就是直接将量子隧穿效应中的势阱变成了时间，时间旅行就变成了子隧穿效应。这也是一种常见的创作手法，通过类比制造奇观。例如刘慈欣的《球状闪电》和长铗的《奉家山》，前者是将波函数的坍缩类比到宏观世界，后者是将波粒二象性类比到宏观世界。

---

[1] 除了丹尼尔的小说，还有许多讲述时间分岔的小说比埃弗里特更早，例如杰克·威廉姆斯的《多重时间》(*The Legion of Time*, 1938)。

四、结语

至此,我们可以就三种物理学模型中的时间概念以及科幻作品中对应的时间旅行想象做一个小结:(1)在经典物理学中,时间是绝对的、单向的,并不存在像空间维度那样的时间维度,所以时间旅行是不可行的。(2)在相对论中,时间和空间合并在"时空"这一整体概念当中,时间可以被视为第四维度(当然不同于空间上的第四维度),时间旅行如果可行,可以被看成时间线上的反演,也可以被视为时空折叠的产物。(3)在量子力学中,对于时间目前并没有达成一致的看法,主流的哥本哈根诠释倾向于宏观上时间仍是连续、单向的。而在流行文化中,受多宇宙诠释、博尔赫斯和爱因斯坦时空观念的影响,诞生了平行宇宙的说法,在这一说法中,时间依旧是以一种维度形式存在的,不同的世界分岔成不同的时间线,人物可以在不同时间线中穿梭,以达到时间旅行的目的,不仅规避了祖父悖论,也提供了更为广阔的想象空间。

前面的行文中已经尽力保证在形式上,科学宇宙和文化(主要是科幻文学)宇宙的对应,一方面尽量展示科学和文化的传播互动,另一方面也想通过这种不同宇宙的形式达到余英时所谓"两个世界"[①]的目的。正如物理学讨论时间,会思考其反演是否对称一样,我们也需要思考科学和文化也是否总是对称。可能正如物理学中弱相互作用力下宇称不守恒一样,科学和文化的交流亦不是对称的,所以本节亦不采用对称结构。因为哲学上,对于时间的讨论早已形形色色,不然也无法解释威尔斯和博尔赫斯为何在科学概念诞生之前就写出了如此精彩的小说,所谓物理学家爬上山坡发现哲学家早已在山上等着了,就是这个道理。只是虽然道理相通,但从哲学上的普遍性到科学的结论,亦有不小的距离,如在社会思潮早已在讨论时间是第四维度的时候,连爱因斯坦都很迟才接受闵可夫斯基时空,因此倒也不必站在山顶指手画脚。一个似乎合理的结论是,科学和文学共同吸收着哲学思想的养料,分岔的发展互相影响,但没有定量的证据表明两者之间存在必然的促进,虽然当下我们似乎都普

---

① [美]余英时:《红楼梦的两个世界》,上海社会科学院出版社 2006 年。

遍认为科学可以给文学提供材料,并试图论证科幻文学可以带给科学更多的想象力。

需要指出的是,文化的创作和解读应该是多元的、包容的。前文已经说过,在《时间机器》之前已经有很多回到过去或未来的小说;在平行宇宙之前也有很多很像后来多宇宙诠释的作品,这些小说都只是看起来很像多宇宙诠释,毕竟埃弗里特的物理学只允许观察者观察本分岔的世界,而科幻作品常常表示出平行世界的穿梭、交叉,所以本文用"多宇宙诠释"(又译作"多世界诠释")和"平行宇宙"(又译作"平行世界")来分别指代物理学和大众文化中的不同概念;甚至今天的流行文化中,穿越成为比较热门的题材,但和较为硬核的科幻作品相比,虽然可能在哲学层面和物理科学有相通之处,但对科学并不那么看重,有的本身对时间的看法就是将时间理解为一种维度(例如电视剧《穿越时空的爱恋》和《寻秦记》),有的本身杂糅了平行宇宙观点(例如架空世界或异世界,将虚构世界视为另一种平行宇宙),因为这就是当下我们对时间的普遍理解,正如在《时间机器》之前主流文学采用超现实手法表现穿越一样,但如果一味地强调穿越作品的科学性,反而显得有些喧宾夺主,忽视了其趣味性、实验性,正如硬要用现代科学去解释中国古代烂柯人的典故一样古怪而无趣。

再举一例,阿西莫夫的《永恒的终结》(*The End of Eternity*,1955)从名字看就充满了矛盾,永恒意味着永远不会终结。奥古斯丁就曾问过,在永恒的上帝创造时间之前,时间在哪,事物又如何存在?所以上帝是没有时间概念的。这个故事自然也可以强用相对论解释,正如刘慈欣在《三体》里做的那样,存在一个更高维的生命,在他看来我们宇宙发生的一切,无论过去、现在还是未来都一览无遗,同时存在。然而事实上,阿西莫夫却是用量子力学解释的:"那道分开永恒和时间的屏障是黑色的,原初混沌的黑色,并且在其顺滑的一片纯然无光中星星点点散布着飘忽不定的光点,它们透露了其结构的亚微观不完美性,由于不确定性原理而无法被消除的不完美性。"[①]这意味着,和解决数学、物理问题不同,文学并不需要准确、唯一的科学解释,甚至可以是非科学的解释。

---

① 转引自[美]詹姆斯·格雷克著,楼伟珊译《时间旅行简史》,人民邮电出版社 2017 年,第 148 页。和前述《时间机器》的引文一样,这段文字仅见于《永恒的终结》最初连载的版本,在最终图书中被删去。

因此,本文虽然尽量梳理了科幻文本背后的科学理论,但创作者并不是根据这些理论进行创作的,甚至不需要知道这些理论,评论者知晓这些理论或许能增添一个视角,但也仅此而已,更不必只局限于单一理论、单一视角。与其说是科幻小说赋予了科学更多的想象力,不如说科学反哺了科幻小说以更大的创作、理解空间更为合适。用法伊尔阿本德(也曾译作费耶阿本德)的话说,科学反而局限了文学的想象力。法伊尔阿本德在《反对方法》(*Against Method*,1988)[①]中指出,科学的历史被塑造成事实和由事实归纳来的结论组成,过分的理性和认为科学存在同一套模子限制了科学的发展,其本质在于知识的无政府主义,即不存在什么方法、怎么都行,反对归纳主义而提倡多元方法论。如果我们认为文化或者文学也只需要某种归纳的经验主义,例如提到穿越到过去或未来,只能想到时间旅行及其背后的物理学原理,其他视角(尤其是非科学视角)就会被屏蔽,甚至有时还会溯及既往地用现代科学理念解读历史上的作品,或认为某些文学作品预言了科学(这当然不符合历史事实),因此限制了文学的想象力,正如确证的科学史限制了科学的想象力一样。此外,法伊尔阿本德还对波普尔的观点进行驳斥,认为人们并不是先有一个观点(或者问题)再行动,相反,人自由的思想只有通过创造的实践才能逐步认识清楚,而这需要很长时间,这似乎亦能解释前述文学作品、社会思潮中的观点远比科学中的确证早得多。法伊尔阿本德的观点可能比较极端,退一步讲,我们也可以调和前述两种观点,认为它们并不矛盾:反哺说的是科学理论进入文化之初,提供了新的视角;遮蔽说的是成熟之后,反而压缩了其他视角创作、解读的空间。

最后,除了物理学,认知科学、社会学、人类学、哲学等领域在时间领域近年来也有颇多研究,即便时间本身是实在的,对于不同人而言,他们的感知或许仍会有差异。正如历史学、科学史学逐步注重非物理学的科学传统时,我们考察科学和文化互动时,亦不能只局限于占据强势科学话语权的物理科学,相关内容还有待进一步研究。

(戴凌青,中国科学院大学人文学院博士研究生)

[①] [美]保罗·法伊尔阿本德著,周昌忠译:《反对方法:无政府主义知识纲要》,上海译文出版社2007年。

The Cultural Transmission of the Concept of Time: Illustrated by the Imaginations about Time Travel in Science Fiction

Dai Lingqing

Abstract: Before the birth of scientific concepts, they must be reflected in social thoughts. After its birth, scientific concepts will enter the fields of sci-fi literature, sci-fi movies, sci-fi animation and other popular culture, and their transformation in the field of popular culture will also reflect the trend of social thoughts and their changes. The paper takes the imaginations about time travel in sci-fi works as some examples to examine the cultural transmission of the concept of time in classical physics, relativity and quantum mechanics. By reviewing the changes and transmission of the concept of time in physics since the 20th century, investigating people's understanding of time, the paper will also help us interpret the scientific principles and philosophical ideas behind works related to time travel in recent years.

Keywords: Time; Time Travel; Science Fiction; Cultural Transmission; Physics

动画电影在网络互动语境中的文化生产过程研究
——以动画电影《白蛇》为例

曾晓苹

摘要：以传统文化题材为IP的动画电影在网络互动空间中成为青年群体热议的话题。本文通过田野观察法,研究动画电影《白蛇》的受众在网络空间的互动行为,总结出其网络互动的四大内容类型,并在此数据基础上建立受众在网络空间的文化再生产过程的模型,包括交谈、判断、建构三阶段,提出了当代网络媒介环境下,受众才是最终创造新文化的关键。结论部分从凯瑞的传播仪式观视角出发,解释当下自觉自发且热度不减的"国潮国风"现象,阐述此"国潮"现象中青年受众网络互动行为对形成共同体、国家认同及文化自信的作用。

关键词：动画电影；网络互动；文化再生产；国潮

一、研究缘起及文献综述

近年来,国产动画大电影涌现出了一批以打造传统文化 IP 为使命的作品,包括《大圣归来》《大鱼海棠》《哪吒之魔童降世》《白蛇》《姜子牙》等。这些作品引发了网络空间的"国漫国潮风"。在网络互动空间如微博、B 站、百度贴吧等热门网络平台上,网友们通过各种各样的形式互动。大量的网络评论、弹幕、专题、同人创作等内容喷薄而出。在这虚拟的网络空间中,青年受众们热烈地讨论着这些作品,并且透露出这一群体饱满的爱国话语表征和情感样态。网络青年群体对以传统文化为主导的动画作品的追捧和热议,是作品本身制作成功的结果还是网络空间发展出的新的话语逻辑和文化形态呢?如果是网络媒介空间加速了新文化样态的诞生,这其中存在着什么样的内在机制?针对以上的问题,笔者梳理了相关文献。发现学界对这一问题目前有以下几种代表性观点:

首先,对于文化产品研究的代表性观点:"认为当今中国国产动画电影在传统文化再生产方面取得了不菲成绩,并认为传统文化的再生产和传承是通过不断精进文化工业产品的方式,在作品传播到受众的阶段便全然完成了中国传统文化的创造性转化。"[1]如有学者提出"动画影片《大鱼海棠》进行了有益的尝试,创新了中华优秀传统文化的阐释方式,将科技与文化元素有机融合,唤醒了沉寂的民族历史文化记忆,让观众获得了独特的审美体验和文化濡染","进一步挖掘中国文化符号的内在意蕴,丰富中华民族共同意识的内涵,讲好中国故事,弘扬中国价值,增强文化自信"[2]。再如另有学者分析认为动画电影应是"对于传统文化立足时代当下、表达时代深层文化心理的改编的解读"[3]。这些观点仅仅从文化工业的创作策略上研究文化产品如何重构当代的中国文化。并且,大部分研究将文化的构建归功于文化产品的制作层面,对于

---

[1] 华云刚:《论国产动画电影中的传统文化及其当代价值》,《电影新作》2019 年第 6 期。
[2] 苏文兰:《动画影片〈大鱼海棠〉的文化再生产与阐释边界》,《西南民族大学学报(人文社科版)》2020 年第 5 期。
[3] 刘起:《〈哪吒之魔童降世〉——镜像结构与文化重构》,《电影艺术》2019 年第 5 期。

互联网时代,网络互动的作用以及受众在构建文化中的角色并没有意识到,忽略了其文化再生产的复杂而丰富的过程和受众创造文化的主动性。

其次,对于网络青年群体产生刻板印象,认为网络时代的青年群体的亚文化对主流文化是一种冲击和威胁。如有学者"认为青年群体通过网络获得对抗性胜利快感","网络青年亚文化的宣泄性","指桑骂槐、暗地讽刺主流意识形态","不断触碰社会公序良俗和法律道德底线","cosplay群体是青年文化中的负向发展"。[①]

基于以上的文献考量,本文以传播的仪式观视阈来探索,还原传播学最初的要义,即分享和构建共同体的层面来考察动画电影的受众在网络互动中的行为过程。本文以中国传统题材动画电影《白蛇》的第一部《白蛇缘起》和第二部《青蛇劫起》的受众的网络互动行为作为研究个案,运用田野观察法,深入粉丝活跃的各网络社区,如百度贴吧、微博及评论、B站弹幕及视频、知乎、豆瓣等。观察期为2021年7—9月,观察频率为每天一次,观察时段选择在夜间20点至21点。主要观察内容包括:查看百度贴吧发帖内容,分析b站每日作品投稿量、播放量、转发量、弹幕内容、评论内容等,检查百度贴吧是否更新推送内容,分析新的推送及其评论区留言等。我们将尝试探索网络媒介空间在新兴的文化样态形成过程中的角色和作用;群体在网络空间中是如何进行互动以及构建新文化的;以及当今"国潮文化"的兴起与网络媒介空间的互动行为有什么关系。

二、网络互动中的文化再生产模型探索

以本研究对象为例,《白蛇》动画电影网络空间互动的形式(网络互动的具体化行为)有以下几种:1.百度贴吧上的帖子;2.B站解读类视频;3.微博博文;4.同人创作如绘画、小说、视频等;5.弹幕;6.评论区。这一系列的集体书写行为,表现出这一行为的自发性、集体性。通过观察田野法我们发现该动画电影

---

① 谌韵灵、邹升平:《网络青年亚文化的特征及引领路径探析》,《南通大学学报(社会科学版)》2021年第1期。

的粉丝受众庞大、互动密集频繁、形式多样。例如,《白蛇 II》的官方微博阅读量是 5716.2 万次;在百度贴吧中"白蛇缘起吧"和"青蛇劫起吧"的发帖数量超过了 60 万贴。(截至 2021 年 9 月 30 日整理的数据)从这些数据中可窥见《白蛇》这部动画大电影具有强大的网络互动力量,具有一定的代表性。

我们观察《白蛇》动画电影的网络互动后将网络互动的内容文本进行分类,发现基本上围绕几点展开:对作品的评价;对作品的深度解读;对电影展示的各种符号的延伸并再创性书写文本;与内容生产者的网络互动。一是对作品本身的评价。抒发对作品的看法是网络互动中最基础的内容。伴随着网络技术的发展,网络互动空间为网络受众表达观点提供了新的释放和体验的平台。青年在网络上有很强的表达诉求,以展示自我所拥有的能量和主观能动性。对电影的评价围绕着剧情和画面风格展开。剧情方面,B 站网友"Arisu 的 Ploy"在评论中说到:"虽说比起一流还稍显不足,但《白蛇:缘起》这部影片比起之前的国产动画电影确实有了可喜进步。"另一位 B 站网友"绪方真一"却不这么乐观,发表了言论"剧情硬伤"。再如 2019 年 1 月 23 日发表在 B 站的专栏文章《营销号标题中"崛起"的国产动画——由〈白蛇缘起〉想到的》,文章发布两日内下方评论多达 1340 条,引起热议。受众中亦有不评价剧情好坏只抒发自己内心感受的,"深红之渊只有我自己"在百度贴吧发表道:"我不管白蛇好不好,我就想看下一部 。希望白蛇有一个圆满的结局啊,我太容易入戏了,一个大老爷们哭得稀里哗啦,好想看到下一部。"网络舆论中也不乏"群舌之战"。如 2021 年的百度贴吧中,同一部作品的粉丝内部的舆论大战——喜爱白蛇的受众与喜爱青蛇的受众之间各执己见,各自自诩为"宣白党""青劫工"以宣布立场。双方进行几轮激战,维护自己心中的一方自留地。百度贴吧在观察期间发帖 4030 条,其中有 2480 条均是对电影的评价,讨论剧情发表评价的内容占 50% 左右。除了普通的网络受众,还有一些网络大 V(贴吧、微博或网络社交平台上的有影响力的账号)在网络空间活跃着。这些大 V 的观点凝聚了与其见解相近的群体。粉丝们各自站队,各抒己见。二是对作品内容的深度解读。网络互动的第二个层面是受众对文化产品的自发解读、对作品背后相关内涵的挖掘。最具代表性的是 B 站兴起的"解读性视频"、微博上的专栏文章等。这些网络 UGC 和 PGC 区别于传统影评,去中心化,具有更强的戏谑性和解构性。即使是以"二次元"的话语逻辑表达，也不乏"有些解读文案相当专业"，例如大V号"木鱼水心"的解读令网友大为赞叹"文案要拿去发表""简直就是课堂教案"等。解读内容包含了影片拍摄制作层面、思想内容层面和经济运作层面等。网络时代信息传播方式打破了之前的传统媒体时期仅仅由主流媒体垄断信息传播源的状况。网友将自身置于观影人或影评人等不同角色中。网络受众的后台行为风格使得越来越多的人通过网络空间发声。受众此时已不再是乌合之众，而是具有很强思辨能力的主体。他们彰显群体特征，表达内在能量，讨伐剧情的漏洞、挖掘故事背后的文化内涵。这些对文化产品的解读亦是成了新的内容生产，产生新的文化符号。例如，百度贴吧中的"受众漠之云"说道，结局中的设定"首尾相连，是世界大蛇耶梦加得的传说，然而这个形态在现代科学里，很多领域都得到了相类似的理论，量子理论，物质尺度，中国古代太极，易理中相生相克的概念"。此论一出引起了评论区一片喧哗。其他受众惊叹楼主的广博知识，并纷纷参与该帖内容的讨论，引发一场对传统太极、易经文化的热议。而受众"冰糖葫芦杀手"从《青蛇劫起》联系到了作品背后有"很大的一个佛道的系统"。"雏凤声胜清"提出了对剧情中姐妹情的解读，互文性联系到其他动漫作品角色如"鸣人与佐助"，"聂风和步惊云"。这一解读引起了不少网友的共鸣，产生了特征性符号。也有网友从经济运营角度来解析，如百度贴吧的话题"青蛇成本是否已经完全收回"等。三是文化再生产式的自主创作。网络互动中诞生的形式不只是言论、见解，亦有强大的创新潜能。网络空间为网友们充分发挥创造性，培养创新精神提供了广阔的平台。这种创新性主要体现在网友通过自主创作形成了新的文化再生产之地，如同人作品、cos仿妆、以原作为素材的视频混剪等，以原来的作品作为原型进行文化再生产。这些作品不带有功利性，更真实体现这部分群体的旨趣，也因此受到同样浸染在这个圈层的其他同伴的关注和喜爱，更有甚者沉浸其中的氛围无法自拔。例如网络中那些对《青蛇劫起》结局不满的受众便自行创作了小说结尾，实现了理想中的故事走向。百度贴吧中，发帖量有3万的网友"孙悟空"独自创作了小说《大圣又归来》。通过观察，在网络互动的机制下，代表新时代的符号经由网络青年受众互动中无意识性、自发性地创造出来，新的观念产生，旧的文化理念被影响、加深或改变。这些原创同人作品在网络空间不断产生与发酵,具有极强的传播性和影响力。四是网络受众与内容生产者的互动。在网络空间这个平台上,文化工业的创作者与受众都表现出强烈的沟通愿望。这里俨然成为双方进行对话的最佳场所,自然而深入。网络技术的发展,使得受众的信息反馈方式丰富多样。反馈的作用也大大增强。网络互动使得观众可以将观感直接而迅速地反馈至影片的制作方、发行方和其他内容生产者。当下的电影受众对电影媒介信息内容的反馈逐步由"解读"向"参与"进行转变。①电影文本与受众之间的关系由"刺激－反应"模式转入了更复杂的深入反馈、深度交互的模式。网络上的受众反馈为内容生产者提供参照。那些评论、同人创作为内容制作方的灵感获取提供新的空间。在我们研究的文本内容中,有受众向制作方发去的信息,如 2021 年 9 月 17 日百度贴吧发起的《白蛇 3》片名征集事件;又如《大圣归来》贴吧的置顶帖子——"为了呼吁《大圣归来 II》而发起的打卡活动",并宣称"为了能一直坚持下去,决定和各位水儿们一起每日签到"。而反之制作方主动搜集网络受众意见,例如:《白蛇》创作团队在创作初期汲取了大量网民的意见,在 B 站开辟了一个征集令,征集网友对续集的期待。制片方也在微博设置了官方微博,及时与粉丝互动;在 B 站开设了直播间,通过这种互动形式直面观众。可见,网络互动空间中受众反馈与内容生产者的对话是一个愈加深入交融的过程。

通过上述对《白蛇》网络互动文本内容的分类归纳,我们总结出网络互动中文化传播的模式。如下图 1 展现了在网络空间中,网络受众由文化产品带来了一系列互动实践行为。

如图 1 中的模型所示,作为文化工业产品的动画电影的文化再生产过程从两个层面完成:一是作品层面,即通过文本的创作传达创作者的意愿和作品的内涵;二是网络受众互动层面。在第一层面,文化产品展现、传达了作品的文化内涵、价值观念,通过潜移默化的感染将中国优秀传统文化再生产。但第二层面——互动层面的受众在观看了动画电影后,通过交谈、判断、建构这一过程,创造出了新的符号特征、建构了文化共同体,网络受众最终形成了属于

---

① 于歌子:《从反馈到交互——传播学视阈下的当代电影受众参与方法探析》,《当代电影》2019 年第 7 期。

图1

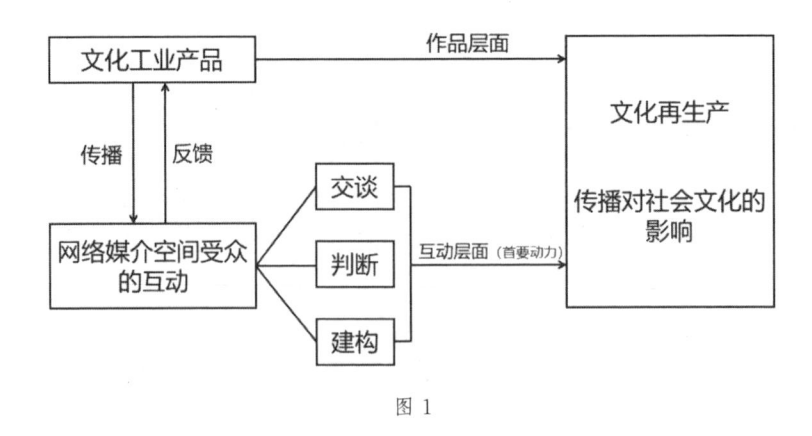

这个圈层的话语表征和符号表征体系,完成了这个层面的文化再生产,体现了传播仪式观视阈下传播过程对社会与文化的影响。而两种层面中,第二种层面属于首要动力。

三、网络互动空间的文化再生产过程

以上我们分析了受众在网络媒介空间中互动的方法与内容,深刻感受到网络媒介空间的巨大能量,并建立了网络互动对文化再生产的形成机制的模型。我们把这个网络互动模型中的文化发展进程归纳为:交谈、判断、构建。以下将结合《白蛇》动画电影的网络互动实践,进一步阐述网络互动实践的三个阶段是如何实现文化再生产的。

1. 交谈——符号的蔓延

网络互动行为中的弹幕、评论、微博超话、B站的"解读视频"等都是交谈的具体呈现。交谈的产生源于对某一文化产品的关注。图一中的第一层面,揭示了文化工业所能做的就是为形形色色的大众层理制造出文本库存和文化资源。当文化工业产品——如动画电影《白蛇》——进入大众视野,其间的符号互动建构起一个"自由自在、不拘形迹的广场式交往"[1]。交谈的部分至关重要,其过程产生符号的互动。文化本身是由符号构成的。这些文化符号包括

---

[1] [苏]巴赫金著,钱中文译:《巴赫金全集》,河北教育出版社1998年,第242页。

了人类行为与实践所呈现的意义。符号的生产让"交谈"这一过程变得如此的卓尔不凡。这期间视觉符号得以蔓延、文化符号得以延展。如电影中的"修罗城、机车元素、佛学、骨钗"等每一种符号形态都是再生产性的,网络受众又由此及彼地延展符号的表征。人们很容易掌握由文化产品产生的,或者由经典传统文化沿袭的文化符号,而且有能力在有限的符号元素基础上生产新的文化表征。正如凯瑞说,我们制造了符号,我们又徜徉在符号里面。受众不再只是被动的文化接受者,而是可以主动生产和消费的文化意义再生产者。他们狂欢、重构、消解,形成一种媒介景观图式。

2.判断——共同体的产生

这些由于相同的符号吸引而凝聚在一起的群体形成共同体。动画电影在网络空间中不再只是一个文化产品,而是如同以共同体的身份把人们吸引到一起的神圣典礼。人们之间进行传播和交流,通过互动过程符号的意义再生,以及意义的共享去构建人类在社会中共通的语义空间。如此看来,观看电影在如今的网络时代并不一定是为了获取什么信息资讯,而更像是一场仪式。而网络群体通过一部电影引起热议的行为成为生活的一部分,这种行为提供了一种生活范式和秩序。通过对影视作品的热议,来构建一种相同的趣缘、信仰,甚至是文化,这成就了一种共同体的构建过程。

在这个意义上,B站、豆瓣、百度贴吧、微博等网络平台,是现代年轻人的一个基地。在这里他们通过分享符号试图寻求共同的信仰,这里的传播实质是传播仪式观中的分享、参与、结盟、沟通等。这种力量具有民间性、自发性、原生性的鲜明特征。网络空间的互动实践实现了这些青年团体寻求的自我价值和群体身份的认同,通过互动行为回答自身存在的合理性,解决自我的认同危机。通过网络文化的书写,将自身价值彰显,构建集体身份,建立交往主体间的认同感,达成共同体产生。

3.构建——新文化再生产

在本研究的网络互动实践中,网络青年受众自发创作的同人作品、cos仿妆、帖子、评论区、视频等,实现符号的再编码、情感的再传达、内涵的再建设。文化再生产的一个重要动力就是文化在现实生活中具有启发性、指导性、实用性。而这个群体创造共同的阐释符号和规则、共同的象征符号体系。这些创作成为重要的互动资本,随之再投放到网络空间,进而再次形成更多的互动内容。这样的互动模式构建出了属于这个群体的新的文化样态。英国社会学家克里斯·简克斯的文化动态观认为"文化是一个过程,是不断发生的、逐渐形成的,并以再生产的形式得以延续"[1]。约翰·菲斯克眼中的受众就是主动的行动者,他在《理解大众文化》这本书中谈到,大众文化是大众创造出来的,是通过产品与日常生活的结合创造出来的。受众不能创造文化资源,但可以根据自己的社会文化经验和需求去重新解读文本,从资源中去生产出自己的文化。

在图一的模型中,文化再生产在两个阶段产生。一是网络互动对文化产品的反馈与反哺中。在互联网时代中,文化作品的影响与文化再生产能力一定不能只停留在作品本身的内容上,更要看到网络受众对原来的文本更加强劲的发酵作用。这一层面的涤荡与影响要远远高于作品本身的文化生产力与感染力。受众网络互动的过程改变了过去电影文本、受众、传播者的关系。这个过程更加个性化、私人化、草根化,具有丰富的文化转向空间。网络上的互动实践,影响了人们对电影(文化产品)的选择、认知、关注、理解,是之前那种自上而下的单向的影评传播模式在新时代的拓展。这不单单对于电影的创作阶段产生了极深的影响,同时还产生了新的内容生产,对文化产品进行二次创作,以一种全新的方式对原有的艺术文本进行消解和重塑。从而,新的文化产品诞生,更能与受众群体产生共鸣,更贴合当下的生活。例如《西游记之大圣归来》《流浪地球》等电影曾借鉴于二次元圈层、科幻圈层等同人创作作品。而《白蛇》动画电影导演黄家康在B站访谈中说,"电影的魅力是和观众的互动,对社会有影响","通过与年轻人互相激发,明白我们下一步该怎么走"。第二阶段是在符号互动中产生了新的文化样态,使其共创了一系列属于群体文化的共同符号,筑起圈层的墙壁,在网络互动中进一步强化了该群体文化的文化认同,新的文化样态就此诞生,如二次元、Z世代、御宅族、趣缘文化等。

由此可见,这个模型所展示的文化再生产是一个逐层递进的过程。交谈是产生符号的过程(符号的互动),网络受众在互动过程中,获得了关于某个文

---

[1] Chris Jenks. *Cultural Re-production*. London:Routledge,1993,p. 3.

化的共同符号,产生了象征意义;判断是识别共同体群体的过程(网络社区的构建)。受众因为喜好、需求、利益等关系,共创了一系列属于群体文化的共同符号,又在参与互动中进一步增强了该文化认同与共同体的身份认同;构建是形成共同体后,相互之间逐渐产生新的文化的过程。由此,新的文化样态诞生了。

四、基于文化再生产模型的网络国族认同与文化建构

通过上述的推演论证,我们得出以下结论:网络空间互动中受众才是最终创造文化的关键。近年来,我国刮起了一股强劲的国潮风。什么是"国潮"?"在各种领域与传统文化相关的一种复兴潮流成为'国潮'","成为年轻人追逐的圈层亚文化"。[①] 有国风少年、国风动漫等新的符号体系。这股风潮来自"中国最非主流的文化社区",却展现出了与刻板印象截然相反的"爱国话语表征和情感样态"。这一爱国表征的集体仪式如果按照之前的理论解释,应该会找寻引起这些青年思想变化的、能传播爱国主义和传统文化的文化产品。但这股风潮恰恰在主流文化开始关注、影响之前已经不胫而走,具有自发性、民间性的特征。

因此,我们使用本研究的"文化再生产模型"来阐释这个现象:国潮风和新时代的爱国表征是一种蔓延在当代青年群体中的新的文化样态。它发生在网络受众的互动之中。首先,活跃在各大网络空间的青年群体,通过弹幕、创作视频同人作品、发表评论等方式,在网络公共领域的交流,是思想的蔓延和邂逅。这个阶段产生了新的象征符号体系。其次,由于相同的趣缘而聚集在虚拟网络中的某个基地,这部分青年形成了文化共同体,建立了文化叙事场域,创新话语表达,创作文化产品。最终,他们在这个过程中凝聚了爱国情怀、增强了文化自信、相互深化了身份认同。这个过程中形成了"国潮"的新文化样态。

---

① 邢海燕:《"国潮"与"真我":互联网时代青年群体的自我呈现》,《西南民族大学学报(人文社会科学版)》2021年第1期。

"新时代的青年群体伴随着中国的改革开放成长起来,充分感受到国家日益强盛所带来的红利,对国家制度模式和发展道路高度认同。"[1]即便如此,这个群体的青年依然表现出疏离主流和权威、标新立异的行为作风,但是他们遵从内心,积极主动、自觉自发地释放爱国热情。已经倡导了多年的传统文化的觉醒和文化自信,是主流文化的目的,但不是唯一手段。主流灌输式和受众自发式在这一现象中最终将殊途同归,青年团体对于传统文化的自发的热爱便表明了这点,真正做到了"有心插柳柳成荫"的良性循环。青年群体网络互动中有两点值得我们注意。

1.主导性——框架理论下的优秀传统文化光晕

戈夫曼的框架理论提出:情境的定义是由社会事件的组织原则,以及个体在其中的主观投入决定的,我们对一件事情的看法会受到外部事物的影响,受到情境感觉的影响,以及主观情绪、客观经验影响。框架是人们用来认识和解释日常生活经验的一种认知结构,它能建构话语。主流文化在大方向上的把控和引导,在中华传统文化的精华和魅力的照耀下,这些青年的思想在顺着自己成长的方向茁壮成长。取其精华去其糟粕。用社会主义核心价值观和人类优秀文明成果滋养人心、滋养社会,做到正能量充沛、主旋律高昂,为广大网民特别是青少年营造一个风清气正的网络空间。[2]

社会主义核心价值观集中体现了中国优秀传统文化的精髓,是和谐社会最大的同心圆,是青年亚文化的发展与主流社会群体认同的"融合剂"。他们通过群体之间的交流、互动,形成了一种新时代的爱国文化。而这些原始的、自发的符号体系,更加行稳致远。网络互动的作用不是提供信息,而是这个爱国共同体之间的一种"暗号"般的确认。正如《白蛇》的案例可见,围绕着优秀的传统文化IP,各种有意义的符号如何被挖掘、创造、延展出来,被理解、探讨、辩论,最后被使用、融入现实中的社会过程。这个过程是正在发生的、历史的、可以公开观察的行为。

---

[1] 徐明华、李丹妮:《互动仪式空间下当代青年的情感价值与国家认同建构——基于B站弹幕爱国话语的探讨》,《中州学刊》2020年第8期。

[2] 习近平:《习近平谈治国理政:第二卷》,外文出版社2017年,第337页。

2.话语权的平衡——辩证看待网络互动空间的宽容性

青年群体对于国潮国风的追捧,是其内心对国家真实情感的必然表达。当下的优秀传统文化题材的文化产品提供了表达和创新的契机。网络空间承接了这样的需求,连通了优质传统文化产品与青年群体。网络互动空间彰显了青年魅力的个体行为。青年人通过网络空间平衡了话语权的天平,通过自身的"破权"手段,寻找付出与收获之间的平衡感。这个网络互动实践行为使人产生愉悦,使人产生满足感。

而这个舆论场域开放、自由,提供了宽容和空间。让舆论流动,让观点飞扬,让真实情感得以流露。民主的表达空间,具有极其重要的意味。它不受任何利益和权威的支配。这个自然、自发的仪式般的社会互动过程,对塑造社会秩序的特征起着举足轻重的作用。这样的网络互动行为是青年交谈、与其他文化交流达到相互理解的必由之路,也是社会协调、整合的微观机制。文化的传播,文化产品的产生不是用来控制的,而是共享。值得提醒的是,即使当下的互联网空间呈现良性发展局面,网络文化空间仍是一个斗争的场所。注重青年受众当中的反抗,观察他们是如何对付、规避、抵抗这些不同的价值性力量的,以探究大众的活力和创造力。这一部分是在前期研究中欠缺的。本文由于篇幅,只提出带过而未再做深入研究。但这一方面一定是值得我们深入探索的。从长远看,互联网互动行为最终不是为了传递什么信息,而是建构了并维系了一个有秩序、有意义,能够用来支配和容纳人类行为的文化世界。

五、结语

过去人们总希望通过更好地塑造文化工业产品来继承传统文化、讲好中国故事,为更广大的群体所接纳——这便是文化再生产的全部。诚然,不可否认一部制作精良、内涵丰富的文化作品是传承经典、弘扬传统的优质途径,但新文化建构的过程不仅在文化产品创作和生产阶段,更关键的、不可或缺的是受众互动过程创造出新文化样态的互动阶段,这才是完成了文化再生产的全过程。本文通过详细分析动画大电影《白蛇》的网络受众互动行为,归纳了网络互动的四大内容指征,在此数据基础上建立了网络互动中的文化再生产的过程模型图,揭示了文化再生产的三个阶段:交谈、判断和构建。文化再生产不是文化工业再生产新的文化产品,而是受众在互联网的文化媒介环境下,通过网络受众的互动、与作品的互动再生产出的文化。网络互动媒介作为历史文化产物,正在重塑着现代社会的文化结构,构建一个更具包容性与多元化的文化世界。未来的对外文化传播、文化自信的加强、文化作品应积极借助网络互动媒介文化(再)生产平台的机制。它的发生并为人们所接受,需要我们合理开发、应用。特别是面对网络"国风国潮"现象,本文认为网络互动应该照耀在优秀的中华民族精神文明的光晕框架下,适度宽容的网络互动空间为青年群体提供了话语权表达的契机,使青年文化得到了自由成长的空间,有利于各种文化的交融兼收并蓄,为这股自发的爱国热潮行稳致远提供些许见解。

本研究也存在不足之处,如未能将网络互动空间的几大不同平台的受众进行细分研究;未能对网络互动中的争斗、异议的去向进行追踪分析。拙作旨在冲撞出更多思想的火花,为后来者打开新的研究空间。

(曾晓苹,集美大学诚毅学院副教授)

Research on the Cultural Production Process of Animation Film in the Context of Network Interaction
—Taking the Animation Film "White Snake" as an Example

Zeng Xiaoping

Abstract: The animation film with traditional cultural theme as Ip has become a hot topic among the youth groups in the interactive space on the Internet. Through field observation, this paper studies the audience's interactive behavior in the network space of the animation film "White Snake", and sums up the four content types of its network interaction. On the basis of this data, a model of audience's Cultural Reproduction Process in cyberspace is established, which includes three stages of conversation, judgment and construction. Through this conclusion, we can explain the hot phenomenon of "National tide and national style", which is spontaneous and undiminished. From the perspective of Kerry's communication ceremony, this paper expounds the effect of the young audience's network interaction on the formation of community, national identity and cultural self-confidence in this phenomenon.

Keywords: Animation Film; Network Interaction; Cultural Reproduction; National Tide

"阅文风波"与网络文学版权问题[①]

赵菁　周恒宇

摘要： 网文出版发行是新兴的文化生产模式，是互联网平台经济的重要组成。作为头部网文平台企业，阅文集团2019年4月的"合同风波"带来网文全行业震荡。本文聚焦引发此次风波的合同，从著作权保护与民法基本原则的角度，深入探讨网文行业发展二十余年在版权归属与权益分配方面的共性问题。本文认为，以阅文旧合同为代表的大部分网文平台合同有违著作权法有关转让、许可使用的相关法律规定，有违民法所强调的基本原则及格式条款约束。新合同在总体上做出了针对性改进，修改方向值得肯定。在法律层面上规范版权、打击侵权，遏制平台环境下的垄断现象，维护网文作者的利益，同时保护平台方的应有权益，达成平台方与网文作者的共赢，是我国网络文学深度调整的方向，以及长远发展的根本所在。

关键词： 阅文风波；网文版权；著作权法；民法典

[①] 本研究为2020年中国社会科学院大学重大课题"文化治理现代化的理论与实践研究"（项目号：2020-KYLX01-05）阶段性成果。

随着移动互联网、大数据、人工智能等信息技术的飞速发展,在各种网络平台上从事数字内容生产成为越发常见的现象。仅网络文学领域,相关数据显示,我国网文创作者已达 1755 万,[①]网络文学市场规模达 195.1 亿[②]。网文发展过程中,涌现出一大批具有鲜明中国文化特色或时代特色的原创作品,并通过资本运作实现了网文 IP 价值最大化。在国家"一带一路"建设背景下,网文国际市场也渐趋成熟,培育形成一整套网文发展的中国模式。

欣欣向荣的另一面是,平台经济所特有的网络效应与资本集中趋势,也极易引发平台企业与网文作者之间的利益冲突。这一冲突直接体现于 2020 年 4 月底围绕阅文集团爆发的"合同风波"。作为网络文学第一平台,[③]阅文集团在宣布调整管理团队时,网上同时流出其即将与网文作者签订的新格式合同。网文作家指责这一合同存在不少"霸王条款",并在微博、知乎等网络平台发起"55 断更节"予以抵制,维护自身权益。

尽管阅文新团队三度发声,并召开作者恳谈会回应质疑,却并未平抑网上争论。[④] 实际上,近年来强势平台与广大作者之间的争议已屡次引发网络震荡,其核心问题即在于网文版权归属及相应的权益分配。此次风波虽围绕阅文集团,但作者与平台方的种种矛盾却并非阅文旗下平台所独有,而是网文产业发展二十余年中在版权规范方面长期累积的共性问题。作为网络时代内容生产的组织形式,规范平台经济和网络版权制度,是网文生态健康发展的核

[①] 中国音像与数字出版协会:《2018 中国网络文学发展报告》,http://culture.people.com.cn/n1/2019/0810/c429145-31287235.html

[②] 艾瑞咨询:《2020 年中国网络文学版权保护研究报告》,https://www.iresearch.com.cn/Detail/report?id=3595&isfree=0

[③] 我国网络文学行业现有竞争格局为寡头垄断,其中阅文集团规模最大,影响最广。见周圆《网络文学市场快速发展 行业呈现寡头垄断格局》,http://www.newsijie.com/chanye/hulianwang/jujiao/2018/0823/11245030.html

[④] 5 月 2 日新团队首次回应相关网络质疑,否认阅文将推行"全部免费阅读"模式,但会对创新模式进行探索。同时声明,引发网友讨论的合同是阅文于 2019 年 9 月就改版的合同,并非新管理团队上任伊始才推出的"新合同"。但这一回应并未平抑网络争论。在"55 断更节"当晚,新团队再次发声明确"全部免费"不可能,而"知名作者纷纷断更"也不属实。5 月 6 日,阅文第三次回应称网络所流传"作者被收走著作权"等为谣言。同一天新管理层举行作家恳谈会,当日晚发布恳谈会官方信息称将改革旧合同中的不合理之处,明确修改方向。6 月 3 日,阅文正式推出了新合同。见阅文集团 4.27—6.3 微信公众号。

心。在当今付费阅读模式触碰"天花板"、免费阅读模式崛起之时，更应厘清平台方与网文作者之间权利义务关系，这不仅与数千万网络作者的切身权益息息相关，更事关我国网文产业的发展前景与方向。

本研究将从著作权保护、民法典相关原则等角度对引发"阅文风波"的"旧合同"及风波之后阅文所推出的"新合同"进行分析。[①] 如前所述，旧合同中所存在的问题并非阅文所独有，它表征了网文行业在版权规范方面的共性问题。同时，作为行业龙头与标杆，其新合同的出台无疑也有着示范作用。新合同是否合理合法，是否有利于规范网文生产机制，有利于网文产业长远高质量发展，均值得细致讨论。

从法律角度，著作权合同应当首先适用著作权法进行调整。2020年11月11日公布的新修订《中华人民共和国著作权法》（以下简称著作权法）对网文版权有着直接的规范，其修订也回应了平台经济背景下著作权保护的新需求。同时，著作权转让是知识产权领域典型的民事法律行为，不仅应适用著作权有关法律，也应当符合民事法律的一般规定。《中华人民共和国民法典》（以下简称民法典）已于2020年5月28日公布，自2021年1月1日起正式施行。民法典总则编、合同编部分内容，对于调整平台与作者之间的法律关系具有十分重要的指导意义。

一、新著作权法与作者权益保护

以阅文旧合同为代表的网文平台与作者之间所签署的合同，通常名为"文学作品独家授权协议"，主要内容是网文作品的独家全版权转让以及相应的报酬分成事宜。这种全授权模式合同，并不符合著作权法的要求，也不能全面保障作者一方的合法权益。

1.关于网文作品的著作权保护

著作权法第三条规定："本法所称的作品，是指文学、艺术和科学领域内具

[①] 本文根据阅文的三次回应，将引发"阅文风波"的合同称为旧合同，将6月3日推出的合同称为新合同。

有独创性并能以一定形式表现的智力成果。"其列举第一项即为文字作品。第九条规定:"著作权人包括:(一)作者;(二)其他依照本法享有著作权的自然人、法人或者非法人组织。……"第十条规定,著作权包括发表权、署名权、修改权、保护作品完整权、复制权、发行权、出租权、展览权、表演权、放映权、广播权、信息网络传播权、摄制权、改编权、翻译权、汇编权等十六项具体权利以及应当由著作权人享有的其他权利。其中发表权、署名权、修改权、保护作品完整权等四项权利属于人身权,后面十二项属于财产权。根据立法释义,著作权的人身权与财产权在权利具体内容、保护期限、是否可以转让等方面存在明显差异。著作人身权通常与作者的精神利益或者人格利益密切相关,专属作者本人,保护没有期限限制,一般情况下也不能转让、不能继承;而著作财产权,是指权利人利用作品获取收益的权利,可以授权许可他人使用,也可以依法转让,自然人作品的财产权保护有期限限制,即作者终生及其死亡后五十年内。

从旧合同来看,双方对于著作人身权和财产权的区分授权并不明显,而是进行了笼统的全授权模式,并且一刀切地将著作权最长保护期限作为著作权转让期限。虽然著作权法并未明确限制著作权转让期限,但简单粗暴地以最长保护期限进行买断,并不符合著作权法保护权利人的立法目的,也有违公平原则。

新合同明确约定著作人身权归属于作者,并且取消单一格式合同形式,提供作品合作基础协议、授权协议(区分甲乙版)、深度协议等三类四种合同供作者选择,以满足不同作者的发展诉求。在基础协议、授权协议下,作者可对每部作品自主选择是否授权及授权方式,并享受不同的权益和资源。在授权协议中,授权期分为甲版(按著作权完整期限)和乙版(按完本后 20 年)两种可选,并分别匹配不同的权益。此种做法从权利属性出发,根据作者的不同选择,匹配不同的授权模式,更大程度上体现了对于著作人身权的尊重,更加有利于开发、保护著作财产权,同时也降低了平台在著作权运营和后期开发中的潜在风险,对于平台和作者都是比较好的权益安排。

2.关于改编作品的原著作权保护

网文作品的重要特点是作为 IP 成为后期诸多衍生开发的来源,即平台自行开发或者转授第三方行使协议作品的影视/动漫/游戏改编权、周边衍生品开发权以及商品化权。对此,著作权法第十三条规定:"改编、翻译、注释、整理已有作品而产生的作品,其著作权由改编、翻译、注释、整理人享有,但行使著作权时不得侵犯原作品的著作权。"第十五条规定:"汇编若干作品、作品的片段或者不构成作品的数据或者其他材料,对其内容的选择或者编排体现独创性的作品,为汇编作品,其著作权由汇编人享有,但行使著作权时,不得侵犯原作品的著作权。"第十六条规定:"使用改编、翻译、注释、整理、汇编已有作品而产生的作品进行出版、演出和制作录音录像制品,应当取得该作品的著作权人和原作品的著作权人许可,并支付报酬。"

根据上述规定,对基于原作品的改编等形成的新作品,原著作权人的合法权益不受侵犯,并且新作品商务出版、发行、演出等应当取得原著作权人的许可并支付报酬。但是,网文版权全授权模式下,合同通常规定了要将包括改编权在内的协议作品的全部著作权独家授予平台方。这在实际上不但未能体现著作权法对于改编作品原著作权人的保护精神,更侵犯了原著作权人的合法权益,本质上是对原著作权人相关权利的漠视。

新合同明确在著作财产权授权模式下,无论平台自用还是授权他用,作者均拥有IP改编版权收益,如平台自用,其收益分配还将根据作者参与程度、开发周期等实际情况由双方另行商议。该项约定保障了作者作为原著作权人在后期IP商品化运作中的应有权益,有利于其精心创作,并持续稳定地进行内容输出。

3.关于平台与作者之间的法律关系

因旧合同中出现"聘请"等表述,曾有争议认为双方之间应当定义为委托创作关系。著作权法第十一条规定:"由法人或者非法人组织主持,代表法人或者非法人组织意志创作,并由法人或者非法人组织承担责任的作品,法人或者非法人组织视为作者。"第十九条规定:"受委托创作的作品,著作权的归属由委托人和受托人通过合同约定。合同未作明确约定或者没有订立合同的,著作权属于受托人。"但旧合同主要还是平台与作者签约转让著作权获取相应报酬,并无平台组织作者按照其意志进行创作,或者作者主要利用平台的资源、技术、资金等条件进行创作的情况,也无平台委托作者创作具体作品的相关约定,双方之间显然并不构成法人创作或委托创作关系。对此,新合同作了进一步明确约定,认为平台与作者之间属于作品内容授权合作关系,不存在劳务雇佣关系,并约定平台要为作者提供多种福利和权益。

新合同推出了三类四种不同协议模板,虽然阅文集团笼统地称之为授权合作关系,但其实质是对应了不同的法律关系。对于第一类基础协议,作者无须授予著作财产权,也可享受平台提供的创作支持和发表作品等各类服务,但平台和作者均无分成,因双方之间不涉及著作权转让事宜,显然不属于著作权转让法律关系,有可能构成服务合同关系;对于第二类授权协议,作者可选择不同期限对单本作品授予平台相应的著作财产权,双方当然构成著作权转让法律关系;对于第三类深度协议,平台将对资深作者的更多发展诉求进行多样化的权益安排。仅从阅文集团宣传材料来看,深度协议有可能不仅仅包括著作权转让合同,还有著作权许可使用合同,乃至法人创作合同、委托创作合同等多种形式,双方之间的法律关系也趋多元化,各自权利义务自然也将有所差异。

4.关于著作权转让价款

就著作权转让合同中作者最为关心的转让价款即收益分成问题,著作权法第三十条规定:"使用作品的付酬标准可以由当事人约定,也可以按照国家著作权主管部门会同有关部门制定的付酬标准支付报酬。当事人约定不明确的,按照会同有关部门制定的付酬标准支付报酬。"对此,由于国家尚无指定文字作品网络付酬的标准,各网文平台基本是自行制定付酬方式和标准,即将作品按照订阅情况(或点击率、阅读时长等)计算报酬,由网文平台与作者对订阅或广告收入等按照一定比例分成。但包括阅文旧合同在内,通常网络平台会对支付标准有着严格限定,特别是在免费章节的设定、起付字数或订阅数、广告收入、版权运作等方面,作者并无知情权保障,更加奢谈话语权,乃至于还有合同明确约定除稿酬外作者放弃向平台主张其他任何收益等"霸王条款"。

虽然阅文新的授权合作关系采用多种合同形式,但不可否认,著作权转让合同仍然是其中最为重要也是最为核心的组成。在此方面,阅文集团作了多方面的改进举措,根据不同授权模式,约定了相应的收益安排,并且明确净收益如为零或亏损,由平台兜底,作者对于报酬数据可在平台网站指定页面查询,如有异议也可以联系平台进行核对。鉴于不同的运营模式将影响作者权益变现,新合同设计了免费阅读和付费阅读两种模式进行开放探索,并明确约定由作者自主选择和确认。上述约定均符合著作权法第二十九条规定要求,即著作权转让合同中著作权人未明确许可、转让的权利,未经著作权人同意,另一方当事人不得行使。而对于侵犯著作权以及与著作权有关的权利的行为,则根据著作权法第五十二条规定,应当根据情况,由侵权方承担停止侵害、消除影响、赔礼道歉、赔偿损失等民事责任。

二、民法基本原则与格式条款约束

1.关于民事活动的基本原则

民法典规定民事主体的人身权利、财产权利以及其他合法权益受法律保护,任何组织或者个人不得侵犯,并详细规定了民事主体从事民事活动所应当遵循的一系列基本原则。具体包括:民法典第四条规定了平等原则,即民事主体在民事活动中的法律地位一律平等;第六条规定了公平原则,即民事主体从事民事活动,应当遵循公平原则,合理确定各方的权利和义务;第八条规定了守法与公序良俗原则,即民事主体从事民事活动,不得违反法律,不得违背公序良俗。一般而言,民商事法律关系比较强调当事人之间的意思自治原则,但公平原则、公序良俗原则等在一定程度上是对意思自治的限制,在意思自治与公平原则相冲突时,有时需要优先适用公平原则。之所以如此规定,是因为虽然民事主体法律地位平等,但在实际民商事实践当中,双方因资源禀赋、资金实力、所处环境等不同,实际交易地位并不平等,有时候甚至差异巨大。在这种情况下,意思自治往往只是表象,双方的合意实质只是一方当事人意思的体现,处于弱势的一方只是对方意思的消极接受者,完全没有议价能力,处于不利地位。

就网文平台和作者而言,包括阅文集团在内的网文企业,其所拥有的资金、技术和运营方面的优势,是任何一个个体作者所不具备的;平台对专业知识的掌握也远胜于普通作者,更有充分的时间和精力研究一份对自己运营有利的全授权合同。在日益广泛而加深的商业化运营面前,作者群体是非常弱势的,极易成为著作权转让的受害一方,这在阅文旧合同中已经显露无遗,也直接成为"阅文事件"的导火索,引发网文行业震荡。

相对而言,新合同更多地体现了公平合理确定双方权利义务的基本要求,更加强调权利义务的适应性和对等性,例如由作者自主选择和确认是否要加入免费阅读模式,缩小独家授权范围和作品优先权范围(仅包括剧本和小说),删除旧合同中规定的平台自行安排完本或续写作品、社交账号归属平台等不合理条款,等等。

2.关于民事合同的格式条款

在旧合同引发的诸多争议中,严重损害作者权益的不合理条款被直接冠以"霸王条款""格式合同"之名,在网络中受到普遍质疑。民法典第四百九十六条第一款规定:"格式条款是当事人为了重复使用而预先拟定,并在订立合同时未与对方协商的条款。"根据上述定义,著作权转让合同由平台一方预先拟定,并且针对不特定作者重复使用,合同具体条款也未与作者一方协商,属于典型的格式条款合同。实践中,格式条款的存在,既有积极意义也有消极意义。积极意义主要表现在节约交易成本、提高交易效率、增进交易安全、防范交易风险等方面,随着电子商务和平台经济的兴起,格式条款的作用日益重要。但格式条款的消极作用也非常明显,其与契约自由原则在一定程度上背离,对契约正义造成了冲击,故对其弊端应予规制和防范。正是由于格式条款的这种两面性,从法律的角度而言,既要保证其积极作用的有效发挥,又要控制其可能对社会正义造成的危害。①

《民法典》第四百九十六条第二款规定:"采用格式条款订立合同的,提供格式条款的一方应当遵循公平原则确定当事人之间的权利和义务,并采取合理的方式提示对方注意免除或者减轻其责任等与对方有重大利害关系的条款,按照对方的要求,对该条款予以说明。提供格式条款的一方未履行提示或者说明义务,致使对方没有注意或者理解与其有重大利害关系的条款的,对方可以主张该条款不成为合同的内容。"根据上述规定,格式条款的提供方就重大利害关系条款应履行主动提示和被动说明义务。如上文所述,格式合同因未经双方协商,一般由处于优势地位的一方当事人提供,其中许多条款倾向于

---

① 《中华人民共和国民法典合同编理解与适用(一)》,人民法院出版社2020年。

保护提供方的利益,并尽可能地免除或者减轻提供方自身所应当承担的义务和责任,特别是涉及重大利害关系的条款。从接受方而言,因其相对处于劣势地位,在订约时往往没有对合同条款进行协商的机会和能力,甚至有可能不知道格式条款的具体含义,或者很难在短时间内正确理解相关条款可能导致的权利义务,因而在实质意义上并不具备意思表示一致的前提和基础,进而导致双方权利义务关系的失衡,有损于接受方的合法权益,也违反了公平原则和公序良俗原则。因此,该项规定对格式条款提供方强加了两种限制性措施:一是主动提示义务,即提供方必须采取合理的方式提请接受方注意格式条款中免除或者减轻其责任等与接受方有重大利害关系的条款。《民法典》第四百七十条规定了合同一般应包括的条款,例如标的、数量、质量、价款或者报酬、履行期限、地点和方式、违约责任、解决争议的方法等条款均属于与对方有重大利害关系的条款。提供方应采用"足以引起对方注意"的文字、符号、字体等特别标识对格式条款进行表示的,可以认为是采取了合理的方式。二是被动说明义务,即提供方应根据接受方要求对上述有关条款进行解释说明。这是因为,在经提示知晓格式条款的存在后,接受方虽然注意到相关条款存在,但囿于背景、知识和能力欠缺,其仍可能并不理解具体条款的真实含义和潜在不利后果,因此应赋予其要求提供方进行解释说明的权利,提供方则应以接受方能够理解和接受的方式对相关条款进行必要说明,从而有助于接受方判断是否接受相关条款。如果提供方违反上述提示说明义务,相关条款将不能作为合同约定内容,对双方均无法律约束力,接受方自然可以选择不予履行。

  从"阅文事件"所引发的后续争议来看,包括阅文在内的各平台方提供了合同等格式条款文本的同时,鲜有主动提醒作为接受方的广大作者注意其中免除或减轻平台自身责任等与作者权益有重大利害关系的条款。而大部分网文作者由于相关法律知识严重匮乏,在签订协议时也未主动要求平台方进行相应的解释说明。① 当然,在合同签订后,对于合同中不合理的限制甚至排除

---

① 中国文字著作权协会所接受的网文作者咨询求助及相关问卷调查显示,大部分网文作者对于著作权包含哪些内容、著作权转让合同应包括双方哪些权利、义务和责任,均不熟悉。超过半数网文作者不清楚"将著作财产权代理给甲方"意味着什么。引自张漫子、蒋芳《网文作者的'剥夺感'由何而来——网文平台合同风波调查》,《半月谈》2020年第11期。

作者主要权利的格式条款,作者可以依据法律规定主张相关条款无效;①但实际上作为弱势一方的作者,这一维权成本相当高昂。因此,更常见的情况是作者对这些严重损害自身权益的不合理条款在网络上"口诛笔伐",在行业引起风波。

三、平等保护平台和作者双方权益、打造网文生产新生态

我国网络文学发展至今,已成为引导舆论和价值观的重要阵地、IP 产业的源头活水、文化强国的重要标志。然而,建立在网络版权签约制度以及粉丝经济基础上的网络文学,近年来频频面临粉丝付费阅读用户数及付费阅读收入持续下滑的问题。对此,平台方一方面深度挖掘粉丝效应,同时全力开展 IP 版权运营,力争打通网文—动漫—影视剧这一整个内容产业链,在产业链下游获得更丰厚的利润。② 在此过程中,更容易落入资本视野的是通过付费、点赞、

---

① 《民法典》第四百九十七条规定:"有下列情形之一的,该格式条款无效:(一)具有本法第一编第六章第三节和本法第五百零六条规定的无效情形;(二)提供格式条款一方不合理地免除或者减轻其责任、加重对方责任、限制对方主要权利;(三)提供格式条款一方排除对方主要权利。"该条规定实际列明了格式条款无效的三种情形。第一种无效情形即是符合民法典中关于民事法律行为无效的一般性规定,这包括:民法典第一百四十六条规定的通谋虚伪的行为无效,第一百五十三条规定的违反法律法规强制性规定和违背公序良俗的行为无效,第一百五十四条规定的恶意串通损害他人合法权益的行为无效,以及第五百零六条规定的造成对方人身损害和因故意或重大过失造成对方财产损失的两类免责条款无效。在第二种无效情形中,应当注意,格式条款提供方对其中与接受方有重大利害关系的条款应依法履行提示说明义务,在履行该项义务之后,仍要区别该条款是否"合理",才能确定条款的效力。如果系"合理"免除或减轻己方责任、加重对方责任、限制对方主要权利的格式条款,只要不具备合同无效情形,也是有效的。但在第三种无效情形中,只要是排除接受方主要权利的,并无区别是否"合理"的必要,该格式条款当然无效。此外,民法典第四百九十八条规定:"对格式条款的理解发生争议的,应当按照通常理解予以解释。对格式条款有两种以上解释的,应当作出不利于提供格式条款一方的解释。格式条款和非格式条款不一致的,应当采用非格式条款。"本条规定实际上明确了有关格式条款解释的适用规则,即格式条款和非格式条款对同一合同事项均有约定的,优先采用非格式条款;格式条款理解有争议的,优先适用通常解释,最后才是不利解释。

② 2019 年,阅文集团自营渠道在线业务收入同比去年减少 12.2%,为 8.36 亿元。这主要是若干腾讯产品自营渠道的付费阅读收入持续减少;自营渠道平均月付费用户同比减少 9.3%,为 980 万人。相比之下,版权运营同比去年增长 283.1%,为 46.37 亿元,占 2019 年总收入 55.5%。这一迅猛增长正是由于 2018 年底收购了主营业务为电视剧和电影发行的新丽传媒 100%股权。新丽传媒根据阅文旗下网文改编的网剧《庆余年》等名列收视率榜首。2019 年,仅新丽传媒一家版权收入就达 32.63 亿元。此外,根据头部网文 IP《斗破苍穹》等改编的优质动画网络累计播放量突破 54 亿。以上数据均来自阅文集团 2019 年年报。

催更、打赏等大数据而展现出来的、能向下游输出优质内容的头部IP，及其背后少数"白金作家"和"大神作家"。相对而言，创造一个优质的网文写作环境、维护绝大部分普通网文作者的利益，则往往容易受到忽视。

阅文集团的"合同风波"正是在此背景下爆发。在这一风波中，我们应看到，以阅文旧合同为代表的大部分网文平台合同有违著作权法有关转让、许可使用的相关法律规定，有违民法典中所强调的基本原则及格式条款约束。同时更应看到，近千万的基层网文作者才是中国网络文学持续发展的基础和未来。如果资本以平台之强势以全授权合同对普通网文作者"杀鸡取卵"，权益压榨，终会导致网文作者的激烈反抗，甚至退出，从而损害网络文学的长远健康发展。

阅文新合同在总体上吸收了争议中各方的意见，做出了针对性改进。在更大程度上体现了对于著作人身权的尊重；对于旧合同中的诸多不合理的限制甚至排除作者主要权利的格式条款均作出修订；在强调权利义务的适应性和对等性基础上，落实选择权，以著作财产权授权模式为基础，提供作品合作的多类别合同，由作者自主选择和确认；并基于不同授权模式，合理约定相应收益安排；特别明确无论平台自用还是授权他用，作者均拥有IP改编版权收益，收益分配可根据作者参与程度、开发周期等实际情况由双方另行商议。如此约定，有利于作者持续稳定地进行优质内容输出，同时也有利于降低平台在著作权运营和后期开发中的潜在风险。

网文出版发行是新兴的文化生产模式，是互联网平台经济的重要组成。在网文产业发展中，强化平台方的公平、合理义务承担尤为重要，但平台方的合法利益也应得到保障。平台方及广大网文作者均是文化生产与平台经济的重要参与者，双方处理著作权转让事宜时均应平等协商、公平合理、权责对等，严格遵守法律规定和公序良俗。此外，著作权法第四条规定："著作权人和与著作权有关的权利人行使权利，不得违反宪法和法律，不得损害公共利益。国家对作品的出版、传播依法进行监督管理。"据此，网文产业还应严格遵守国务院有关互联网平台监管、文旅部有关数字内容产业发展指导、国家出版总署有关网文出版管理的各类行政法规与部门规章，进一步加强行业自律，注重社会责任。

正如习近平总书记所强调,创新是引领发展的第一动力,保护知识产权就是保护创新。要强化知识产权全链条保护,综合运用法律、行政、经济、技术、社会治理等多种手段,促进创新要素自主有序流动、高效配置,为贯彻新发展理念、构建新发展格局、推动高质量发展提供有力保障。[①] 在法律层面上规范版权、打击侵权,遏制平台环境下的垄断现象,维护网文作者的利益,使之成为创意生产者而非沦为数字劳工,同时保护平台方的应有权益,达成平台方与网文作者的共赢,是我国的网络文学深度调整的方向,以及长远发展的根本所在。

(赵菁,中国社会科学院大学文学院讲师;周恒宇,香港大学哲学博士)

Legislative Perspective of "Yuewen Incident" and the Copyright of Internet Literacy

Zhao Jing　Zhou Hengyu

Abstract: Online content publication is a new mode of cultural production, and becomes one of the most important part of platform economy. As the top of Internet literacy platform, Yuewen Incident is paid great attention of the whole industry. Focusing on Yuewen's old and new contract, this study will discuss the common problems on the copyright issues around the Internet literacy industry. It argues that most of the contracts on the Internet literacy go against with the Copyright Law and the basic principles stressed in the Civil Code, while the revision version should be affirmed. From a long perspective of the development of Internet literacy, it should strengthens the copyright regulations, restraining monopoly of the platform to achieve win-win between the authors and the platform enterprises.

Keywords: Yuewen Incident; Copyright of the Internet Literacy; Copyright Law; Civil Code

---

① 习近平:"全面加强知识产权保护工作 激发创新活力推动构建新发展格局",在主持中共中央政治局就加强我国知识产权保护工作举行第二十五次集体学习时的讲话,2020 年 11 月 30 日。

莎士比亚戏剧中的疾病现象与母亲身份缺位引发的伦理失范[①]

胡冬芳

摘要：母亲作为莎士比亚戏剧中的一重要意象对于戏剧情节有着重要影响。本文意在探讨因为母亲身份缺位引起的伦理失范与莎士比亚戏剧中戏剧人物"身患"精神性疾病之间的关系。《李尔王》中的爱德蒙因为母亲身份缺位而违背家庭伦理迫使哥哥爱德伽假装疯癫来求取生存;《麦克白》中麦克白夫妇因为母亲身份缺位而违背政治伦理最终患上幻觉、梦游等精神性疾病;《哈姆雷特》中的哈姆雷特因为"恋母情结"违背伦理纲常而使母亲身份缺位并因此患上了忧郁症。

关键词：莎士比亚;精神性疾病;母亲身份;伦理失范

在莎士比亚的众多戏剧中,常有因为母亲角色的缺位而引发伦理危机致

[①] 本文系国家社科基金项目"莎士比亚戏剧中的身体疾患现象研究"(项目号:16BWW060)的阶段性成果。

使男性陷入精神危机从而身陷精神性疾病的泥沼中的故事情节。在《李尔王》中,爱德蒙是其父葛罗斯特婚外情的"产物",因为当时严格的婚姻制度,其母不能成为葛罗斯特的合法妻子,这导致爱德蒙"合法母亲"的角色一直都处于缺席的状态中,而事实上爱德蒙作为"私生子"也是由葛罗斯特抚养长大,事实母亲角色也处于缺席状态。在此情境下,爱德蒙因合法母亲的事实性缺失深受家庭及社会的不待见而心怀怨恨不惜违背家庭伦理陷害弟弟爱德伽致使其不得不靠假装疯癫之症来保全自己。在《麦克白》中,麦克白夫人作为一名女性,本应该具有的慈爱、善良、包容等母性特质在她身上毫无显现,而诸如残忍、果断、凶狠等雄性特质在其身上却极为明显,这表明麦克白夫人精神上"母亲身份"是缺失的;另外,麦克白夫人虽生有一子但是却不幸夭折,这也意味着其母亲身份的夭折。基于此,麦克白夫妇为了实现自身不惜违背政治伦理而谋杀国王邓肯以及臣子班柯,在无垠的政治欲望与仅存人性之善的拉扯下,麦克白夫妇均患上了精神性疾病也即精神分裂症。在《哈姆雷特》中,虽然哈姆雷特的"俄狄浦斯情结"致使现实世界中虽然"符号性"母亲身份完好无损,但其关涉的精神世界的"母亲身份"却是缺失的,因为其将母亲视为身体欲望对象也即恋人。在"恋母情结"的驱使下,哈姆雷特在"本我""自我""超我"三种意识的缠斗中备受精神折磨而患上了忧郁症。

一

在《道德形而上学的奠基》和《实践理性批判》中,康德从主观和客观角度阐述了"客观普遍性的道德法则和主观任性性的道德准则是影响人们道德动机的重要因素"的观点。但是,在康德看来,代表上帝和天使意愿的道德法则作为一种纯粹实践理性的纯粹善良意志与代表人的感性以及倾向性并以一种经验实践理性存在的道德准则在处于具体情境中的人的思想意识里出现矛盾化对决,人们基于对道德法则的有效性以及绝对性的怀疑可能会做出任性式的决定,也即会从自身的自然偏好和感性需求出发选择遵从只对本人有效的道德准则,而这极可能会造成人们先行性的思想意识层面上的伦理失范。《李尔王》中,在遭受父亲葛罗斯特以及同圈层其他人士的歧视以及随之而来的不公正待遇时,爱德蒙为了始源性的自然偏好和欲望的自我满足在意识层面里已经放弃意志自律,在思想意识里先行性地将自己同父异母的哥哥爱德伽视为报复泄恨的对象,"我的合法哥哥,要是这封信发生效力,我的计策能够成功,瞧着吧,庶出的爱德蒙将要把合法的嫡子压在他的下面"(《李尔王》第一幕第二场)。然而,思想意识层面上的伦理失范因为缺乏具体可感性而不具备丝毫现实破坏力,埃德伽有违道德法则的主观道德动机并不会对爱德蒙造成实质性伤害。换而言之,为满足个人诸如快乐、幸福等精神性欲求或者诸如自我利益的物质性偏好的意识性的伦理失范,必须转化为具体可感的实际性的物理性伦理实践失范,才意味着伦理失范整个过程的完成,也即爱德蒙需要摒弃道德意志将触犯家庭伦理的思想意识,也即谋害爱德蒙的想法贯彻执行才意味着家庭伦理失范成为一种事实性的存在。因为在现实生活中,人与他人之间的交互活动是承载伦理实践问题的具体基础,没有这些交互关系或交互活动的参与,伦理问题很难显现出来。① 基于此,作为人存于世的固有前提和基础的身体必然会因此被卷入复杂多样的伦理世界中,身体具备了更多的能力和功能。而由梅洛-庞蒂提出的将运动能力和思维能力耦合在一起的"身体意向性"的伦理学概念在此情境下便有了实际性意义。在梅洛-庞蒂看来,通过这种身体意向性,正常人既能够在具体的情境中运动身体,也能够在抽象情境中按照指令或设想运动身体。② 由此,爱德蒙有违家庭伦理的思想欲求作为梅洛-庞蒂眼中的"指令"或者"设想"会对自身身体发号施令,并进而让作为爱德蒙存在依托的身体达到身体意向性中的"身体"所应该具备的功能,也即"参与到计划中的可能性,开创新的计划,并且因此超越其具体情境"③,换而言之便是爱德蒙以"身体"为实现媒介将自己一步步拖入现实化的家庭伦理失范的处境中去,最后完成将兄长爱德伽陷害到无家可归并为了逃避追杀而不得不将

---

① 毛华威:《"身体"与"肉":梅洛-庞蒂处境伦理思想析论》,《当代中国价值研究》2018年第2期,第103页。
② 刘铮:《从"身体"到"肉身":试论梅洛-庞蒂的涉身理论》,《湖南师范大学社会科学学报》2016年第6期,第67页。
③ Slatman, J., Widdershoven, G.. "An Ethics of Embodiment: The Body as Object and Subject", in Meacham (ed.), *Medicine and Society, Perspectives in Continental Philosophy*, Dordrecht: Springer, 2015.

自己的健康身体疾病化也即伪装患有精神性疾病的境地。

关于因果性,康德主张因果性具有客观必然性,具有先天必然的根据,即一切发生的事件必有原因。①爱德蒙之所以在意念上放弃对道德法则的坚守继而以意念为指引做出一系列违背家庭伦理谋害兄长的举动,让其伪装患有精神性疾病尽丢为人尊严,主要是因为母亲这个影响家庭伦理关系的重要因素的缺席。

爱德蒙在戏剧开始便被莎士比亚通过葛罗斯特之口交代了自己的身份属性,他的母亲在没有正式结婚前便已经身怀有孕并且还将他"抛向"人世,"葛罗斯特:她还没有嫁人就大了肚子生下儿子来"(第一幕第一场),后来葛罗斯特又言:"葛罗斯特:我还有一个合法儿子,年纪比他(爱德蒙)大一岁"(第一幕第一场),所以由此推断葛罗斯特是以一个有妇之夫的身份爱上爱德蒙的母亲产生"爱情关系",继而才有了爱德蒙,也即爱德蒙是葛罗斯特与不知名女子的私生子。虽然爱德蒙的母亲与葛罗斯特孕育有孩子,但是文艺复兴时期解除婚姻关系被教会严格禁止,"只要配偶一方仍然活着,任何人为的力量都不可将婚姻解除"②,莎士比亚虽然对格罗斯特妻子的生死状况无所交代,但是大概率是生存于世的。因此爱德蒙的母亲随后并没有也不可能与已婚的葛罗斯特结为正式的夫妻关系,爱德蒙在此情境下因为是婚姻之外而降临于世的孩子而与"无合法身份者"③成为同义词。这种"不合法"的家庭身份不仅让他饱受父亲的歧视,"葛罗斯特:我常常不好意思承认他"(第一幕第一场),而且也让爱德蒙时常遭遇旁人的排挤和羞辱,"为什么我要受世俗的排挤,让世人的歧视剥夺了我的应享的权利。……为什么他们要给我加上庶出、贱种、私生子的恶名?贱种,贱种,贱种?"(第一幕第二场)。

包括父亲在内的他人的排挤与歧视激起了爱德蒙的自然偏好:自爱。自爱是一个人关系自己的福利和欲望满足的情感,而假如我们毫无反思地服从自爱的趋势,而不问自己为什么应该得到自己想要得到的,我们的这种状态就

---

① 陈飞:《因果性概念:从休谟、康德到马克思》,《江汉论坛》2012年第9期,第53页。
② 薄洁萍:《上帝作证——中世纪基督教文化中的婚姻》,学林出版社2005年,第169页。
③ 宋雷:《英汉法律用语大辞典》,法律出版社2005年,第518页。

会堕落为自大。① 很显然爱德蒙并不知道自己在与他人产生人际互动的时候为什么应该得到别人尊重,"为什么他们要叫我私生子?为什么我比人家卑贱?"(第一幕第二场),这种不自知使得他对自己产生了过分尊重也即自大的思想意念,在这种意念的驱使下,爱德蒙"欲望自己被他人高度尊重,认为自己最重要,尊重自己胜过尊重他人"②,"我的壮健的体格、我的慷慨的精神,我的端正的容貌,哪一点比不上正经女人生下的儿子?……难道在热烈兴奋的奸情里,得天地精华、父母元气而生下来的孩子,倒不及拥着一个毫无欢趣的老婆,在半睡半醒之间制造出来的那批蠢货"(第一幕第二场)。而自大这种自然偏好更是人类滋生优先自我的个人利己主义的温床,"其他人的行为准则都应该以满足我的偏好,或服务于我的利益为前提"③,至此爱德蒙的善良意志已经完全被感性欲望压垮,"好,合法的爱德伽,我一定要得到你的土地;……好听名词,'合法'!好,我的合法的哥哥,要是这封信发生效力,我的计策能够成功,瞧着吧,庶出的爱德蒙将要把他合法的嫡子压在他的下面——那时候我可要扬眉吐气啦"(第一幕第二场)。

在身体意向性的指引下,爱德蒙出于个人利己主义而违背家庭伦理的感性冲动经由身体从虚无的意识领域转向现实世界中,换言之爱德蒙将自己的身体在自然欲求意识的指引下投入谋害报复爱德伽的"运动计划"之中。首先,他设计使得父亲葛罗斯特相信爱德伽因为觊觎财产而有谋害葛罗斯特的心,使得葛罗斯特对这个曾经喜爱有加的长子爱德伽发生根本性态度转变,"我这畜生也是上应天数;有他这样逆亲判上的儿子……爱德伽,去把这畜生侦查个明白"(第二幕第二场)。其次,爱德蒙又编造谎言使得爱德伽相信父亲对自己不满而逼迫爱德伽不得不离家出走"避难",最后又设计谎言让葛罗斯特相信爱德伽是"畏罪潜逃",从而轻而易举地迫使葛罗斯特下达了追拿爱德

---

① Christine M. Korsgaard. *Motivation, Metaphysics, and the Value of the Self: A Reply to Ginsborg, Guyer, and Schneewind*, *Ethics 109* (October 1998). Chicago: the Press of the University of Chiago, p.58.

② 姚云、龚群:《论康德伦理学中的道德动机》,《华中科技大学学报(社会科学版)》2017年第6期,第57页。

③ Andrews Reath. *Agency and Autonomy in Kant's Moral Theory*. New York: Oxford University Press, 2006, p.15.

伽的通缉令,"我们总有捉到他的一天;看他给我们捉住了还活得成活不成。……我要发出一道通缉令,谁要是能够把这杀人的懦夫捉住,交给我们绑在木桩上烧死,我们将要重重酬谢他;谁要是把他藏匿起来,一经发觉,就要把他处死"(第二幕第一场),"我要把所有的城门关起来,看这畜生逃到哪儿去……而且我还要把他的小像各处传送,让全国的人都可以注意他"(第二幕第一场)。在爱德蒙一系列报复性的"运动计划"之后,爱德伽的父亲也被卷进爱德蒙的"运动计划"之中,葛罗斯特为了能够追捕到爱德伽这个"不孝之子"可谓是使出了浑身解数,而身单力薄的爱德伽面对父亲布下的天罗地网毫无反击之力。为了摆脱葛罗斯特"追杀式"的追捕,爱德伽不得不通过伪装患有精神性疾病的方式来保全自己,"我总得设法逃过人家的耳目,保全自己的神经;我想还不如改扮作一个最卑贱穷苦、最为世人所轻视、和禽兽相去无几的家伙;我要用污泥涂在脸上,一块毡布裹住我的腰,把满头的头发打了许多结,赤身裸体,抵抗着风雨的侵袭。……到那些穷苦的农场里、乡村、羊棚和磨坊里去,有时候发出一些疯狂的诅咒,有时候向人哀求祈祷,乞讨一些布施。我现在学着他们的样子,一定不会引起人家的疑心"(第二幕第三场)。从此以后,爱德伽每次出现都疯疯癫癫的,就连已经真的"疯癫"的李尔王也把他当"同类"来对待。

二

在康德看来,恶是被包含在道德意志、德性理论之中的恶,并且是以意志薄弱、德性的败坏为形式出现的。[①] 而实际上恶作为一种兼有感性和理性双重特质于一般人性而言偶然产生的性好之可能性的主观根据,它不具有原初性,而是后天修来的。恶的后天性决定了恶是人类"自由意志"选择的结果,由于"意志是有生命东西的一种因果性,如若这些东西是有理性的,那么这种因果性所固有的性质,它不受外来因素的限制,而独立起作用"[②],基于此便会容易

[①] 王强、姜婷:《康德伦理学中的恶与抑恶的伦理》,《伦理学研究》2017年第5期,第68页。
[②] [德]康德著,苗力田译:《道德形而上学》,上海世纪出版集团2005年,第69页。

产生人德性能力不足导致的恶。对于此种因为"人在遵循自己的义务时准则的力量"①的缺乏而产生的恶,莎士比亚在其戏剧作品中多有提及,诸如其代表性悲剧《麦克白》中麦克白夫妇谋杀君王邓肯和大臣班柯而犯下的恶。而恶在神话中象征着"屈辱""罪孽"和"犯罪",因而是斗争、否定和被消灭的对象;而那些"恶的遭受者"也"抬不起头来",即便他们不仅面临着肉体上还有精神上的伤害和苦痛。②而这使得恶在以"求善"为伦理目的的伦理道德世界里便成为一种不健康、不被认可因而丧失了合法性的不"真实"的存在,恶成为以善恶为分属两端的二元性的伦理学体系中善的对立面,是伦理失范。在此意义上,麦克白夫妇对国王邓肯以及其之后的臣子班柯所施行的谋杀行为所产生的恶实乃政治伦理失范。

一种抑恶伦理表明,"道德生活不是从清白无罪开始的,而从与邪恶的斗争起步"③。而当既不植根于感性又不以感性为存在根据的恶无法凭借自身力量和感性手段去抑制的时候,恶便会从恶性意念转变为能够对他人产生重大影响的实际性的恶行为也即伦理失范行为。《麦克白》中麦克白作为国王邓肯的臣子,女巫寓言的蛊惑以及作为男性基于雄性本能对权力的热衷让他对君王之位起了僭越之心,自此之后麦克白便一直面临着"恶的侵扰"。但是,"作为人性的存在者始终是有限的理性存在物,道德法则对这样的存在物始终是一种命令和强制"④,麦克白虽然一直为恶所侵扰,但是却凭借着对道德法则的感性坚守而延缓了谋杀邓肯的行动。但是,依仗感性手段对始源于人类生存本能而对权力产生的狂热追求欲进行压制是徒劳无功的,很快麦克白便以恶的行为者身份采纳了与道德法则不一的准则作为其行为的主观根据,也即谋杀了邓肯。

而根据莎士比亚在戏剧中的交代,麦克白之所以没有抵挡住"恶的侵扰"由善转向恶,主要是因为相对于麦克白心内的"恶",其夫人麦克白夫人同样作

---

① [德]康德著,李秋霖、张荣译:《康德著作全集(第6卷)》,中国人民大学出版社2007年,第407页。
② 王强:《"抑恶"的伦理:现代伦理学的挑战与逻辑转变》,《南昌大学学报(人文社会科学版)》2015年第6期,第39页。
③ [美]阿利森著,陈虎平译:《康德的自由理论》,辽宁教育出版社2001年,第253页。
④ 白文君:《康德论述根本恶的三重维度及其矛盾》,《伦理学研究》2007年第3期,第88页。

为"恶的源头"向其施加"恶的侵扰","他们都是人,这就足以相互间彼此败坏道德禀赋,并且彼此使对方变恶了"[①]。麦克白夫人,作为莎士比亚戏剧中出名的心硬狠毒的女性,为了助力夫君麦克白获得王位,她自动摒弃掉诸如柔软、善良、爱心、怜悯等母性特质,"麦克白夫人:解除我的女性的柔弱,用最凶恶的残忍自顶至踵贯注在我的全身,凝结我的血液,不要让怜悯钻进我的心头,不要让天性中的恻隐摇动我的狠毒的决意"(《麦克白》第一幕第五场),转而对狠毒、果决等男性特质情有独钟,"麦克白夫人:我曾经哺乳过婴孩,知道一个父亲是怎样怜爱那吮吸她乳汁的子女;可是我会在它看着我的脸微笑的时候,从它的柔软的嫩嘴里摘下我的乳头,把它的脑袋砸碎"(《麦克白》第一幕第七场)。基于此,麦克白夫人一直被评论家视作"非女性人格"或"雌雄同体人格"[②],总之她与身为一名母亲所应该具有的身份特质毫无关联,这也就意味着"母亲身份"于麦克白夫人而言是处于缺席的状态的。而麦克白在听了毫无"母性"特质的麦克白夫人的冷血又激进的言论,终于下决心谋杀国王邓肯,行下恶事违背了政治伦理,"麦克白:我的决心已定,我要用全身的力量,去干这件惊人的举动。去,用最美妙的外表把人的耳目欺骗;奸诈的心必须罩上虚伪的笑脸"(《麦克白》第一幕第七场),而这也使得善性意念尚存的麦克白夫妇二人后来均患上严重精神性疾病。

如果麦克白谋杀国王邓肯是因为文化精神层面上"母亲身份"的缺失,那么他谋杀身为其成为国王之后的臣子的班柯则是其现实性的物理世界中"母亲身份"缺失造成的,换而言之,是由麦克白夫妇没有孩子造成的。虽然,麦克白夫妇曾经有过子女,但是我们通读《麦克白》这部戏剧作品会发现这个孩子从未出场过,很显然这个孩子没有存活下来。因为没有孩子继承自己的王位,女巫预言麦克白杀害邓肯僭越而来的政治成果最终会被班柯不费吹灰之力地获取。"作为一种有生命的存在者,人具有动物性的禀赋"[③],这种特质使得人

---

① [德]康德著,李秋零译:《单纯理性限度内的宗教》,中国人民大学出版社 2003 年,第 87—89 页。
② Moschovakis N, Macheth (ed.). *New Critical Essay*. New York and London: Routledge Taylor & Francis Group, 2008, p.23.
③ [德]康德著,李秋零译:《单纯理性限度内的宗教》,商务印书馆 2012 年,第 20 页。

类为了"保存自身"而放弃对善的坚守,为了巩固王权,麦克白在善与恶的天平上将意念砝码加注在恶的那一端,他违背政治伦理对大臣班柯及其子弗里恩斯动了杀心,"麦克白:她们把一项没有后嗣的王冠戴在我的头上,把一根没有人继承的御仗放在我手里,然后再从我的手里夺去,我自己的子孙却得不到继承……不,我不能忍受这样的事情,宁愿接受命运的挑战"(《麦克白》第三幕第一场)。

如果说文化精神领域上的"母亲身份"缺失促逼麦克白不惜违背政治伦理实现弃善从恶的第一步跳跃,那么物理性现实世界"母亲身份"的缺失让麦克白二次背弃政治伦理对自身行为的束缚而完全变成了一个恶人。俗语有云,恶有恶报。麦克白因意志能力不足而行恶违背政治伦理将僭越而来的王冠加诸己身,后来渴望安宁与稳定的君王生活的他却在第一次行恶杀害邓肯之后陷入了一种行为悖论,"试图达到安宁的每一个行动损坏了它的本身:每一个行动都有内置的缺陷"[①],他想杀了班柯夫子以解除王权威胁,但是弗里恩斯的逃跑却让麦克白更加寝食难安,"麦克白:我的心病本来可以痊愈,现在它又要发作了;我本来可以像大理石一样完整,像岩石一样坚固,像空气一样广大自由,现在它却被挠人的疑惑和恐惧所包围拘束"(《麦克白》第三幕第四场)。在恐惧感的作用下,麦克白患上了精神性疾病,在日常生活中出现了幻觉,一次宴会上麦克白将一只凳子看成了沾了血的班柯,"你不能说这是我干的事;别这样对我摇着你的染血的头发"(《麦克白》第三幕第四场)。

三

《哈姆雷特》中的哈姆雷特王子被莎士比亚塑造成了一位具有"俄狄浦斯情结"的年轻男性。"恋母情结"深藏于无意识中,虽然受到压抑,仍不时寻求种种途径企图获得表现。[②] 因此,哈姆雷特的"恋母情结"倾向虽然表现隐蔽,但是总归会露出一些蛛丝马迹。在叔父克劳狄斯和母亲乔特鲁德的婚礼上,

---

① Terence Eagleton. *Shakespeare and Society*. p.131.
② 李克:《"恋母情结"与哈姆雷特》,《广西社会科学》2001年第5期,第88页。

哈姆雷特表现得郁郁寡欢,"国王:为什么愁云依旧笼罩在你的身上。……王后:好哈姆雷特,抛开你阴郁的神气吧"(第一幕第二场)。哈姆雷特的忧郁情绪让其母亲误以为他心情不佳的原因是老国王的过世,但是其母对其情绪低落原因的错误解读立马被哈姆雷特的回答予以否认,"好像,母亲!不,是这样就是这样,我不知道什么'好像'不'好像'"(第一幕第二场)。哈姆雷特含含糊糊的说词明显在掩饰什么,他内心清楚自己的反常情绪是因为自己的母亲嫁人,但是受过人文主义教育的他显意识很清楚自己的这种想法是有违伦理道德并且为人所不齿的,"普通人若将无意识中的性欲内容赤裸裸地和盘托出,不仅自己羞耻难堪,旁人亦觉反感厌恶"①。但是当众人从喧闹的婚礼现场退下只剩下哈姆雷特一人的时候,理智随着众人的消退而在哈姆雷特身上消失不见,他开始任由自己的情绪向外喷涌,他感叹人世的乏味无聊以及对乔特鲁德改嫁的痛恨和不满,对于哈姆雷特为何在其母婚礼上情绪低落,莎士比亚通过哈姆雷特自身之口毫无保留地展现了出来,"人世间的一切在我看来是多么可厌、陈腐、乏味而无聊啊!哼!哼!……可是,只有一个月的时间,我不能再想下去了!脆弱啊,你的名字就是女人!……一头没有理性的畜生也要悲伤得长久一些……只有一个月的时间,她那流着虚伪之泪的眼睛还没有消去红肿,她就嫁人了。啊,罪恶的匆促,这样迫不及待地钻进了乱伦的衾被,那不是好事,也不会有结果;可是碎了吧,我的心,因为我必须噤住我的嘴"(第一幕第二场)。很明显,哈姆雷特的忧郁是因为其母嫁给了别人。随后,当好友霍拉旭等人来祝贺他,哈姆雷特再一次表现出了异常的"气愤","我宁愿在天上遇见我的最痛恨的人,也不愿看到那样的一天"(第一幕第二场),而这种气愤倒不像一个儿子对母亲改嫁应有的态度,即便她"恋上"他人的日期如此之短,而有点像惨遭女友抛弃从而怨天怨地的"失恋男孩"该有的反应。学者琼斯也认为哈姆雷特对母亲改嫁的反应好像过了头,并且也由此下论断认为哈姆雷特存在着"恋母情结"。

在《知觉现象学》中,梅洛-庞蒂以世界存在元素的"肉身"概念为切入点来探讨自身与他者、世界的关系,在他看来"我的身体的肉身也被世界所分享,

---

① 李克:《"恋母情结"与哈姆雷特》,《广西社会科学》2001年第5期,第89页。

世界反射我的身体的肉身,世界和我的身体的肉身相互僭越"①。换而言之,通过"肉身"这一概念,自我、他者与世界之相互僭越的关系得以达成。② 自我之身、他者之身与世界之间相互嵌入式的复杂关系使得当人之身体进入一定的计划和环境,"身体相应地获取一种生存论意义上的规范性"③,只不过这种规范需要通过物体来构建或实现。在这种规范中,身体与物体相互作用,并且为了维持这种规范而共同努力。由于"恋母情结"的理论起源于弗洛伊德对性的研究,因此具有"恋母情结"的哈姆雷特必然会将其母亲视为自身主体的生理性欲望的对象,这也就意味着哈姆雷特进入了一个由物体也即"母亲"这个身份投射出的"文化世界"或"规范情境"中。只不过在这种"规范情境"中哈姆雷特这种将母亲视为主体欲望对象的现象身体并不具备维持这种"规范情境"或"文化世界"中的"规范"的特质。相反因为哈姆雷特的"恋母情结",乔特鲁德虽然在"文化世界"中保持着母亲的"符号性身份"的客观存在,但是在思想意识层主动将乔特鲁德"母亲身份"屏蔽,抑或乔特鲁德"母亲身份"的被动缺席而将母亲"恋人"化的意念性行为,使得哈姆雷特是被以上"规范情境"驱逐在外的,当然也并不会获得涉身主体的认同。简而言之,哈姆雷特"恋母情结"这个事实违背了生存论规范,违背了伦理纲常。

根据弗洛伊德"人体三结构说",人格是一个动态的能量系统,它由三个子系统构成,即由本我、自我和超我构成。④ 因此,在人的思想意识内部生成了一个分别由代表本能欲望的"本我"、受现实原则限制的"自我"以及受"至善原则"支配的"超我"这三个子系统延伸出的三股力量相互博弈的"微型博弈场"。很显然,始发于人类原始欲望只顾满足自己先天性欲望而不顾人类社会伦理纲常将母亲主动"恋人"化而让母亲被动"缺席"的思想意识行为就是哈姆雷特的"本我"。在"本我"的思想意识层里,基于"恋母情结",父亲是一个敌对的存

---

① [法]莫里斯·梅洛-庞蒂著,罗国祥译:《可见的与不可见的》,商务印书馆 2008 年,第 317 页。
② 刘铮:《从"身体"到"肉身":试论梅洛-庞蒂的涉身伦理》,《湖南师范大学社会科学学报》2016 年第 6 期,第 69 页。
③ 刘铮:《从"身体"到"肉身":试论梅洛-庞蒂的涉身伦理》,《湖南师范大学社会科学学报》2016 年第 6 期,第 68 页。
④ 原一川、王娟:《从弗洛伊德的人格三结构阐释哈姆雷特的犹豫》,《云南师范大学学报(哲学社会科学版)》2010 年第 6 期,第 141 页。

在,而且"当母亲与孩子之间的关系越亲密时,孩子的内心便会对父亲持有越多的潜在敌意"[1]。而根据莎士比亚的描述,乔特鲁德对哈姆雷特很是关爱,她纵容他的无理,关心他日常生活中的情绪变化,甚至为了保护他为他喝下毒酒。可以想象,乔特鲁德无私的母爱一直围绕着哈姆雷特,而这也意味着他对他已故的父亲存有敌意,而当克劳狄斯弑兄娶嫂之后,"本我"意识中将母亲"恋人"化的哈姆雷特将对生父的敌意转移到了"母亲"的新占有者克劳狄斯身上,克劳狄斯成为哈姆雷特"恋母情结"的衍生意识也即"弑父"意识对象的替代品。

"本我"意识的"弑父"是一种思想意念,要转化为现实性行为必须要具备一定的现实性基础。对于现实性处境,哈姆雷特的"自我"意识甚是清楚。首先,作为一名在威登堡受过先进性人文主义教育的"王位继承人"的王族,哈姆雷特清楚地知道自己的"恋母"是有违纲理伦常的,而由此延伸出的"弑父"意念更是没有合理性、合法性思想意识基础。其次,哈姆雷特所需要面对的现实是一无所有的王子和握有全国最为坚实的权力的国王之间不可跨越的力量差距。哈姆雷特虽然贵为王子,但是他的长年在外剥夺了他在朝廷培植亲信力量的机会,而且身为人文主义思想最为坚实的捍卫者又使他失去了团结基层人民群众的思想基础,而且迫于克劳狄斯的君威,哈姆雷特的亲朋好友都一边倒地倒向克劳狄斯而选择背叛了他,即便有霍拉旭在身旁,但是戒心甚严的哈姆雷特也并未选择去信任他。既无朝堂的政治力量支持,又得不到底层人民群众的力量的拥护,加之亲朋好友的离开与背叛,哈姆雷特"弑父"又丧失了现实化的力量基础。

除了要与"自我"意识进行意念抗争,哈姆雷特的"超我"意识也是实现"本我"意识中"弑父"意愿的拦路虎。哈姆雷特的"超我"与他的王子、基督徒的二重身份特质有着密切关系,王子、基督徒这两种身份特质让其与政治角力场和宗教都沾上或多或少的联系,因此他的"超我"多与政治准则和宗教准则有关。基于政治层面上的考虑,哈姆雷特基于"本我"意识一直都有着"杀父娶母"的思想行为倾向,但是基于他的政治敏感度,他又担心自己杀害了叔叔克劳狄斯

---

[1] [奥地利]弗洛伊德著,文思编译:《精神分析引论》,北京联合出版公司2015年,第307—313页。

会引发国内政治动乱和他国"乘虚而入","如果贸然杀死国王,国王的忽然死亡有可能导致人民的恐慌,会危机国家的安全"①。在宗教上,哈姆雷特是基督徒,基督教教义不允许自杀也不容许教徒有残害他人性命的行为,况且哈姆雷特又深信《圣经》中所言"伸冤在我,我必报应"的警句,因此他也认为如果杀死了克劳狄斯那就等于违背了宗教信条中的行为准则,必将因此一辈子身陷罪恶感之中。

虽然"本我""自我"和"超我"是哈姆雷特思想意识的三个部分,但是在哈姆雷特自身的文化属性以及现实处境的双重力量的作用下,"自我"和"超我"这两股意念力量不约而同有了共同意念目标而幻化成了一股力量。而这股力量便与哈姆雷特"本我"意识进行了一场"恶斗",代表"弑父"意愿的"本我"意识与更具有现实性力量的"不弑父"的"自我"意识、"超我"意识的交互作用让哈姆雷特变得越来越消沉,随后抑郁成疾,患上了忧郁症。"抑郁症患者存在认知上的一些误区和认知性曲解,普遍地对生活经历产生扭曲的体验、消极否定性的自我评价、悲观和无助,引起行为和情绪上的症状"②,而哈姆雷特也多次表现出一种悲观厌世的消极情绪,"哈姆雷特:丹麦是一所牢狱之灾……//哈姆雷特:一所很大的牢狱,里面有许多监房、囚室、地牢;丹麦是其中最坏的一间"(第二幕第二场),"哈姆雷特:死了;睡着了;什么都完了……谁愿意忍受人世的鞭挞和讥嘲、压迫者的凌辱、傲慢者的冷艳、被轻蔑的爱情的惨痛、法律的迁延、官吏的横暴和费尽辛勤所换来的小人的鄙视,要是他只要用一柄小小的刀子,就可以清算他自己的一生?"(第三幕第一场)

(胡冬芳,浙江大学传媒与国际文化学院博士研究生)

---

① 刘炳善:《英国文学简史》,河南人民出版社2007年,第78页。
② 马静静:《大学生抑郁症的影响因素和治疗的研究现状》,《中国科教创新导刊》2008年第16期,第249—250页。

The Phenomenon of Sickness in Shakespeare's Plays and the Ethical Anomie Caused by the Absence of Motherhood

Hu Dongfang

Abstract: As an important image in Shakespeare's plays, mother has an important influence on the plot of the play. In king Lear, Edmond violates family ethics due to his absence of motherhood and forces his brother Edgar to pretend madness to survive. In Macbeth, the couple violates political ethics due to the absence of motherhood and eventually suffers from hallucinations, sleepwalking and other mental diseases. In Hamlet, because of the "Oedipus complex", Hamlet breach ethics with the absence of motherhood and suffers from depression.

Keywords: Shakespeare; Mental Illness; Maternal Identity; Ethics Anomy

暴力的三副面孔
——当代文学媒介中的暴力观念与塑形[①]

董外平

摘要：文学作为观念塑形的一种媒介，不仅记录人类的暴力行径，而且承担了暴力的认知功能，传递或塑造人类社会关于暴力的观念。由于时代和立场的差异，当代文学媒介中的暴力观念浮现出三副不同的面孔。"十七年文学"中的暴力是一副英雄与正义的面孔，象征着英雄气魄和革命正义；新时期先锋文学中的暴力是一副诗学的面孔，意味着激烈的审美快感；同时，批判现实主义文学中的暴力是一副原初的罪恶面孔，昭示着人性之恶和文化之恶。本文试图在当代文学媒介的视阈揭示社会暴力观念的不同形态，以及文学媒介对不同暴力观念的塑形。

关键词：当代文学媒介；暴力观念；历史修辞；审美想象；理性观照

---

① 本文系湖南省教育厅优秀青年项目"新时期文学中的暴力想象与叙述研究"（项目号：18B153）、湖南省社会科学成果评委会课题"新时期以来的'文学暴力'批判研究"（项目号：XSP20YBC373）的研究成果。

人类的发展历程镌刻着欺压、掠夺、杀戮和战争的斑斑印记,这些历史的伤痛深深地嵌入人类的精神结构,成为文学艺术反复书写的对象。由于受历史、欲望、文化等因素的约束或影响,当代文学媒介中的暴力观念呈现出历史主义、审美主义、理性主义取向的三种形态。在历史修辞的作用下,"十七年文学"中的暴力呈现出一副英雄与正义的面孔,暴力成为英雄史诗的建构元素,成为建立新世界的正义力量。新时期以来的先锋学在欲望的驱使下,抽空或虚化暴力的历史与现实内涵,充分挖掘暴力的审美快感,使之焕发出一副诗学的面孔。同时,批判现实主义文学从现代理性重新观照历史与现实的暴力,暴力在作家的批判中现出原初的罪恶面孔,暴力实际上是人性恶和文化恶相结合的产物。

一、英雄与正义:历史修辞的暴力图像

在人类的历史进程中,暴力扮演着十分暧昧的角色。它既是恶的源泉,又是恶的终结者;既可以摧毁一个世界,也可以创造一个世界。由于立场、角度、身份的不同,人们对于暴力的认知也不尽相同,哲学家、政治学家、社会学家、文学家从未停止对暴力的争论。马克思、恩格斯认为暴力在历史发展中起着至关重要的作用,猿进化为人,其中对自然的暴力(劳动)起了关键作用,人类社会诞生以后,劳动(对自然的暴力)和暴力工具的制造是人类社会发展的不竭动力,人类社会的每一次变革都离不开暴力的作用。在马克思、恩格斯看来,暴力无疑是拯救全人类的力量,马克思说暴力是"每一个孕育着新社会的旧社会的助产婆;它是社会运动借以为自己开辟道路并摧毁僵化的垂死的政治形式的工具"[1]。恩格斯说:"没有暴力,没有坚定不移的无情手段,历史上任何事情都不会成功。"[2]1842年,恩格斯在《国内危机》中说:"只有通过暴力消灭现有的反常关系,根本推翻门阀贵族和工业贵族,才能改善无产者的物质状况。"[3]

---

[1] 《资本论》(第三卷),人民出版社 2004 年,第 527 页。
[2] 《马克思恩格斯全集》(第六卷),人民出版社 1995 年,第 333 页。
[3] 《马克思恩格斯全集》(第一卷),人民出版社 1995 年,第 551 页。

马克思、恩格斯的观点受到杜林等人的质疑,杜林认为"暴力是绝对的坏事"①,暴力的任何使用都会使人类的道德走向堕落,为此恩格斯专门撰写了著名的《反杜林论》反驳、批判杜林。法国理论家乔治·索雷尔十分赞同马、恩的观点,甚至多次写文章"为暴力声辩",他说:"作为阶级斗争情感的一种纯粹和简单的表达的无产阶级暴力,也必然是美好和高尚的事物;它是为文明的永恒利益服务的;或许,它不是获取暂时利益的最佳手段,但是它能把世界从野蛮主义里拯救出来。"②在《论暴力》一书中,索雷尔坚信无产阶级暴力能够产生"一种史诗的精神状态",正是借助"总罢工思想光辉照耀下的暴力","社会主义才产生了崇高的道德力量,使得世界得以拯救"。③萨特同样赞同暴力在社会变革中所起的重要作用,他说:"不可抑制的暴力……是人类自身的再创造","疯狂的愤怒"能够使"世界的困难转变为生命力"④,暴力如同一把"阿喀琉斯的长矛",能治愈它自己的伤口"。⑤ 在萨特看来,革命的暴力不是邪恶的力量,而是推动人类历史的生命力和创造力。

马克思、恩格斯等人的暴力观念是一种典型的历史主义,他们从人类发展历史中看到了暴力的积极作用,作为革命的暴力不仅免于罪恶和批判,而且是崇高的、值得歌颂的伟大力量。20世纪五六十年代的中国社会和作家普遍怀有这种历史主义的暴力观念,革命暴力不仅是文学叙事不可或缺的部分,而且常常是叙事的核心和高潮部分。《红旗谱》《创业史》讲述了土地革命时期农民阶级与地主阶级的生死搏斗,《野火春风斗古城》《铁道游击队》《新儿女英雄传》描写了抗日战争时期人民军队与日本侵略者的战斗厮杀,《红日》《红岩》《林海雪原》《保卫延安》则集中再现了解放战争时期共产党与国民党的两军对垒。此外还有《青春之歌》《暴风骤雨》《太阳照在桑干河上》等作品大量描写了学生运动、土地改革运动中的暴力冲突。"十七年文学"将革命暴力重新演绎了一遍,革命历史的暴力风云以一种宏大光辉的景象映入了民族的集体记忆。

---

① 《马克思恩格斯选集》(第三卷),人民出版社1995年,第527页。
② [法]乔治·索雷尔著,乐启良译:《论暴力》,上海人民出版社2005年,第71页。
③ [法]乔治·索雷尔著,乐启良译:《论暴力》,上海人民出版社2005年,第212—213页。
④ 左高山:《论"暴力"的意涵》,《中南大学学报(社会科学版)》2005年第3期,第277—282页。
⑤ [美]汉娜·阿伦特著,高宏译:《关于暴力的思考》,选自[美]以赛亚·柏林、[美]苏珊·桑塔格等《一个战时的审美主义者——〈纽约书评〉论文选》,新世界出版社2004年,第46页。

毫无疑问,"十七年文学"中的暴力呈现的是一副英雄与正义的面孔,作家一方面将暴力看作英雄的高超技能,并采用传奇化的修辞不断对其渲染,一方面又将暴力当作英雄史诗的建构元素,借助气势恢宏的战斗场景打造英雄史诗的历史画卷。

在"十七年文学"中,暴力是作为杀敌技能出现在小说叙事中的,英雄人物常常具备一流的暴力技能。《红日》中的刘胜,《保卫延安》中的周大勇,《战斗青春》中的李铁、朱大江,《铁道游击队》中的刘洪、李正,《烈火金刚》中的肖飞、丁尚武等,这些英雄人物个个身怀暴力绝技,杀敌无数,战斗意志极其顽强,时常令敌人闻风丧胆。其中最典型的莫过于《林海雪原》,小说中的英雄人物具有非一般的暴力技能,杨子荣的侦查技术出神入化,栾超家的攀登技术堪称一流,刘勋苍力大过人号称"坦克",孙达得天赋异禀腿长善跑。作者对他们高超的暴力技能赞叹不绝,毫不吝惜笔墨赋予他们传奇色彩。比如第五章"刘勋苍猛禽刁占一",作者把一个充满杀戮的暴力情节讲述得有声有色。从欢快的叙事节奏可以看出,作者对他笔下的施暴者有种溢于言表的崇敬与赞美之情,刘勋苍的暴力脱去了血腥、恐怖的成分,直叫人拍手称快。作为杀敌技能的暴力,不仅改变了凶恶的性质,而且富有传奇色彩,为了进一步突显这种传奇性,作者还额外增加了一个"挥刀吓散群狼"的暴力情节。

暴力的技能化是"十七年文学"一种重要的塑形策略,当暴力变成英雄异于常人的技能,暴力也就不成为暴力,暴力超越罪恶化身为正义的力量,缔造种种关于革命的神话传奇。少剑波和杨子荣到最后甚至被神化,坊间纷纷流传着他们的传奇故事,有人传说杨子荣会"勾魂钉身法",少剑波会"掌心雷"的神功,一个相术老人看到少剑波手心有颗红痣,称他是"手握通天一点红,捉妖降怪定乾坤"的神人。

在"十七年文学"中,历史主义的暴力观念不仅缔造了英雄传奇,而且赋予了战争一种史诗性质。战场本是人世间最残酷、最暴力的地方,一旦赋以历史主义的话语和情感,立刻就变成雄浑、壮观的史诗之境。正如索雷尔所言,革命的暴力能够产生一种史诗的精神状态,《红日》《保卫延安》《战斗的青春》等小说中的战斗常常呈现出一种史诗的气象。作为英雄史诗的见证,战场上的杀敌不论多么血腥也是被称赞的,杀敌越是刀光见血越能表现一个战士的英雄气概,许多作家对杀敌的暴力场景毫不避讳,写得极为过瘾,浴血杀敌的过程在作家笔下显得极为壮美。《保卫延安》随处可见史诗化的杀敌描写,试举一例:周大勇在战场上大声疾呼"同志们,白刀子进红刀子出,用刺刀杀出个威风来!"[①]李江国带着一股热风左右冲杀敌人,王老虎连环射击杀死敌人无数,每个战士都猛烈地杀向敌人,他们心里只有同一个念头:前进!战斗!周大勇带着战士杀出一条血路,流血已经不能让他们痛苦,战友的死亡也不能引起他们的悲伤,每个人只想着一口气杀死两个敌人。在五六十年代的战争小说中,凶残的厮杀搏斗不仅必不可少,而且需要大肆渲染,否则英雄史诗就无法显现出来。因此,作家一写到激烈的战斗就情不自禁地抒情起来,无怪乎冯雪峰说杜鹏程的《保卫延安》称得上英雄战争的一部史诗。

战争在本质上没有任何史诗性可言,但是被赋予正义的价值后,破坏性的暴力就变成了建设性的力量,这就是韦伯所说的"道德上为善的目的可以使道德上有害的手段和副产品圣洁化"[②]。五六十年代的战争小说普遍怀有这种韦伯式的暴力观念,战争在作家笔下显现出一派史诗的景象:战场上的硝烟、枪炮何其雄伟壮观,浴血杀敌的战士何其可歌可泣,战争中的血腥和杀戮全部变成了英雄史诗的建构元素。

战争对于生命个体无疑是恐怖的,因为战争要消灭人的身体,面对如此残忍的暴力,五六十年代的作家没有写出反思人性的战争小说,几乎都是用一种史诗的豪情壮志谱写战争胜利的旋律,许多作家喜欢用诗歌来表现一场场激情如火、冲向最后胜利的战斗。《红日》中炮火连天的战场响起嘹亮的歌曲:"端起愤怒的刺刀,刀刀血染红,射出仇恨的子弹,打进敌胸!人民战士个个是英雄,飞跨沂蒙山万重。打上孟良崮,活捉张灵甫,消灭七十四师立奇功!红旗插上最高峰!红旗插上最高峰!"[③]《战斗的青春》中的战斗诗同样震撼人心:"一片红光升起来了,红光下站起了党的优秀儿女,他们迎着风暴扑向敌人,搏斗呀!冲击呀!前进呀!仆倒了又跃起。……我们磨亮了刺刀,我们扎好了

---

① 杜鹏程:《保卫延安》,人民文学出版社 2011 年,第 220 页。
② [德]马克斯·韦伯著,冯克利译:《学术与政治:韦伯的两篇演说》,三联书店 1998 年,第 108 页。
③ 吴强:《红日》,陕西师范大学出版社 2009 年,第 282 页。

鞋带,党啊,你下命令吧! 我们要冲击前进!"①这两首充满暴力的诗歌在作家看来是战斗最美的诗篇,是英雄史诗最直接的印证。

显而易见,历史主义的暴力观念缘于革命意识形态,革命意识形态突出了暴力的历史作用,赋予了革命暴力的合法性和正义性,正是在这一观念逻辑的统摄下,"十七年文学"写出了历史壮丽的暴力风景。

二、欲望与快感:审美想象的暴力诗学

暴力是人类本能的欲望,也是文明社会的禁忌,被禁忌的欲望不能在现实世界得到满足,却可以在艺术世界升华为一种审美的快感体验。暴力的审美化是将暴力置入一个虚幻世界,暴力的实质性内容转化为快感形式,从而以虚拟的方式释放人内心的暴力欲望。暴力的审美化也是一种诗学实践,它将暴力视为一种特殊的审美元素,目的是打造极具审美快感的暴力诗学。作为审美快感的暴力诗学既不指向历史的意识形态,也不指向现实的责任伦理,它搁置了暴力的道德评判,仅仅关注人的快感体验。这是文学艺术特有的一种暴力观念,它解决的不是暴力的道德问题,而是人的欲望问题。当人的暴力欲望受到社会法则的压抑,文学艺术却能以无害的方式将压抑的暴力欲望发泄出去。在这个过程中,快感体验代替了道德评判,消费目的取代了意识形态。鲍德里亚说:"这种暴力本身不再是历史的、圣化的、礼仪的或意识形态的",而是"被消费的暴力"。② 显而易见,审美主义的暴力观念遵循的不是道德准则,而是欲望和消费原则,它最终追求的是暴力的快感体验。

在审美主义暴力观念的作用下,新时期的先锋文学抽空或虚化了暴力的历史与现实内涵,将暴力的欲望形式升华为艺术形式,充分挖掘出暴力的形式感,使之呈现一种快感的审美形态。先锋文学如是为之有其深刻的现实缘由,当历史的革命语境不复存在,文学如何塑形人类的暴力经验,如何发泄现实的暴力欲望? 这是"后革命"时代的一个难题。波伏娃曾说,"暴力是一个人忠实

---

① 雪克:《战斗的青春》,人民文学出版社 2005 年,第 311—312 页。
② [法]让·波德里亚著,刘成富、全志钢译:《消费社会》,南京大学出版社 2001 年,第 178 页。

于自己、忠实于自己的热情和意志的真凭实据",那些"不能输入于肌肉中的愤怒与反叛只能留存为想象力的虚构"①。先锋文学正是借助想象的机制宣泄人类被压抑的暴力欲望。先锋文学的暴力想象得益于艺术的包容性,康德谈到艺术审丑时说:"美的艺术的优点恰好表现在,它可以美丽地描写那些在自然界将会是丑的或讨厌的事物。复仇女神、疾病等等,作为祸害都能够描述的很美,甚至被表现在油画中。"②暴力在现实世界毫无疑问是罪恶的,但在艺术的想象世界却能迸发出美的因子,这就为先锋文学的暴力想象提供了合法性依据,暴力的艺术想象是自由的,不必束缚于历史,也不必束缚于现实,人类所有关于暴力的极端想象都可以在文学世界得到实现。

与此同时,暴力本身又最能激发作家的想象力,在文学的想象机制和暴力的想象驱动的双重作用下,先锋作家写出了世间罕见的暴力风景。莫言的《檀香刑》、余华的《一九八六年》把酷刑描写得如此酣畅淋漓、精美绝伦,完全超越了经验世界的限度,或许只有地狱才有如此残忍的刑罚。余华《难逃劫数》《世事如烟》《现实一种》等作品中的凶杀幻影像幽灵一样不断吞噬着人们的生命,在那个氤氲诡秘的暴力世界,厄运似乎会随时降临每个人的身上。残雪《山上的小屋》《黄泥街》《苍老的浮云》等作品描述了一个迫害幻想症的世界,迫害如同噩梦一般缠绕着人们的日常生活,每个人都生活在一片恐怖的阴云之中。为了最大限度地挖掘暴力的快感形式,先锋作家调动了一系列的艺术想象,暴力常以夸张、激烈、怪诞的形象出现在文学叙事中。当然,想象的暴力不排除历史或现实的影子,但是经过文学想象的扭曲、夸张和变形之后,已经完全不是历史和现实的本来面目,此时的暴力消除了残酷的面容,呈现出一副诗学的面孔。

在先锋文学的暴力诗学实践中,余华的小说堪称典范。余华善于把暴力转化成审美的感觉体验,他用浪漫温情的笔调抽离了暴力的狰狞与恐怖,使暴力呈现出某种诗的形态。余华俨然是一位暴力的审美主义者,他总是充分调动自己的感官想象,将凶残的暴力转化为欢快的意象,每一个暴力动作在他的

---

① [法]西蒙娜·德·波伏瓦著,王友琴、邱希淳等译:《女人是什么》,中国文联出版公司1988年,第110页。
② [德]康德著,邓晓芒译:《判断力批判》,人民出版社2002年,第156页。

叙述之中立刻变得优美起来:"血迹"像鲜花一样绽放;"血流"像棉花一样鼓出,像泥浆一样流动,像菜花一样聚集;"滴下的硫酸"如同屋檐水一般轻盈剔透,硫酸烧毁脸庞的声音如同纸裂一般清脆明亮。在《一九八六年》中,余华运用比喻的修辞将血腥的意象全部转化成了优美的意象,削下的鼻子如同花瓣在空中翩翩飞舞,剥下的人皮如丝绸撕裂般清脆悦耳,挖开的心脏如红色蝴蝶般美丽灵动,这些被美化的暴力在叙述者极富抒情色彩的描述中显得熠熠生辉。叙述者丝毫感受不到身体遭受的痛苦,他像是在观看一场暴力电影,甚至悠闲地品味起其中的细节,酷刑最终变成一种赏心悦目的艺术。在大家看来,这样的审美主义者无异于嗜血的魔鬼,现实生活中的暴力狂也是把暴力看作无比美妙的东西。暴力的审美化如果出现在现实生活中,必定是一场恐怖主义的灾难,但是运用在文学艺术中就会创造出一种充满酒神精神的暴力诗学。

暴力诗学无疑是人类攻击欲望的转移,它用审美想象的方式消耗了人类压抑的攻击本能。余华曾说:"写作与生活,对于一位作家来说,应该是双重的。生活是规范的,是受到限制的;而写作则是随心所欲,是没有任何限制的。任何一个人都无法将他的全部欲望在现实中表达出来,法律和生活的常识不允许这样,因此人的无数欲望都像流星划过夜空一样,在内心里转瞬即逝。然而写作伸张了人的欲望,在现实中无法表达的欲望可以在作品中得到实现。当三岛由纪夫'我想杀人,想得发疯,想看到鲜血'时,他的作品中就充满了死亡和鲜血。"[①]这也许就是先锋文学沉迷暴力的原因所在,先锋作家直接面对人类压抑的攻击欲望,暴力想象不过是其释放欲望的方式,与历史和现实没有直接的牵连,他们不需要借助道德将暴力合理化,暴力就是快感。先锋文学的暴力观念不再指向历史的正义和现实的道德,而是直接指向人类的本能欲望,即便是一些带有历史倾向的叙事,作家经常不自觉地陷入暴力宣泄的快感之中,与其说在批判暴力,不如说在趁机释放欲望,《檀香刑》《一九八六年》对酷刑铺天盖地的描写,显然从对暴力的批判滑向了快感的追逐。

需要强调的是,先锋文学中的暴力一般是个体性的,因为它发泄的是个人的攻击欲望,这与五六十年代文学中的暴力形态截然不同。五六十年代文学

[①] 余华:《我能否相信自己:余华随笔选》,人民日报出版社1998年,第85—86页。

中的暴力主要是一种集体暴力,暴力主要以集体的形式凝聚与释放,暴力形式常常表现为一个阶级反抗另一个阶级,一个民族国家反抗另一个民族国家,我们可以称之为阶级暴力或民族国家暴力。"后革命"时代,集体暴力退出历史场域,暴力由此失去集体庇佑回到个体的本能欲望中,回到个人与他人的关系冲突中。先锋文学中的暴力大多来自个人之间的恩怨情仇,一般不涉及集体目标,也不受任何组织的驱使,纯粹是个人攻击和报复欲望的发泄。在余华的先锋小说中,暴力基本上是个体性的,大部分属于个人的报复、仇杀与虐待行为。《现实一种》中一个小孩的死亡引发一场循环的家庭报复;《河边的错误》中一个疯子受潜意识驱使接连杀死比他弱小的老人和孩子;《难逃劫数》中夫妻之间的仇恨迫使丈夫杀死了自己的妻子;《偶然事件》中男女之间的感情纠葛上演了一场都市情杀的好戏;《世事如烟》中一连串惊奇的谋杀案都是个人私欲的"杰作"。这些凶杀事件全部属于日常生活中的个体攻击行为,都是源自个人无法控制的暴力欲望,极大满足了读者的快感体验。

总之,审美想象的暴力是脱离历史与现实经验的暴力,或者说是历史与现实经验变形的暴力,也有可能完全是虚构的超验的暴力,先锋作家就是如此塑形他们的暴力世界。先锋作家跨越历史和现实的边界,渴望创造出更富快感的暴力形式,他们试图借助文学的想象机制将暴力引向艺术的审美维度,因而暴力在先锋文学中呈现出一副刺激、怪诞乃至美妙的面孔。

三、恶魔与文化:理性观照的暴力之思

理性主义者认为暴力的本质就是恶,一切暴力都会带来杀戮、血腥、仇恨和苦难,不存在任何一种暴力可以抹杀这些恶的本性。为了避免人类成为自己的杀手,理性主义者反对任何形式的暴力,无论出于何种道义的目的,暴力在他们看来都是恶魔的手段。

出于现代理性的思考,许多政治家、哲学家、文学家坚决反对暴力。阿伦特认为暴力就是毁灭,"不能促进事业的发展,也不能推动历史的进步或革命

的进展"。① 在《关于暴力的思考》一文中,阿伦特激烈批评萨特、法侬等一批暴力的鼓吹者,她认为颂扬暴力是现代社会人类行动技能受挫的表现,暴力不会带来新的典范,暴力只可能导致一个更加充满暴力的世界。阿伦特站在人性立场从根本上否定了暴力存在的意义,虽然暴力不可避免,但是绝对不合乎理性和道义,人类应当永远对暴力保持警惕,任何对暴力的支持都有可能导致恐怖主义的发生。阿伦特支持非暴力的政治实践,与法侬、萨特把暴力看作生命力和创造力相反,她认为非暴力才是创造性的,暴力只会导向毁灭,而非暴力可以创造新事物。托尔斯泰也是暴力坚决的批判者,他认为任何形式的暴力都是无益的,"用撒旦不能赶跑撒旦"②,"现存的秩序和生活理想之间,存在着无数阶梯,人们沿着这个阶梯不断地前进。人们只有不断地日益摆脱参与暴力、使用暴力和习惯于暴力,才能接近这个理想"③。"继续旧有的暴力或者增加新的暴力,都不可能改善人们的状况。对于酒精中毒症的患者来说,只有一个解救的办法,就是戒酒,消除疾病的原因。同样,要想使人们摆脱恶劣的社会制度,也只有一个办法,就是禁止暴力,铲除灾难的根源,禁止个人的暴力,禁止鼓吹暴力,禁止对暴力进行任何辩护。"④托尔斯泰不相信所谓崇高的暴力,他认为暴力是暴力源泉,人类只有彻底放弃暴力才能获得永久的安宁。

显然,理性主义者对暴力的态度是非功利、非实用主义的,即使是善的目的也不能肯定暴力作为手段的恶。新时期以来的批判现实主义作家重新面对社会暴力时,大部分选择了坚守理性主义的立场,他们越过历史修辞重构了暴力形象,暴力在他们笔下呈现出一副罪恶的面孔。批判现实主义作家的暴力观念显得更加沉着、理性和深刻,他们不再满足控诉式的情绪宣泄,不再追随流于表面的道德批判,他们的视点转向人的精神结构与社会的文化结构,试图从压抑性的精神结构和文化结构中寻找社会暴力的深层原因。精神分析与文

---

① [美]汉娜·阿伦特著,高宏译:《关于暴力的思考》,选自[美]以赛亚·柏林、[美]苏珊·桑塔格等:《一个战时的审美主义者——〈纽约书评〉论文选》,新世界出版社2004年,第46页。
② [俄]列夫·托尔斯泰著,孙晓春译:《天国在你心中》,吉林人民出版社2004年,第4页。
③ [俄]列·托尔斯泰著,刁绍华译:《村中三日——列·托尔斯泰散文集》,辽宁教育出版社1998年,第97页。
④ [俄]列·托尔斯泰著,刁绍华译:《村中三日——列·托尔斯泰散文集》,辽宁教育出版社1998年,第100页。

化研究的双重视野使他们看到了欲望在暴力中的作用,同时看到了暴力背后主导的文化结构。陈忠实的《白鹿原》、莫言的《生死疲劳》、苏童的《罂粟之家》、刘震云的《故乡天下黄花》、阎连科的《坚硬如水》、王小波的《革命时期的爱情》《黄金时代》等作品,站在现代理性立场基本改变了社会暴力的文学塑形。

　　五六十年代的革命文学强调暴力的阶级性、民族性和国家性,而新时期的批判现实主义文学强调个人与集体的双向互动,暴力既是个人欲望的延伸,又是集体意识的规训,它主要反思的是集体中的个人暴力。集体暴力与集体中的个人暴力的区别在于,前者强调个人暴力的集体性,而后者强调集体暴力的个人性。"十七年文学"缘于革命意识的表达,极力将个人的仇恨改造成阶级的仇恨,将个人的暴力改造成阶级的暴力,这一情形在"新历史主义小说"中得到相反的诠释,许多集体化的暴力最后现出个体化的原形。苏童《罂粟之家》中的仇恨与暴力在阶级矛盾的正面掩盖之下显露出力比多之间的侧面较量,地主与长工之间的压迫与反抗实际暗含某种性嫉妒、性报复的色彩。张炜《古船》中的阶级暴力演变成了两大家族的争斗,同样在陈忠实的《白鹿原》中,无论阶级的暴力还是民族的暴力,都隐含着白、鹿两大家族的明争暗斗。阎连科《坚硬如水》中的"革命"不过是成全了高爱军和夏红梅这对偷欢的色情男女,王小波《革命时期的爱情》中的青年在革命的刺激下竟然玩起虐恋游戏。"新历史主义小说"穿透集体暴力的迷幻之壳,发现了暴力在个人与集体之间一层隐秘而暧昧的关系。

　　"集体中的个人暴力"既包含集体的文化意识形态,又包含个人的本能欲望,暴力在文化意识形态与本能欲望之间建立了一种共谋关系。这是重新认识社会暴力的关键,我们不能单从社会维度或本能维度观测暴力,而要在本能维度与社会维度的关联中加以考察。人类暴力与动物暴力的区别在于它既是本能性的又是社会性的,人类暴力具有两面性,一边是本能欲望的驱使,一边是社会文化的压制与放纵,暴力在本能与文化之间形成了一股强大的张力。服从内心的野兽还是恪守伦理道德终究是两难,各种突破的策略于是顺应而生,暴力常常伪装成某种道义,同时也被虚伪的道义绑架。单纯的文化归因或欲望书写无法揭示暴力这一隐秘的生存法则,唯有将两者结合起来才能认清暴力的真面孔。因此,"新历史主义小说"大多采用"文化＋欲望"的双重视角考察历史发生的暴力。阎连科《坚硬如水》、王小波《革命时期的爱情》中的暴力欲望渗透着革命文化的肌理,苏童《罂粟之家》、刘震云《故乡天下黄花》、陈忠实《白鹿原》、莫言《丰乳肥臀》展现了暴力欲望的隐身法则以及与革命文化之间的交融关系。苏童《米》中的性别暴力不是简单地缘于男性的攻击本能,其中一个更为关键的原因是父权制与男权文化造成的"男尊女卑"的性别观念。王小波《革命时期的爱情》《黄金时代》中的施虐与受虐也不单是男女的一种性爱游戏,其间隐含了社会权力关系及其运作方式。这些作品不仅看到了暴力欲望的野蛮生长,更看到了社会文化的层层幻影。

新时期以来的批判现实主义文学除了继续关注历史暴力,一些作家也开始关注现实生活中的暴力。当文学面向现实的暴力,它的塑形空间相对于历史暴力要狭小得多,因为时间的距离削弱了人对暴力的真实感受,历史的修辞能够发挥很大作用,而现实生活中的暴力直接冲击人的感知系统,当社会文化意识还未抵达人的观念层面,人们就已经在血腥恐怖的场景感受到暴力的罪恶。因此,相对于历史叙事,现实叙事中的暴力塑形没有各种复杂的修辞,那种正义的暴力面孔不大可能出现在一部反映现实生活的作品中,作家基本保持理性的批判立场,任何歌颂暴力的叙事都会被看作法西斯的趣味,即便是一个善人杀死了一个恶人,也不能高呼"杀得好""该杀"之类的话语,然而这在革命历史小说中却经常出现。在现实暴力的文学塑形中,暴力只能以恶的面孔出现,只能以悲剧作为其必然的后果。

20世纪90年代以来,有关现实暴力的文学塑形基本遵循了理性主义的批判立场,作家十分关注发生在日常生活中的暴力,其中包括乡村械斗、抢劫谋杀、官民冲突、虐待妇女儿童等社会暴力现象。杨争光的"新乡土小说"描写的乡村暴力不再是"你死我活"的阶级斗争,而是乡村日常生活中被激化的人际冲突,这些暴力源于乡村野蛮的文化思维,一件极其微小的事情都能引起拔刀见血的结局。《公羊串门》中的胡安全只不过因为王满胜在公羊交配事件中稍占了便宜就强奸了他的老婆,王满胜脆弱的自尊心受到极大的打击,一怒之下杀了胡安全。《棺材铺》中两家火拼事件的起因不过是胡为的老婆玩笑之中不小心捏肿了李兆连儿子的生殖器,狭隘的小农主义与野蛮的乡村复仇逻辑终于引发了一场大规模的家族械斗。苏童的"香椿树街"系列小说非常关注日常生活中的性别暴力与青少年暴力。《南方堕落》中的姚碧珍剁了李昌三根手指,而李昌把怀孕的红菱推下了河。《伞》中的春耕不仅抢走锦红的雨伞,还强奸了锦红。《回力牌球鞋》中的两个少年因为一双球鞋而引发一场血腥的暴力冲突。《刺青时代》《城北地带》讲述了许多少年各种打架斗殴乃至厮杀的暴力事件。莫言后期的创作在魔幻叙事的间隙日益显现出残酷的现实底色,《酒国》《天堂蒜薹之歌》《蛙》等越来越倾向批判现实主义的作品,直逼近期中国社会发生的暴力现象。暴力在这些作品中无一不是一副罪恶的面孔,作家从人性和文化两个层面对其产生的缘由和危害进行了深切的反思。

结语

从当代文学媒介中的暴力观念与塑形可以看出,文学不只是暴力的客观呈现,其间蕴含了作家对暴力的认知观念,作家的暴力观念直接决定暴力在文学中的性质及其形态。一般而言,作家的暴力观念主要受本能意识和文化意识的影响,本能意识中的暴力是人类原始欲望的直接表现,作家可以用来激发审美快感,宣泄攻击欲望。相比本能意识的作用,作家的暴力观念更容易受社会文化的影响,正是文化意识的差异导致暴力观念的复杂性,比如暴力的合法与非法、道德与非道德、正义与非正义的分歧与争议。由于作家的观念受制于社会文化,文学中的暴力观念往往与主流文化保持高度一致,但随着主流文化的嬗变以及文化意识的多元化,文学中的暴力观念呈现出历史主义、审美主义、理性主义三种不同的价值取向,并由此生成三副不同的暴力面孔。

(董外平,长沙理工大学文学与新闻传播学院讲师、硕士生导师)

Three Faces of Violence

—The Concept and Shaping of Violence in Contemporary Literary Medium

Dong Waiping

Abstract: As a medium of concept shaping, literature not only records human violence, but also undertakes the cognitive function of violence, transmitting or shaping the concept of violence in human society. Due to the differences of times and positions, the concept of violence in contemporary literary medium presents three different faces. The violence in "Seventeen Year Literature" has a face of hero and justice, symbolizing heroic spirit and revolutionary justice; The violence in vanguard literature has a poetic face in the new era, which means intense aesthetic pleasure; At the same time, violence in critical realism literature has an original evil face, which shows the evil of human nature and culture. From the perspective of contemporary literary medium, this paper attempts to reveal different concepts of violence in social and the shaping of different ideas about violence by literary medium.

Keywords: Contemporary Literary Media; Concept of Violence; Historical Rhetoric; Aesthetic Imagination; Rational Reflection

媒介何为
——论投影映射中的"屏幕"问题

徐书琪

摘要：一般情况下，我们认为投影映射描述了图像和空间的对应关系。在这一关系中，图像指涉映射的内容，即由计算机处理过的虚拟影像；"屏幕"指涉映射的形式，即承载拟像的现实物体表面。过去，我们的研究重点往往落在图像的生成和最终的视觉呈现上，而忽略图像之外"屏幕"的存在。本文将以投影映射中的"屏幕"为线索，通过提取它在历史中的关键变形来分析其背后的逻辑生成。同时，结合具体的艺术作品来帮助分析它在投影映射中具体的表征和意涵，进而阐释"屏幕"是如何成为一种艺术媒介被我们再次看见。

关键词：投影映射；屏幕；窗户；破框；空间叙述；多屏幕；可移动的身体

一直以来，我们专注于看到了什么，却时常忽略了图像之外的存在。但必须得承认，我们生活在一个屏幕的时代。尤其是在数字技术时代，可以说"屏幕无处不在"①。屏幕不仅作为图像呈现的物质载体发挥其实用性功能,同时也被视作一种新的艺术媒介,积极介入当下的艺术实践中。尤其是在投影映射(projection mapping)②中的"屏幕"。它一方面继承了传统屏幕支撑图像的作用,就像窗户和画框一样;另一方面,它的外在显现和对自身物性的强调又区别于一般屏幕作为隐性框架的存在。围绕旧屏幕的消失,新"屏幕"的生成,可以说,"屏幕"为我们研究投影映射提供了一个具体支点,它的一端指向过去视觉经验的连续性,另一端指向一种新的逻辑转型和裂变。因此,就像当代媒介理论家安妮·弗里德伯格(Anne Friedberg)在《虚拟的视窗》(*The Virtual Window*)中提出的观点一样,"或许,框定世界的方式和框内的内容一样重要"③。

一、屏幕的变形

过去,屏幕一直被认为是一个矩形的、扁平的、封闭的隐性空间。作为图像的载体,它为图像建构起一个稳定的框架,它的边界就是图像的边界,它既支撑起图像又限定住图像,但其自身却很少被我们真正看见。而在投影映射中的"屏幕",即被映射的对象,作为一个三维的、异质的、开放的显性空间,取缔了传统意义上屏幕作为框架的概念,成为被"观看"的对象。围绕屏幕从不可见到可见的逻辑转变,由此涉及对下列问题的讨论:屏幕作为"框架"的概念何时出现?屏幕在艺术史上采取过哪些"破框"实践?屏幕又是如何在投影映射中实现自我再构而被重新看见?对此,我们不由将目光投向"屏幕"在历史中的几个关键变形。参照弗里德伯格的观点:

---

① Daniel Schmitt, Marine Thebault, Ludovic Burczykowski. *Image beyond the Screen: Projection Mapping*. London: Wiley-ISTE Ltd, 2020.
② 投影映射,又叫视频映射(video mapping)、空间增强现实(spatial augmented reality)。它是一种视觉呈现技术,其原理是利用投影仪把经过计算机处理的虚拟影像投射到三维对象上。
③ [美]安妮·弗里德伯格著,Mia 译:《虚拟的视窗导读》。此文首发于媒介研究公众号"观察者的技术"。原文出自 Anne Friedberg. *The Vitual Windows: from Alberti to Microsof*. Cambridge, Mass: The MIT Press, 2009.

窗户是一个通路（opening），是用于采光、通风的孔隙（aperture）。它被打开、被合上；它分隔这里和那里、内部和外部、前面和后面的空间。窗户向超越三维的世界展开：它是一张膜，在此，表面遭遇深层，透明性遭遇它的障碍物。窗户也是一个框架，一个景框舞台：它的边缘将视野固定在原地。窗户将外部缩减为一个二维的表面；它因此成为一个屏幕。与窗户类似，屏幕也立即成为一个表面、一个框架、一个投射图像的反射面、一个限制视野的框架。屏幕是建筑的组成部分，以一种新的方式使墙壁具备渗透性：它是一扇改变建筑空间物质性的虚拟视窗（virtual window），它引入新的孔隙，从而显著地改变了我们对空间和（甚至是更彻底的）时间的概念。①

可见，窗户，框架和屏幕，它们都热衷表面同时又拒绝深度，向外敞开又自我隔离，其运动轨迹都附着于一个固定框架。而框架的基本作用在于支撑和限制框内的"风景"，同时完美地隐藏自己。基于相同的功能属性，窗户和框架作为屏幕的变形，为研究投影映射中"屏幕"的逻辑生成提供了重要的参考路径。

1.逻辑起点的反面：阿尔贝蒂的"开放的窗户"

窗户作为屏幕的变形，可以追溯到15世纪文艺复兴时期，阿尔贝蒂（Leon Battista Alberti）在《论绘画》（*De Pictura*，1435）中有个关于"第一行为"（first act）的描述："让我告诉你当我绘画时，我在做什么。首先，我会在准备作画的表面上绘制一个我想要的尺寸的正方形，将其作为一扇敞开的窗户，透过它可以看到我要画的主体。"②对此，阿尔贝蒂在理论上提出了一种图像类型——"开放的窗户"（open window）。该理论可以从两个层面理解：其一，"开放的窗户"的本质是视觉的异质性让位于对媒介物质性的废除。具体来说，画框内白

---

① ［美］安妮·弗里德伯格著，Mia 译：《虚拟的视窗导读》。此文首发于媒介研究公众号"观察者的技术"。原文出自 Anne Friedberg. *The Vitual Windows：from Alberti to Microsof*. Cambridge, Mass：The MIT Press，2009.

② ［美］安妮·弗里德伯格著，Mia 译：《虚拟的视窗导读》。此文首发于媒介研究公众号"观察者的技术"。原文出自 Anne Friedberg. *The Vitual Windows：from Alberti to Microsof*. Cambridge, Mass：The MIT Press，2009.

色的画布如同一个无瑕的空洞,被外部场景取代,类似于打开的窗户,可以让室内的人看到室外的风景。简言之,窗户和画框都试图通过掩盖自身,将框内场景从框外现实中完全独立出来。其二,"开放的窗户"制定了一种以人为中心的透视(perspective)法则[1],因此,画家无法超越肉眼可见之物。长期以来,屏幕接受了"开放的窗户"这一隐喻。一方面,屏幕作为视窗,将内部虚拟图像与外部空间分隔。另一方面,屏幕制定了以人眼为中心的观看视角。简言之,"开放的窗户"为屏幕提供了一个逻辑起点。那么,这与投影映射中的"屏幕"又有什么关系呢?众所周知,投影映射中的"屏幕"区别于传统屏幕,其目的不在于隐藏而是自我呈现,即对媒介物质性的强调,通过"屏幕"与图像的相互作用产生一种空间对应关系,这与传统屏幕的逻辑恰恰相反。但辩证来看,"屏幕给投影映射带去一个负面的起点,以确保自身是正面的。如果没有屏幕的视角,投影映射就不可能存在"[2]。因此,某种程度而言,阿尔贝蒂的"开放的窗户"为投影映射中的"屏幕"提供了一个反向的逻辑起点。

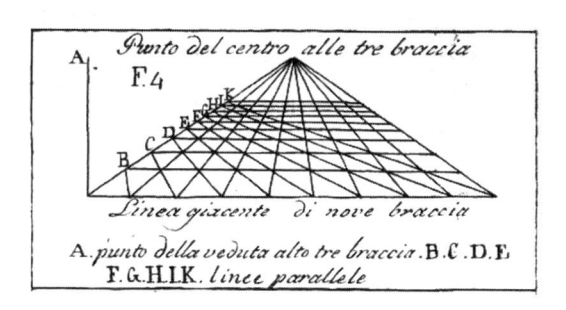

图 1　Leon Battista Alberti, De Pictura,1435

具体来说,"开放的窗户"制定的框架理论,是对媒介物质性的漠视,强调与现实世界的分离,一种"本体论的切割"(ontological cut)[3]。而投影映射中

---

[1] 即单点透视(single-point perspective),此时,感知被简化为一座金字塔,人的视点位于塔的顶点,所有的空间性都由这个点得到确定。

[2] Daniel Schmitt, Marine Thebault, Ludovic Burczykowski. *Image beyond the Screen: Projection Mapping*. London: Wiley-ISTE Ltd, 2020, p.24.

[3] "本体论的切割"来自维克多·斯托伊奇塔的《自我意识的图像:对早期现代元绘画的考察》(Victor Stoichita, *The Self-aware Image: an Insight into Early Modern Meta-painting*. Cambridge: Cambridge University Press, 2001.),它指便携式版画与壁画的分离。

的"屏幕"打破预设的框架逻辑,通过对主体作为异质的强调,使媒介表面及内部空间被投影光线全部照亮,进而重新和外界建立起亲密的联系。例如TNL团队的"Fashion Plaza"系列作品就是以真实的窗户为载体,将投影映射,将真实之窗和虚拟之窗在现实世界重新连接在一起。原先"如何让窗户隐身"的问题在投影映射的语境中被转化为"如何'处理'(dealing with)它的问题,而不是'穿过'(going through)它,用其他没有联系和忽视它的东西取代它"①。另外,"开放的窗户"遵循单点透视以及在该逻辑建立起来的"符号的形式"(symbolic form)②将人视为行动的主体,也被视为某种权力和真理关系的隐喻。在此逻辑指导下,空间的机械化和对象的完全量化,直接导致了行动主体感知的中性化。而投影映射中的"屏幕"拒绝单点透视对主体感知的干扰,试图通过创造一个沉浸式的环境来激活观众感知的灵敏性。

图 2　TNL,Fashion Plaza. 图片来自 https://www.tnl.de/en

总之,阿尔贝蒂"开放的窗户"确立了投影映射中"屏幕"的对立面。如果说,前者是关于隐藏可见之物的问题,后者便是关于呈现不可见之物的问题;前者若被视为对理性人文精神的发现,后者则是对逻各斯中心主义的质疑。但另一方面,阿尔贝蒂"开放的窗户"也成为阐释投影映射中"屏幕"的知识补充,它通过成为当代屏幕扩散的一部分,并使用一些透视理论,最终扩展了阿尔贝蒂的"开放的窗户"。

---

① Daniel Schmitt, Marine Thebault, Ludovic Burczykowski. *Image beyond the Screen*: *Projection Mapping*. London: Wiley-ISTE Ltd, 2020, xiv.

② "符号的形式"来自德国哲学家恩斯特·卡西尔(Ernst Cassirer),他认为"心灵的活动是一种符号的活动"。后来艺术史学家潘诺夫斯基(Erwin Panofsky)将此概念去神化并应用在具体的空间透视中,使它成为一种"理解世界意义的模式"。

2.重新被看见:现代"破框"实践

"阿尔贝蒂的文艺复兴式隐喻将窗户比作绘画的透视框架;自那时起,窗户及其共同的形而上学推论——透视——始终占据着视觉空间理论化的中心地带(作为'窗口'意义的窗户)。"[①]可以说,"开放的窗户"在艺术史上,特别是视觉绘画领域建立起一种经典范式。现代艺术来临以前,有框绘画一直被作为一种参考。画家们几乎漠视媒介的自主性表达,力图在二维平面再现逼真的三维空间。克莱门特·格林伯格(Clement Greenberg)在《现代主义绘画》(*Modernist Painting*,1982)中提道:

> 写实主义与自然主义艺术掩饰了艺术的媒介,利用艺术来掩盖艺术;现代主义则运用艺术来提醒艺术。构成绘画媒介的局限性——扁平的表面、基底的形状、颜料的属性——在老大师们那里是被当作一些消极的因素加以对待的,只能含蓄地或间接地得到承认。在现代主义作品里,同样的这些局限性却被视为积极因素,而且得到公开承认。[②]

格林伯格强调"现代主义是一场不断自我批判、不断纯粹化的过程"[③]。而这个过程旨在发掘媒介的内在逻辑,强调媒介自主性和纯粹性。在此宣言下,现代艺术第一次尝试走出框架,画布不再被视为一个"支撑基底"(subjectile)[④],媒介被赋予表达的权力,被艺术家和观众看见并与现实世界重新建立起联系。

[①] 安妮·弗里德伯格著,Mia 译:《虚拟的视窗导读》。此文首发于媒介研究公众号"观察者的技术"。原文出自 Anne Friedberg. *The Virtual Windows*: *from Alberti to Microsoft*. Cambridge, Mass: The MIT Press, 2009.

[②] 沈语冰:《格林伯格之后的艺术理论与批评》,《浙江大学学报(人文社会科学版)》2010 年第 2 期,第 59—67 页。原文出自 C. Greenberg. "Modernist painting". in C. Harrison & P. Wood(eds.). *Art in Theory 1900-1990*: *an Anthology of Changing Ideas*. Oxford: Blackwell Publishers Ltd, 1992, pp. 754-759.

[③] 沈语冰:《艺术边界及其突破:来自艺术史的个案》,《北京大学学报(哲学社会科学版)》2016 年第 6 期,第 27—32 页。

[④] "支撑基底"的概念取自阿尔托(Antonin Artaud),最初被用来描述素描的重要性,后被德里达扩展运用在艺术边界的探讨中。德里达认为,画框不仅为画作提供边界和保护,也为艺术作品的发生提供基础,它既是支撑也是屏幕。参见陈庆、牛宏宝《论德里达对阿尔托"支撑基底"(subjectile)概念的演绎及其意义》,《首都师范大学学报(社会科学版)》2020 年第 2 期,第 72—81 页。

极简主义（Minimalism）将格林伯格的理论推演到极致，当"绘画媒介达到其物性的临界点（变成一块空白的画布的时候），人人都认为绘画已经走进了死胡同，但谁能预见到当代的艺术家又将物性（而不再是媒介性）当作艺术表达的手段？"①之后，丹托的"艺术界"赋予了寻常物加冕为艺术品的资格。"艺术的终结"不再被视为悲观的灭亡言说，而是为现代艺术作出辩护的激昂宣言。这也解释了20世纪后（尤其是60年代之后），各种视觉制度和越轨行为交织共存。这些"破框"的艺术实践，例如，大地艺术、概念艺术、表演艺术、装置艺术、视频艺术等，它们不再拒绝视觉异质，而是以更包容的姿态寻求一种整体性、普遍性的表达。这里，我们不妨把现代艺术诸多的"破框"实践中，对物性的发现作为理解投影映射的路径之一。投影映射中的"屏幕"的发现，可以看作是对被映射对象物质性的强调。此时，屏幕的概念被无限放大；任何物体都有机会被一束均匀的投影光线刺穿打亮。罗兰·巴特（Roland Barthes）在《狄德罗、布莱希特、爱森斯坦》（Diderot，Brecht，Eisenstein，1977）中对呈现（主要是在视觉方面）有一段这样的描述：

> 呈现并不应该被直接定义为模仿：即使一个人摆脱了"真实""逼真""复制"的概念，只要一个主体（作者、读者、观看者、窥视者）将凝视（gaze）投射到某一个平面上，以其中一部分作为三角形的底边，以他的眼睛（或者思想）作为三角形的顶点，那么呈现就仍然存在。"表象的工具论"（今天我们可以这样写了，因为别的东西已经隐约可见了）具有双重基础：切割的绝对权力（decoupage）、行动主体的整体性。……场景、画面、镜头、取景的矩形框，我们具备了这些条件，得以接受和感知除音乐以外的所有艺术，如戏剧、绘画、电影、文学等，我们可以称这类艺术为屈光艺术（dioptric arts）。②

"在罗兰·巴特看来，屏幕变成了一个包罗万象的概念，甚至涵盖了非视

---

① 沈语冰：《艺术边界及其突破：来自艺术史的个案》，《北京大学学报（哲学社会科学版）》2016年第6期，第27—32页。
② ［俄］列夫·马列维奇著，车琳译：《新媒体的语言》，贵州人民出版社2020年。

觉的呈现(文学)。"①虽然他的理论仍然是基于特定的线性透视视觉模式,但区别于过去对屏幕的单一认识,此时的"屏幕"更多的是被放在一个与主体同等重要的位置上进行考量。这一点,在投影映射中尤为重要。此外,尽管现代艺术实践中,屏幕积极采取"破框"行动,但还未真正摆脱其束缚,框架制造的分离——框内的虚拟空间和框外的真实空间——依旧存在。

图3 K. Malevich, White on White, 1918.图片来自MoMA

3.转型与合作:新"屏幕"的出现

如果说,现代艺术中的屏幕在剧烈的扩张中显现出强烈的主体意志,却仍未摆脱框架背后的分裂逻辑。那么,数字技术的介入,尤其是在虚拟现实技术和增强现实技术的共同加持下,阿尔贝蒂的窗户被逐渐打破了,旧屏幕开始隐去,取而代之的是一个由物质和非物质,真实和虚拟共同构成的新"屏幕"——一种近乎超现实②的存在。

新"屏幕"的出现,一方面是对屏幕自身(视觉异质)的强调,另一方面也是对框架的抵制。参考弗里德伯格在《维利里奥的屏幕:技术融合时代的隐喻的作用》(Virilio's Screen: The Work of Metaphor in the Age of Technological Convergence, 2004)中对维利里奥屏幕的论述,"屏幕作为空间的失落维度和时间的技术转变的地点;它修改了我们与空间的关系,是其'加

---

① Anne Friedberg. Virilio's Screen: the Work of Metaphor in the Age of Technological Convergence. Journal of Visual Culture, 2004, Vol 3(2), pp. 183-193.

② 这里的"超现实"借鉴了艺术史上的超现实主义(Surrealism)绘画,后者强调真实和梦境的统一才是绝对真实的观念,与投影映射中的新屏幕作为真实和虚拟融合的产物有一定相似性,只不过前者是在数字技术的语境下提出的。

速的虚拟化'(accelerated virtualization)的表面"①维利里奥认为数字技术带来的非物质消失的论述预示着一种新逻辑的建立:"在屏幕上存在着一种框架性的、虚拟性的可见性。"由此可见,此时的屏幕不仅作为对象被看见,而且是在数字虚拟背景下被看见的。弗里德伯格认为,"……虚拟的视窗,使观察者的静态物质性和时间性得以通透。这是一个'视窗化'(windowed)的多元视角,它暗示着'在场'的新法则,不仅有关这里和那里,而且有关过去和现在……"②可以说,无论是维利里奥"加速的虚拟化"的表面,还是弗里德伯格的"虚拟的视窗",两者都解释了投影映射中新"屏幕"的内在逻辑。另外,弗里德伯格也看到新屏幕和旧屏幕之间的逻辑连续性,"虽然图像生产、发送和显示的数字技术发展有助于重塑屏幕的视觉语法(syntax),但在数字技术之前,许多形式上的策略(合成、多框图像以及多屏幕投影)就已经存在"③。于是,她进一步提出,"缓和那种认为技术决定数字断裂的激烈主张可能是重要的"④。换句话说,新"屏幕"的出现虽然中断了一种历史的、线性的时空逻辑和阿尔贝蒂所构建的绝对透视关系,但通过数字蒙太奇,新"屏幕"激活了经验的记忆,进而赋予"缺席过去"在当下的"在场性",同时新"屏幕"也在物质真实和数字虚拟之间建立起一种亲密的联系。这种新"屏幕"促成的合作关系可以追溯到利奥塔(Jean François Lyotard)在蓬皮杜艺术中心举办了一场名为"Les Immatériaux"(1985)⑤的展览。利奥塔发现"当代的"(contemporary)和"技术的"(technical)两个词逐渐同质化。从前与屏幕重合的边界,即虚拟和真实的

---

① Anne Friedberg. *Virilio's Screen: the Work of Metaphor in the Age of Technological Convergence*. Journal of Visual Culture, 2004, Vol 3(2), pp. 183-193.
② [美]安妮·弗里德伯格著,Mia 译:《虚拟的视窗导读》。此文首发于媒介研究公众号"观察者的技术"。原文出自 Anne Friedberg. *The Vitual Windows: from Alberti to Microsof*. Cambridge, Mass: The MIT Press, 2009.
③ [美]安妮·弗里德伯格著,Mia 译:《虚拟的视窗导读》。此文首发于媒介研究公众号"观察者的技术"。原文出自 Anne Friedberg. *The Vitual Windows: from Alberti to Microsof*. Cambridge, Mass: The MIT Press, 2009.
④ [美]安妮·弗里德伯格著,Mia 译:《虚拟的视窗导读》。此文首发于媒介研究公众号"观察者的技术"。原文出自 Anne Friedberg. *The Vitual Windows: from Alberti to Microsof*. Cambridge, Mass: The MIT Press, 2009.
⑤ 该展览在一个黑暗封闭的空间内,利用紫外线、激光束、集成电路和屏幕打造了一个数字迷宫,进而就数字技术引发的非物质问题提出思考。

界限正在消解，导致我们对物质和非物质产生巨大的识别障碍。后工业时代，原先的"框架"概念被逐渐抛弃，取而代之的是一种"轮廓"①概念。该"轮廓"强调在环境的物质性和数字技术的非物质性之间创造一种合作。这也恰好为投影映射的"屏幕"的生成提供了有力的逻辑论证。

图 4　Jean François Lyotard，Les Immatériaux，1985

斯蒂格勒（Bernard Stiegler）曾在《书写的屏幕》的开篇提出："所有东西都可以作为屏幕。我们先是出于这原因和作为这原因，才生活于屏幕中间的，也就是说，从某种角度看，我们从来如此。图腾和过渡性对象，以至恋物都是屏幕，也就是说，隐藏起来的投射的支撑。"②如果说，"任何物体都可以成为一个潜在屏幕"的观点最初还带有一种原始的精神性隐喻。那么，投影映射便是利用数字技术作为验证该观点的现代神话。过去，屏幕作为框架，再现了空间；现在，任意空间都有可能成为屏幕的表面。简言之，投影映射中的"屏幕"实质上是通过从"屏幕—空间"到"空间—屏幕"的逻辑转变，创建了物质真实和数字虚拟之间的合作关系。

考察投影映射中"屏幕"的变形大致沿着这三条路径，三者依次呈逻辑递进关系：首先，阿尔贝蒂"开放的窗户"为它提供逻辑起点的反面；其次，现代"破框"实践赋予它重新被看见的权力；最后，在数字技术催化下的新型合作的建立，宣告了新"屏幕"的出现。可以说，"屏幕"在这种现代转型和裂变中，从

---

　①　德勒兹（Gilles Deleuze）曾就"轮廓"在《感觉的逻辑》（Logique de la sensation）中谈及，"将形式和物质分开再整合是作为它们共同界限的轮廓"。
　②　[法]贝尔纳·斯蒂格勒著，陆兴华、许煜译：《人类纪里的艺术：斯蒂格勒中国美院讲座》，重庆大学出版社 2016 年。

一种框架模式转向一种数字逻辑。在此逻辑指导下,一方面解放了图像自身,另一方面也拓宽了屏幕自身的内涵与外延。进一步来说,投影映射中的"屏幕"不仅改变了原始的凝视秩序,恢复了人类生命经验的想象力和灵敏性,更重要的是它中断了一种历史的、连续的时空逻辑,使一度衰落的空间叙述重新回到我们的视野。但无论怎么样,"屏幕"依旧无处不在。

二、"屏幕"的空间叙述

区别于传统屏幕的书写逻辑,投影映射中的"屏幕"是对被映射对象三维空间的强调,这一属性也对投影映射在具体艺术实践中的运用产生了极大影响。在丹尼尔·施密特(Daniel Schmitt)看来,"迫于设计的压力以及在形式主导内容的框架下,投影映射代表着一种对空间崇拜的统治"[①]。这种对空间的崇拜,挑战了长期占主导地位的顺序叙述,某种程度上可以被视为在后现代语境中一种空间叙述的"回归"[②]。这一时期,计算机媒体成为这一空间化进程中的重要一环;恰恰也是这一时期,投影映射经历了快速的发展期。那么,这种空间叙述在投影映射的新"屏幕"中,是如何被体现的?它对实际的艺术创作又产生了哪些特别的影响?对此,我们将从多屏幕现象和可移动的身体两部分内容对投影映射中的空间叙述进行论述。

1.空间蒙太奇:多屏幕并置

在投影映射中,由于"屏幕"不再是传统意义上单一、集中、扁平的结构,而很有可能是一个面向多个、分散、立体的空间环境。这就对映射条件提出了更高的技术要求,它需要将图像合理、精确、实时地映射到目标区域内。可以说,该过程中实现图像的空间并置与安排图像在时间轴上的排序同等重要,甚至

[①] Daniel Schmitt, Marine Thebault, Ludovic Burczykowski. *Image beyond the Screen: Projection Mapping*. London: Wiley-ISTE Ltd, 2020, p.48.

[②] 之所以说是"回归",参见后现代地理学家爱德华·苏贾(Edward W.Soja)的观点。"19世纪后半叶历史的崛起,伴随着空间想象力的下降,以及社会分析中空间模式的衰落。苏贾认为,在20世纪最后的几十年,这种模式卷土重来,体验在'地缘政治'和'全球化'这两个日益重要的概念上,空间分析在后现代主义理论中起到关键作用。"原文出自马列维奇《新媒体的语言》,第326页。后现代语境中这种空间化转向,正是投影映射语境中"屏幕"的表征之一。

有时候前者优先于后者被艺术家考虑。

事实上,图像的空间并置在西方艺术史中早已反复出现并且占据重要的位置。最早可以追溯到旧石器时代的洞穴壁画,古埃及美索不达米亚文化中的叙事性浮雕,古希腊罗马在花瓶、寺庙的山墙、立柱、门楣、石棺、壁画上进行的图形叙述。文艺复兴时期,乔托在帕多瓦城的斯克洛维尼礼拜堂(Cappella degli Scrovegni)绘制的系列壁画①,荷兰画家扬·凡·埃克的《根特祭坛画》(*The Ghent Altarpiece*),米开朗基罗(Michelangelo)在西斯廷教堂绘制的天顶画,勃鲁盖尔的农民画系列。再到现代艺术中库尔贝的《奥尔南的葬礼》(*ORR south's funeral*),毕加索的立体表现②,甚至到后来的动画③。这一系列视觉呈现都可以视为图像空间并置的历史的影子。为更好阐释这一观点,我们借鉴马列维奇以电影作为突破口的方法。他认为"20 世纪的电影实践通过在时间中将不同画面彼此替换,阐明了蒙太奇的复杂技术,然而,并置图像的'空间蒙太奇'尚未得到系统性的探讨。(因此,电影也倾向于牺牲空间来实现历史想象)。"④"……然而,当银幕(屏幕)变成比特映像(bit-mapped)的计算机显示屏,每个像素对应着一个计算机程序可以动态更新的内存位置,一个画面对应一个银幕(屏幕)的逻辑被打破了。"⑤围绕这一变化,马列维奇提出"空间蒙太奇"的概念。"一般情况下,空间蒙太奇可能涉及一系列图像,它们大小不同,所占的比例各异,在同一时间出现在屏幕上。当然,这种并置本身不会产生蒙太奇,它需要导演来建立起逻辑关系——决定哪些图像组合在一起呈现,它们何时一起出现,以及相互之间形成什么样的关系。"⑥参考这一逻辑转向,

---

① 其中包括《加拿的婚宴》《拉撒路的复活》《哀悼基督》《不要碰我》系列作品。每幅画虽然描绘了不同故事,却可以在同一空间下被视为相同主题的统一表现。

② 这些绘画大多是将不同事件并置到同一个画面中。

③ 马列维奇认为,"像 19 世纪的动画一样,空间叙述在 20 世纪并没有消失,而是被归入了西方文化中另一种次要的艺术形式——漫画"中。

④ Anne Friedberg. *Virilio's Screen: the Work of Metaphor in the Age of Technological Convergence*. Journal of Visual Culture, 2004, Vol 3(2), pp. 183-193.

⑤ Anne Friedberg. *Virilio's Screen: the Work of Metaphor in the Age of Technological Convergence*. Journal of Visual Culture, 2004, Vol 3(2), pp. 183-193.

⑥ Anne Friedberg. *Virilio's Screen: the Work of Metaphor in the Age of Technological Convergence*. Journal of Visual Culture, 2004, Vol 3(2), pp. 183-193.

我们将空间蒙太奇置于投影映射中"屏幕"的研究中。我们发现，在映射中需要根据具体的空间环境选择相应的映射方法，具体可以归结为以下四种：

1）直接映射（Direct Mapping）：是投影映射中最简单的一种类型，它直接把所在层的内容传输到目标屏幕上，而不对内容做任何处理。

2）平行映射（Parallel Mapping）：可以让多块屏幕显示一个画面的不同局部。即满足多块屏幕共同拼成一个完整画面。

3）透视映射（Perspective Mapping）：是在平行映射的基础上，解决多屏之间存在彼此成一定角度，甚至相互垂直的情况。

4）馈送映射（Feed Mapping）：是在前三者的基础上，对素材进行更精细、灵活的采样控制。例如，对素材根据屏幕实际需要进行局部裁切、镜像和旋转。[1]

除了第一种，剩下的方法都指向了映射中对多屏幕的需要，都是基于多屏幕情况开展的空间叙述。可以说，这种空间转向归因于"计算机显示器的界面使得这种'新的'多'窗口'/多屏幕格式成为一种日常的透镜，一种白话的视觉性系统。这种重制的视觉白话风格要求新的描述（descriptors）来描绘其破裂的（fractured）、多元的、同步的以及时移的（time-shiftable）时空感"[2]。

分屏的历史在电影中并不少见。它"原本是电影语法上的某种形式，最初却是起源于电影早期的技术发展，例如遮片技术、多重曝光技术等。"[3] 阿贝尔·冈斯（Abel Gance）拍摄的《拿破仑》（*Napoléon*, 1927）中，便使用了三台投影仪进行画面拼接，从而扩大银幕的视觉空间。"如果说，早期电影对分割画面的尝试仅仅是一种对技术手段的试水和画面空间的扩充的话，那么进入 20

---

[1] 该分类参考 disguise-China 对投影映射的教程分析。详见 https://www.manamana.net/peopleCenter/11619/home#！zh

[2] ［美］安妮·弗里德伯格著，Mia 译：《虚拟的视窗导读》。此文首发于媒介研究公众号"观察者的技术"。原文出自 Anne Friedberg. *The Vitual Windows*: *from Alberti to Microsof*. Cambridge, Mass: The MIT Press, 2009.

[3] 参见闵思嘉在《德·帕尔玛｜电影中的分屏美学》对分屏技术的阐释。

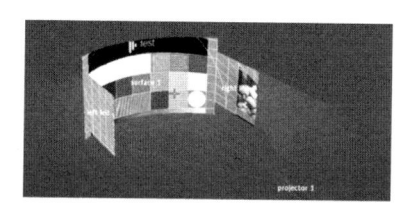

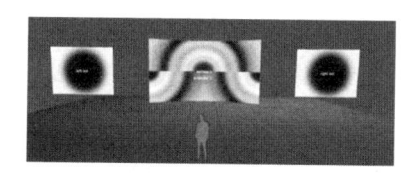

图 5　投影映射的四种方法，图片来自 disguise－China 对投影映射的教程分析。详见 https://www.manamana.net/peopleCenter/11619/home#！zh

世纪六七十年代之后的电影，则是真正将分割画面纳入电影叙事语法的体系中来。"[①]而多屏幕在投影映射中的使用，就不得不提到捷克艺术家兼舞台设计师约瑟夫·斯沃博达（Josef Svoboda）。他的多媒体装置"Laterna Magika"（1958），"Polyekran"（1958）和"Diapolyekran"（1967）算得上是较早对在投影映射中的多屏幕进行探索的实验作品。

"Polyekran"由法语"Poly"（more）和"ekran"（screen）共同组成，翻译过来就是"多屏幕"的意思。该作品是斯沃博达与埃米尔·拉多克（Emil Radok）在布鲁塞尔的第 58 届世博会上合作完成的投影装置。其中包括七个不同大小和形状的屏幕，它们以不同角度悬挂在黑色天鹅绒背景前的水平钢丝上。由

---

① 参见闵思嘉在《德·帕尔玛｜电影中的分屏美学》对分屏技术的阐释。

电子磁带同步控制的八台自动幻灯机和七台电影放映机,将影像投射到这些屏幕上。斯沃博达将它视为对20世纪50年代各种宽屏技术发展的尝试。与试图掩藏屏幕存在的技术相反,"Polyekran"通过在多个屏幕上同步投影,利用各屏幕上单元图像在创建一个完整构图时戏剧性地相互作用,来强调屏幕自身的存在。就像斯沃博达所说:

> Polyekran提供了在多个屏幕上自由组合、自由创作的可能性。真实物体和人物的图像被投射出来,但它们之间的关系不是现实的,而是"supra-realistic",或是"surrealistic"。从本质上讲,它是抽象纯粹拼贴的原则,这是一种古老而基本的戏剧技巧。"欧普艺术"(Op art)也许只是它最近的一个称呼。但无论如何,它们构成了戏剧舞台的基础,对象因此获得了一种新的关系和意义,一个与原先现实迥异的超现实。①

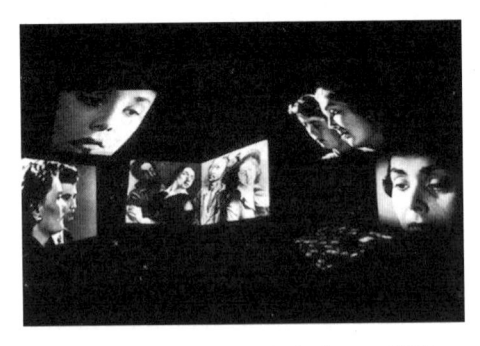

图6　Josef Svoboda, Polyekran, 1958.

"Laterna Magika"是斯沃博另一个装演结合的投影作品。它由三台同步控制的电影放映机和两台幻灯机组成,外加一个可以将投影光束偏转到任何位置的设备。艺术家在一个大约15m×7m×6m的舞台空间中放置了八个移动屏幕,它们带有特殊的、高度定向的反射面,可以随着演员的节奏精准地上升下降、左右位移、折叠旋转、出现消失。此外,每个屏幕还配备了一个隔膜框架幕布,可以改变屏幕的大小和形状。在描述"Polyekran"与"Laterna

---

① Josef Svoboda, quoted in *O svetelnem divadle*, *Informacni Zpravy Scenograficke Laboratore*, 1958. p.5. 参见 https://monoskop.org/Josef_Svoboda

Magika"时,斯沃博达指出:

> Polyekran 完全是一场电影奇观,并且指向电影中对技术的关注。而 Laterna Magika 则是拥有演员、歌手、舞者和音乐家的剧院……一方面,我们使用了熟悉的场景技术,例如幻灯片和电影放映。全景电影和投影增加了新的表现可能性,具体体现在在多个屏幕上进行多重曝光。另一方面,是使用与现场演员的表演相结合的移动屏幕。①

图 7　Josef Svoboda,Laterna Magika,1958

可以说,"Laterna Magika"基本确定了多屏幕映射机制,它为舞台艺术提供了一种独特的媒介语言。导演阿尔弗雷德·拉多克（Alfred Radok）认为"Laterna Magika 具有从多个方面看待现实的能力。从常规的时空背景中'提取'一个情况或个人,并以某种其他方式理解它,也许是通过将它与一个在时间上不同的事件联系在一起"②。可以说"Laterna Magika"代表的多屏幕表达手段,实现了场景空间的扩展和衔接,同时也为"忠实再现"（faithful reproduction）、自然主义（naturalist）的表现提供新的可能。此外,拉多克的"Diapolyekran"作为斯沃博达系列作品的延续,同样采用了多屏幕投影技术。该系统由 112 个独立旋转的立方体小屏幕组成一堵"屏幕墙",每个立方体都有两个安装在其后部的自动幻灯机,能够每秒闪烁五张图像。该过程总共使

---

① Grossman. "O Kombinace Divadla a Filmu". in Laterna Magika. J. Hrbas. (ed.) *Prague*. 1968. p.76.
② Grossman. "O Kombinace Divadla a Filmu". in Laterna Magika. J. Hrbas. (ed.) *Prague*. 1968. p.76.

用了三万张载玻片，整个操作都是电脑自动化实现。此外，每个立方体都能够向前或向后滑动大约 25 厘米，从而为投影制造出一个动态浮雕的效果。可以说，该投影装置正是利用空间蒙太奇的特效，巨大的立方体墙体面可以组合成一幅完整连贯的画面，也可以分解成具有不同图像碎片的超现实主义拼贴画。总之，多屏幕并置使用了空间蒙太奇手法，激活了一度失落的空间叙述。投影映射中的"屏幕"就是在该逻辑基础上强化了对空间的延伸和扩充，这也成为投影映射区别于电影的一个显著特征。

2."屏幕"与可移动的身体

一直以来，屏幕被认为是不可移动的，它将现实分隔为真实和虚拟的两个异质空间。这种由屏幕导致的分裂，以禁锢观看者的身体为代价。为了更好地说明这种被禁锢的状态，我们可以将它与柏拉图的洞穴理论联系起来。柏拉图曾在《理想国》第七卷开篇提道：

> ……让我们想像一个洞穴式的地下室，它有一长长通道通向外面，可让和洞穴一样宽的一路亮光照进来。有一些人从小就住在这洞穴里，头颈和腿脚都绑着，不能走动也不能转头，只能向前看着洞穴后壁。让我们再想像在他们背后远处高些的地方有东西燃烧着发出火光。在火光和这些被囚禁者之间，在洞外上面有一条路。沿着路边已筑有一带矮墙。矮墙的作用象傀儡戏演员在自己和观众之间设的一道屏障，他们把木偶举到屏障上头去表演。①

正如洞穴中被绑住手脚的囚徒只能看到墙上的光影，屏幕前的观看者同样丧失了自主的行动力，只能待在原地保持不动，被迫地接受屏幕传递出的图像信息。从最初阿尔贝蒂的窗户，到后来的魔灯、暗箱、摄影等光学设备，它们都要求观看者保持不动。"到了 19 世纪末，摄影图像世界的僵化被电影的动态屏幕打破。"尽管"这种移动和虚拟视觉的组合为静止的观众提供了一种虚

---

① ［古希腊］柏拉图著，郭斌和、张竹明译：《理想国》，商务印书馆 1986 年，第 275 页。

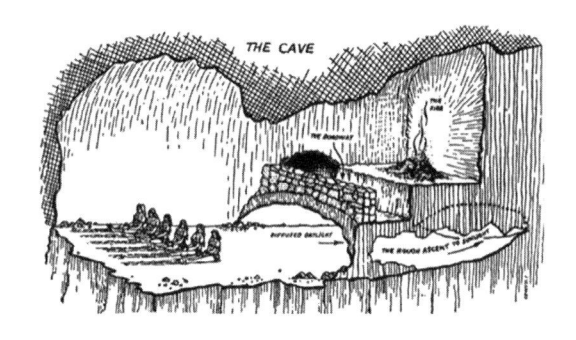

图 8　柏拉图的洞穴,图片来自维基百科。

拟的移动性(virtual mobility)"①,但"这种虚拟的运动性所要求的代价,是观众进入了一个新的、体制化的'不动'之中"②。博德里(Jean-Louis Baudry)也曾在《装置》(*The Apparatus*)一文中,根据洞穴隐喻发展出他的精神分析解释。他认为,"电影院里的观众就像山洞里的囚犯一样,只看到了现实的幻觉,一个幽灵世界的阴影。同时,封闭的、安全的、黑暗的电影院房间建立了一种人为的回归状态,将观众带到产前时期,进入母亲的子宫——一个我们正在寻求并且试图恢复的象征性庇护所"③。可以说,"现代影像运动性的逐渐增强,伴随着观众被禁锢程度的加深"。根据弗里德伯格所言,"随着凝视的'运动性'变得更加虚拟,随着技术逐渐发展到描绘逼真影像的绘画(后来是摄影),随着运动性体现在光线的变化(后来是电影摄影)中——观察者越来越需要保持自身的静止和被动,他们需要一动不动地做好准备,接受自己面前构建出的虚拟现实"④。

而投影映射语境中新"屏幕"的出现——无论是任意物作为潜在屏幕的形

---

①　[美]安妮·弗里德伯格著,Mia 译:《虚拟的视窗导读》。此文首发于媒介研究公众号"观察者的技术"。原文出自 Anne Friedberg. *The Vitual Windows: from Alberti to Microsof*. Cambridge, Mass: The MIT Press, 2009.

②　Anne Friedberg. *Virilio's Screen: the Work of Metaphor in the Age of Technological Convergence*. Journal of Visual Culture, 2004, Vol 3(2), pp. 183-193.

③　Jean-Louis Baudry. *Ideological Effects of the Basic Cinematographic Apparatus*. Film Quarterly. Vol 28(2)(Winter, 1974-1975), pp. 39-47.

④　[美]安妮·弗里德伯格著,Mia 译:《虚拟的视窗导读》。此文首发于媒介研究公众号"观察者的技术"。原文出自 Anne Friedberg. *The Vitual Windows: from Alberti to Microsof*. Cambridge, Mass: The MIT Press, 2009.

式,还是多屏幕并置——被旧屏幕分隔的真实空间和虚拟空间重合了。投影映射发展了一种新的中介机制,即"一种涉及情境或交流机制转变的行动,而不是已经构成的元素之间的简单互动,更不是一个元素从一极到另一极的循环"①。"观众不再被束缚、固定、麻醉,任凭设备奉上已经备好的现成影像;现在的观众需要动起来,需要自己发声,才能看到相应的图景。"如果说,传统屏幕剥夺了观看主体行动的自由,那么,投影映射中的"屏幕"则是将可移动的身体重新归还给观看者。

在具体的映射作品中,伴随着"屏幕"的扩张,可移动身体的范畴也被进一步放大。它不仅指向观看者②,同时也面向表演者③。除了前面提到的"Laterna Magika"是早期该领域的先锋实践者,目前大量现代剧院,实验性工作坊,跨界艺术家都跻身加入这类创作的行列。其中,来自法国里昂的 Adrien M & Claire B④ 称得上最具代表性的艺术团队。Adrien M & Claire B 是一家专注于前卫物理与数码表演的公司。它由两位艺术家 Adrien Mondot 和 Claire Bardainne 联合创办。Adrien Mondot 是一位计算机专家和杂技演员,而 Claire Bardainne 是一位视觉艺术家和舞台设计师。两人的跨学科背景,都注重将数字技术与肢体结合,以此带给观众一种全新的视觉语言和感官体验。作品《博内》(Hakanaï,2013)、《像素》(pixel,2014)、《流动的空气》(Le mouvement de l'air,2015)、《运动学》(Cinématique,2010)都是通过身体和投影映射的结合,展现出一个动态的、有机的、转瞬即逝的感官数字世界。

以《博内》为例。"Hakanaï"在日语中有着人和梦两层内涵,体现了梦境与现实之间的脆弱和无常。艺术家以此为主题,采用装演结合的形式,试图唤起数字虚拟环境下人类对自身现状的思考。具体来说,在昏暗的 Studio T 剧院里,舞者被一个巨大的由透明呈像材质制成的立方体包围,而观众需围坐在立

---

① Daniel Schmitt,Marine Thebault,Ludovic Burczykowski. *Image beyond the Screen: Projection Mapping*. London: Wiley-ISTE Ltd, 2020, xiv.
② 这类作品经常出现在大型公共投影项目中,例如在建筑、街道和自然景观的映射中。包括国外的团队:URBANSCREEN、Moment Factory、ART+COM Studio、Random International、THÉORIZ、Miguel Chevalier。国内的 Wonderlabs、What's Media Lab、GeeksArt、千核科技等。
③ 这类作品一般是将投影映射运用在戏剧或舞蹈这类展演结合的作品中。
④ 参见 https://www.am-cb.net/

方体外侧。演出中,所有行动包括音乐、影像、灯光、肢体在内的各个元素都是即兴完成。立方体的外立面构成一道无形的"屏幕",在上面的映射影像时而呈现为发光的网格,跳动的字符,散落的星斗,或是倾落的大雨。舞者需要和它们产生实时的交互:当舞者把发光网格拉到一边,画面便像一块巨大的帘子折叠起来,然后变成一张细密的渔网在她头顶转动;当舞者将双手伸向纵横交错的矩阵网格中,锋利的线条随即又变成泛着涟漪的水面;当舞者挥动手臂,画面又聚集成一个巨大的漩涡。整个空间由于映射光线和舞者的表演变得流动和自由。场内的观众在表演全程保持缄默,等到演出结束,他们被允许以10人为一组进入立方体内部,亲身体验"屏幕"上光影带来的身体改变。可以说,Hakanaï 更像是一个实验,它让数字虚拟与生命产生有机的共振。尽管一切蕴藏着巨大的不确定性,但在这个过程里屏幕消失了,舞者和观众的身体在与影像的移动交互中被无限放大。

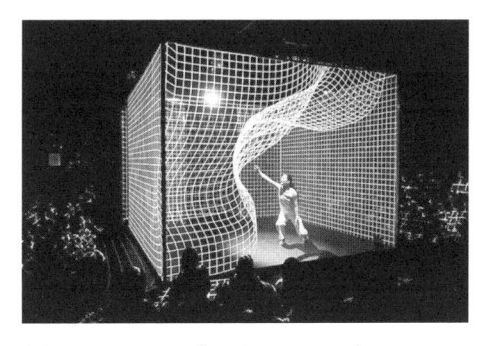

图 9 Adrien M & Claire B,Hakanaï,2013

总之,投影映射中的"屏幕"中的多屏幕技术打开了艺术创作更广阔的空间,而"屏幕"与身体的亲密互动更是进一步消弭了我们与艺术作品(尤其是数字艺术)之间的距离。这两点,在当下具体的投影映射作品中也越来越被凸显。

结语

事实上,伴随着数字技术的发展和跨学科实践的增加,尤其是在艺术领域,借助投影映射进行艺术创作的做法逐渐成为一种普遍现象,这也不断丰富了投影映射中"屏幕"的形象。可以说,投影映射中"屏幕"在这种可持续的数字化生产下,仍处在一个不断自我建构的过程。因此,我们无法忽略也不该回避"屏幕"作为一种重要的艺术媒介,对当下的艺术生产的积极介入。同时,通过对"屏幕"的再发现,或许能在艺术史研究框架下,为我们研究数字艺术提供一个新的思路,帮助我们进一步打开图像之外,一个更丰富的想象空间。

(徐书琪,杭州师范大学艺术教育研究院硕士研究生)

What's the Medium?
—On the "Screen" in Image Projection

Xu Shuqi

Abstract: Oftentimes, we hold that image projection characterizes a correspondence between image and space. In this relationship, while the image denotes the content of the projection, the virtual image processed by the computer, the "screen" refers to the form of the projection, the surface that displays the projected image. Previous research has generally focused on the creation and eventual presentation of images but overlooked the presence of the screen that exceeds the image. The essay explores the role of the screen in image projection by tracing its historical transformation and scrutinizing the underlying logic that facilitates the changes. In the meantime, it also examines specific presentations and connotations of selected artworks to explicate how the "screen" is made visible as an art medium.

Keywords: Image Projection; the Screen; Window; Broken Frame; Space Narrative; Multi-screen; Mobile Body

延安道路的铸造和表征：
延安抗战社会动员的媒介资源利用[1]

李亘　许加彪

摘要：抗战时期，延安地区虽然土地贫瘠、民众文化程度不高，但是成为全国人民抗战的圣地和中心。这其中，积极的社会动员发挥了最充分的效果。中国共产党不仅高度重视抗战社会动员工作，而且建设起灵活实用的目标设计和体系，打造了良好的传播力体系，这些经验成为延安精神的有机构成部分。解码和继承这些良好经验和红色基因，能够为国家治理和民族复兴提供方略与智慧。

关键词：延安时期；抗战；社会动员；传播力

在中国共产党的发展图谱上，延安是一个标识性的地理坐标。经过延安十三年的发展，中国共产党在政治舞台上的领导力愈加重要。陈毅赋诗云：

---

[1] 本文系国家社科基金重点项目"媒介域视角下延安木刻版画的社会动员研究"（项目号：21AXW009）的阶段性成果。

"试问九州谁做主？万众瞩目清凉山。"延安的清凉山是红色的"新闻山"，山上曾经设有新华广播电台、新华通讯社、解放日报社、中央印刷厂、纸币厂、新华书店等机构。特别在抗战时期，延安是中共中央的驻地，成为中国共产党的指挥中心。延安的宝塔与延河景观经过版画、照片、诗歌、话剧等多形态的传播，成为全国人民心目中救亡图存的圣地，升腾为中华民族抗战精神的图腾。今天，解码和继承这些带有强烈红色基因的延安经验，能够为中华民族的伟大复兴提供方略与智慧。

一、延安抗战社会动员的时空境域

延安，古称肤施、高奴、延州，是陕甘宁边区政府首府。延安地处西北边陲，沿用延安郡名，始于隋代，取名"长治久安"之意。延安素有"塞上咽喉""军事重镇"之称，成为历代兵家冲突交融之地，被誉为"三秦锁钥，五路襟喉"。汉虞诩《奏复三郡疏》有"水草丰美，上宜产牧，牛马衔尾，群羊塞道"的描述。宋与西夏战事频繁，宋代名臣庞籍、范雍、韩琦、范仲淹等在此御敌，宋元祐四年（公元1089年）升延州为延安府。延安地区独特的历史状况，特别是多民族交融，糅合了中原华夏文明忠诚爱国与西北少数民族彪悍古朴的基因，成为当代陕北人内在性格的有机构成部分。

延安地区虽然土地贫瘠、沟壑纵横、梁峁交错，但延安是中国人心目中红星照耀的圣地。直到20世纪之初，延安仍旧保留古老的面貌，崇墉百雉，宝塔矗立。20世纪30年代，刘志丹、谢子长等在延安境内开展武装斗争，创建陕甘边和陕北两个革命根据地。1935年10月，中央红军陕甘支队长征到达吴起镇。1937年9月，陕甘宁边区成立，首府延安。同年10月，成立延安市政府，直隶于边区政府。延安革命历史的光荣传统，特别是延安十三年的峥嵘岁月，成为中国共产党发展图谱上光辉的一笔。诗人贺敬之在《回延安》中写道："几回回梦里回延安，双手搂定宝塔山。千声万声呼唤你——母亲延安就在这里！"

由于特殊的原因，民国初期到抗战时期，延安一度民生凋敝，民不聊生。英国浸信会传教士欧内斯特·波尔斯特-史密斯（Ernest Borst-Smith），又名司慕德,在清末民初的变革时期在陕西传教达 12 年之久,而且大部分时间是在延安度过的,是第一位在陕北定居的欧洲人,对延安非常熟悉。史密斯在其回忆录《辛亥革命前后的延安》里说,在 1880 年左右,延安城当铺有 8 个,说明非常繁荣,到 1910 年左右,延安已大量种植和销售鸦片,鸦片导致了普遍流行的悲惨贫困。① 随着中华民国政府的整治,延安种植和吸食鸦片已大为好转,但抗战时期的延安,民众文化水平依旧底下。在抗战期间,曾任边区政府秘书长的李维汉在《回忆与研究》对边区政府创建前的边区状况有过描述:"知识分子缺乏,文盲高达 99%;学校教育除城镇外,在分散的农村,方圆几十里找不到一所学校,穷人子弟入学无门。"②自然条件的恶劣和人口条件的低下更说明了抗战社会动员的困难和必要性。

延安地区的优秀历史传统和民族文化交融为抗战注入了宝贵的基因,自然环境的贫瘠成为精神传承的栖息之所,历史将中国人民抗战的中心曲调放在这里奏响。在陕甘宁边区,中国共产党创造性地利用有限的条件,有效地开展乡村社会动员,为抗战最后胜利起到了关键作用。

二、党高度重视社会动员工作

社会动员,即一定的社会主体为组织和凝聚社会力量以实现某一政治目标而进行的政治宣传和政治鼓动工作,正确的动员方式是社会运动成功的关键。美国社会学家梯利在《从动员到革命》认为,一个成功的集体行动是由多方面因素决定的,其核心是社会运动的动员,也就是动员模型。③ 沙培德在《战争与革命交织的近代中国(1895—1949)》里说,在延安期间,中国共产党奉行的政策是经济自给、严明管理和群众动员④。确实,在中国革命的发展历程中,中国共产党始终把社会动员作为关键政治任务来抓。1939 年 4 月 9 日,陆定

---

① [英]欧内斯特·波尔斯特-史密斯著,刘蓉译:《辛亥革命前后的延安》,陕西人民出版社 2011 年,第 50 页。
② 李维汉:《回忆与研究》,中共党史资料出版社 1986 年,第 566 页。
③ Charles Tilly, *From Mobilization to Revolution*. Mcgraw-Hill College, 1978, pp.54-56.
④ [美]沙培德著,高波译:《战争与革命交织的近代中国 1895—1949》,中国人民出版社 2016 年,第 352 页。

一在《新华日报》（华北版）的专论《目前宣传工作的四个问题》中指出，宣传工作的重要性，就在于它是发动民众参战热忱和生产热忱的一个重要武器，保证我们胜利完成"动员一切生动力量"的巨大任务。① 在多年的实践中，中国共产党形成了系统性的抗战社会动员体系，有力地保障了抗战的最后胜利。

党在战略上高度重视社会动员工作。党深刻认识到要实现中国革命力量由小到大、由弱到强的转变，必须要有效地进行民众动员。党只有有效动员与组织人民群众，才能持续保持自己的战斗力与肌体活力。党严肃地提出，中国共产党是抗日民族统一战线的发起人与组织者。共产党员应实际上成为各地救亡运动与救亡组织之发起人、宣传者、组织者。② 自卢沟桥事变开始，党就非常注重动员民众反抗日本帝国主义对中国的侵略，并密集发布相关政策以强调动员全民族抗战的紧迫性。1937年7月8日，卢沟桥事变后，《中央关于卢沟桥事变后华北工作方针问题给北方局的指示》中就提出"动员全体爱国军队全体爱国国民抵抗日本帝国的进攻，在各地用宣言传单标语及群众会议进行宣传与组织的动员"③。7月21日，在《中央关于目前形势的指示》中指出要进行"全国人民总动员"实现"全面的抵抗"。④ 8月1日，在召开的抗战动员运动大会上，毛泽东又指出"全国无论何处，都应该紧急动员起来"⑤。8月22日洛川会议上，中央通过了《抗日救国十大纲领》，要求全国军事总动员、全国人民总动员等。8月25日，中共中央又进一步强调中国进入了实行抗战的阶段，这一阶段的中心任务是：动员一切力量争取抗战的最后胜利。⑥ 11月12日，毛泽东、彭德怀在《关于在我占区加强部队和民众动员工作问题的指示》中又强

---

① 中共中央宣传部办公厅、中央档案馆编研部：《中国共产党宣传工作文献选编：1937—1949》，学习出版社1996年，第39页。
② 中央统战部、中央档案馆：《中共中央抗日民族统一战线文件选编下》，档案出版社1986年，第11页。
③ 中共中央宣传部办公厅、中央档案馆编研部：《中国共产党宣传工作文献选编：1937—1949》，学习出版社1996年，第1页。
④ 中央统战部、中央档案馆：《中共中央抗日民族统一战线文件选编下》，档案出版社1986年，第14—15页。
⑤ 中央统战部、中央档案馆：《中共中央抗日民族统一战线文件选编下》，档案出版社1986年，第31页。
⑥ 中央统战部、中央档案馆：《中共中央抗日民族统一战线文件选编下》，档案出版社1986年，第35页。

调对地方民众的动员工作。① 1939年4月27日,中央关于国民精神总动员的第二次指示中表示,国民精神总动员成为我党的武器,实现的方法应依各地不同的情况加以区别。② 1941年6月20日,《中宣部关于党的宣传鼓动工作提纲》指出,我们党的宣传鼓动工作的任务,是在宣传党的马列主义的理论,党的纲领与主张,党的战略与策略,在思想意识上动员全民族与全国人民为革命在一定阶段内的彻底胜利而奋斗。③ 那么,如何进行动员呢?毛泽东指出,不是简单地将政治纲领背诵给老百姓听,而是要"靠口说,靠传单布告,靠报纸书册,靠戏剧电影,靠学校,靠民众团体,靠干部人员","要联系战争发展的情况,联系士兵和老百姓的生活,把战争的政治动员,变成经常的运动。这是一件绝大的事情,战争首先要靠它取得胜利"。④ 党的这些文件和规定,高屋建瓴地阐释了社会动员在反抗日本帝国主义侵略中的重要性。正是党对社会动员的高度重视,以及对群众动员在抗日战争中所起作用的准确认知,才使党在抗日战争中的不同阶段对群众动员进行强调,使党动员群众积极参与抗战成为可能,为坚持长期抗战,赢得抗战胜利提供了群众基础。

三、延安抗战社会动员灵活实用的目标设计和体系打造

延安抗战社会动员的目标设计具有党性的底色和弹性。中国共产党所倡导的抗战动员目标是开放的而不是封闭的,是实在的而不是虚无的,是鲜活的而不是僵死的。其社会动员总目标为:驱逐日本帝国主义出中国,建立自由平等的新中国——从而实现爱国与建国的统一,坚持抗战、团结、进步三位一体的方针。延安《解放日报》发刊词中说,团结,团结,团结,这就是我们的武器,

---

① 中共中央宣传部办公厅、中央档案馆编研部:《中国共产党宣传工作文献选编:1937—1949》,学习出版社1996年,第14—15页。
② 中共中央宣传部办公厅、中央档案馆编研部:《中国共产党宣传工作文献选编:1937—1949》,学习出版社1996年,第44—45页。
③ 中国社会科学院新闻研究所:《中国共产党新闻工作文件汇编上》,新华出版社1980年,第103页。
④ 毛泽东:《毛泽东选集》第2卷,人民出版社1991年,第481页。

也就是我们的口号。① 1940年2月12日《中央、军委关于在新地区发表布告或宣言传单内容的指示》要求,实行总理遗嘱,唤起民众一致抗日。② 1940年2月14日,毛泽东、王稼祥专门致电朱德、彭德怀,提出对阎锡山的态度与口号,提出了五个基本口号,要求到处发布。1940年10月20日《中央宣传部政治情报第六号:英美拖中国加入其战争集团》中指出,估计到中间派及广大人民一时会被所谓"英美援助中国抗日""联合英美抗日"等错误口号所迷惑,因此我们必须善于进行耐心说服解释工作,使他们从国民党英美派的欺骗宣传下解放出来。③ 1940年11月6日,毛泽东在发给李克农、项英、董必武并周恩来等的电报中说,动员党内外一切力量制止剿共降日,不要骂蒋骂国民党,只骂亲日派。1940年11月7日《中央关于反对投降挽救时局的指示》指出,时局危机极端严重,全党必须动员起来,反对投降分裂,挽救时局危机。④ 1941年1月18日《中央关于皖南事变的指示》强调,在各抗日根据地通过刊物、报纸、会议、群众大会等,提出严重抗议,并到处传播五条口号,如抚恤伤亡、惩办祸首等。⑤ 3月20日《中央宣传部关于反对敌伪宣传工作的指示》要求,必须估计到敌军士兵的觉悟程度,不要提出过高的口号,不要把最高的政治任务与具体的宣传任务混为一谈;对日本士兵而言,激发他们的思家思乡情绪、厌战的情绪等;对伪军伪政权的主要口号是,中国人不打中国人、不要帮助日本人来压迫中国人等。⑥ 中国共产党秉持辩证的抗日民族统一战线,坚持抗战中的独立自主,争取和坚持无产阶级领导权;特别激发民族国家意识,屡次提到不全面抗日就亡国亡种,通过民族国家的认同涵化对中国共产党的赞许;同时不忘灌输阶级意

---

① 中国社会科学院新闻研究所:《中国共产党新闻工作文件汇编下》,新华出版社1980年,第32页。
② 中共中央宣传部办公厅、中央档案馆编研部:《中国共产党宣传工作文献选编:1937—1949》,学习出版社1996年,第129页。
③ 中共中央宣传部办公厅、中央档案馆编研部:《中国共产党宣传工作文献选编:1937—1949》,学习出版社1996年,第175—176页。
④ 中央统战部、中央档案馆:《中共中央抗日民族统一战线文件选编下》,档案出版社1986年,第497页。
⑤ 中央统战部、中央档案馆:《中共中央抗日民族统一战线文件选编下》,档案出版社1986年,第522页。
⑥ 中共中央宣传部办公厅、中央档案馆编研部:《中国共产党宣传工作文献选编:1937—1949》,学习出版社1996年,第209—212页。

识,通过唤醒人民的阶级意识,边界激活,打破宿命的看法,争取建立自由平等的新中国。中国共产党的抗战社会动员目标固守根本,因时而变,甚至一事一策,达到了短期目标和长期目标的有机统一,局部目标和整体目标的融会贯通,为抗战胜利后中国共产党的崛起完成了舆论准备工作,并且无缝衔接。

为了达成社会动员的目标,中国共产党建立起全党办报的媒体动员体系。报纸对于抗战社会动员具有重要的意义,在中国革命时期,报纸也是动员广大群众积极参与抗战,进行民族革命的重要手段。为此,建立其高效的全党办报体系,将报纸作为一个指挥机关进行抗战社会动员就是行之有效的措施。中国共产党在党媒社会动员的顶层设计上,实现完全的党报党性,坚持全党办报,而不是闹独立性。中国共产党建立了媒体的权威结构:一切党的政策,将经过《解放日报》与新华社向全国宣达,《解放日报》的社论将由中央同志及重要干部执笔。[1] 特别是通过对延安《解放日报》的改版,确立了党报党性的要求,不允许宣传人员闹一字一句的独立性。1942年3月16日中宣部《为改造党报的通知》指出,要有与党的生活和群众生活密切相联系的通讯员或特约撰稿员,要规定党政军民各方面的负责人经常为党报撰稿,"各地党报的文字,应力求通俗简洁,不仅是一般干部容易看懂,而且是稍有文化的群众也可以看。通俗简洁的标准,就是要使那些识字不多而稍有政治知识的人们听了别人读报后,也能够懂得其意思"[2]。报纸的作用就在于能够及时传达政策,增强与群众的沟通,激发群众的抗战热情。因此,延安《解放日报》在发刊词中就谈道:"本报之使命为何?团结全国人民战胜日本帝国主义一语足以尽之。"[3]团结全国人民即是动员全国人民、动员一切党派、建立抗日民族统一战线进行全民族抗战的意思。在1942年发布的社论《致读者》中,《解放日报》又强调"党报必须是为着党的革命方针和路线而奋斗的战士;报纸必须根据当前的政治事变

---

[1] 中共中央文献研究室、新华通讯社:《毛泽东新闻工作文选》,新华出版社2014年,第72页。
[2] 中国社会科学院新闻研究所:《中国共产党新闻工作文件汇编上》,新华出版社1980年,第127页。
[3] 中国社会科学院新闻研究所:《中国共产党新闻工作文件汇编下》,新华出版社1980年,第31页。

而进行热忱的鼓动"①。《解放日报》在其社论《本报创刊一千期》里说:"本报是中国共产党的党报,要坚持一个方针,这个方针即是,使本报成为抗日人民大众的报纸,成为鼓吹抗战,鼓吹民主,鼓吹进步的号角。"②这阐明了党报与抗战动员之间的关系。正是全党办报的实现,成为延安时期抗战社会动员的重要手段和力量。

为了达成社会动员的目标,中国共产党建立全民参与的民众动员体系。在1938年,毛泽东就指出"如此伟大的民族革命战争,没有普遍和深入的政治动员,是不能胜利的"。"动员了全国的老百姓,就造成了陷敌于灭顶之灾的汪洋大海,造成了弥补武器等等缺陷的补救条件,造成了克服一切战争困难的前提"。③ 为此,开展广泛的国民教育,是深入动员群众参与坚持抗战,培养革命知识分子与干部的重要环节。在学校教育方面,建立广泛的小学网。如通过恢复与重建各地小学校,达到每一个村子有一个初级小学校,每乡(或每编村)有一个中心小学或模范初级小学,每一个中心区有一个两级小学或完全小学,以此建立广泛的小学网。既要动员学龄儿童进入学校学习,还要动员青年知识分子担任小学教员,吸引青年妇女进入学校。④ 在社会教育方面,建立民革室、救亡室、俱乐部等文化教育活动的中心。1944年边区有1万多群众加入读报组,提高了民众的觉悟。通过识字小组、夜校、半日校、冬学运动,既提高了民众的识字能力,还提高了民众对中国共产党政权的认同。⑤ 同时,在对群众动员上,中央也发布了一系列指示、政策,积极引导群众参与到全民抗日的过程中来。如通过村庄和集市的群众大会的口头演讲,以及民间通俗文艺形式

---

① 中国社会科学院新闻研究所:《中国共产党新闻工作文件汇编下》,新华出版社1980年,第51页。
② 中国社会科学院新闻研究所:《中国共产党新闻工作文件汇编下》,新华出版社1980年,第66页。
③ 中共中央文献研究室、新华通讯社:《毛泽东新闻工作文选》,新华出版社2014年,第45页。
④ 中共中央宣传部办公厅、中央档案馆编研部:《中国共产党宣传工作文献选编:1937—1949》,学习出版社1996年,第138—139页。
⑤ 中共中央宣传部办公厅、中央档案馆编研部:《中国共产党宣传工作文献选编:1937—1949》,学习出版社1996年,第138—139页。

如歌谣、戏剧、图画、说书等,都能够进行抗战动员宣传。① 通过各种方式,党中央和陕甘宁边区政府建立起纵横交错全员覆盖的有效动员体系:垂直的民众动员体系方面,利用边区、县、乡三级抗日民主政权组织,打造了自上而下的金字塔层级动员结构;横向的民众动员体系方面,不仅动员了学生群体、青年群体、妇女群体,还动员了其他各类社会群体参与到抗战中来,形成了全民抗战的新局面。

四、延安抗战社会动员的传播力构造

传播力是动员效果的关键性指标,该种力量的大小决定了传播效果的强弱。延安抗战动员通过聚焦典型人物形成了激励机制,通过建立有效的"在地"动员形态调动了全社会各个阶层、群体的抗战参与热情,通过讲好延安故事获得了国际舆论的理解和支持,成为抗战胜利的重要内外因素。

动员离不开榜样的引导,党尽心策划,充分发挥典型人物的激励作用。列宁曾说:"榜样的力量是无穷的。"毛泽东也特别指出,一切宣传鼓动应该利用已经产生并正在继续产生的民族革命典型。② 边区党政军在大生产运动中开展了生产竞赛、劳模运动,以及改造"二流子"运动等,树立了吴满有、赵占魁、杨朝臣、郭凤英等典型,特别还有在南泥湾实现生产自给的八路军359旅。1939年3月18日,毛泽东等在发给八路军、新四军各政治机关的电报中指出,收集和宣传八路军、新四军民族英雄事迹,对外宣传与对内教育均有重大意义。③ 1942年4月30日,《解放日报》在头版头条刊登了农业劳动模范吴满有"连年开荒收粮特多"的消息,并配发题为《边区农民向吴满有看齐》的社论,同时在第二版配发记者莫艾德采访手记《模范英雄吴满有是怎样发现的》。普通民众上了中央党报的头版头条,这在中国报刊业务史上是破天荒的事情,充分发挥了人物典型的引导作用。据方汉奇主编的《中国新闻事业通史》中的统

---

① 中共中央宣传部办公厅、中央档案馆编研部:《中国共产党宣传工作文献选编:1937—1949》,学习出版社1996年,第266—268页。
② 中共中央文献研究室、新华通讯社:《毛泽东新闻工作文选》,新华出版社2014年,第47页。
③ 中共中央文献研究室、新华通讯社:《毛泽东新闻工作文选》,新华出版社2014年,第54页。

计,仅 1943 年上半年,《解放日报》上出现的模范人物多达 600 名,有关南泥湾和南区合作社的新闻报道达 40 余条。其中包括 1943 年 1 月西北局高干会议表彰的 359 旅旅长王震、385 旅旅长王维舟、三边司令员贺晋年、保安司令员王世泰和关中地委书记兼专员习仲勋等 22 位生产工作模范。[①] 榜样人物及其典型报道所发挥的激励引导力量非常巨大,有效推动了大生产运动持续发展。典型报道不在其有多大的新闻价值,重要的是它的动员意义。正如学者周海燕指出:典型报道并不仅仅是一种文本类型的新闻生产结果,在它的背后,是一种极具影响力的政治动员方式。[②]

党充分挖掘地方传播资源,建立有效的"在地"动员形态。延安时期,因地制宜地使用媒介进行"在地"动员,成为延安抗战社会动员的重要方式。在《中宣部关于党的宣传鼓动工作提纲》中就提出,"必须善于使用一切宣传鼓动的方式,从通俗的形式到高级的形式,以及由这种形式过渡,转变到另种形式。要善于采用通俗化的形式,群众所能了解的语言,去进行宣传鼓动工作"[③]。同时,"必须善于使用一切宣传鼓动的工具,熟知它们一切的性能。在近代科学和技术发达的条件之下,许多科学上的成就,都应该运用到宣传鼓动上来,尤其是近代的印刷业、无线电及电影等等,成为近代宣传鼓动的有力工具"[④]。抗战时期陕甘宁边区物质匮乏,条件简陋,因此党因地制宜地使用版画、戏剧、歌曲等形式进行动员。同时,还充分利用有限的条件创造性地使用电影、广播等新兴媒体,建立了有效的"在地"动员形态,为社会动员发挥了作用。

在地方媒介使用方面,戏剧、秧歌、版画、街头诗等各种民间文艺形式被拿来进行改造,以适应党进行抗战动员的需要。如中共中央宣传部《关于执行党的文艺政策的决定》就指出,戏剧是根据地"文艺工作各部门中……最有发展的必要与可能的……已经证明是今天动员与教育群众坚持抗战发展生产的有

---

① 方汉奇:《中国新闻事业通史 第二卷》,中国人民大学出版社 1996 年,第 766—768 页。
② 周海燕:《话语即权力——大生产运动典型报道中的"新闻生产-政治动员"》,《当代传播》2012 年第 3 期,第 29—31 页。
③ 中国社会科学院新闻研究所:《中国共产党新闻工作文件汇编上》,新华出版社 1980 年,第 106 页。
④ 中国社会科学院新闻研究所:《中国共产党新闻工作文件汇编上》,新华出版社 1980 年,第 106 页。

力武器,应该在各地方与部队中普遍发展"①。戏剧的动员作用非常强大,在延安公开上演的《亡国恨》《秋阳》《放下你的鞭子》《死亡线上》《蹂躏与反抗》等戏剧,都是描写日本帝国主义侵略、欺负中国同胞的,戏剧则通过对这些残酷的蹂躏的展示告诉群众,只有反抗才有出路。②秧歌也被改造为动员群众、宣传抗战的重要形式。如《解放日报》就报道了延安八大群众秧歌队在杨家岭的会演,其中就包括《红军万岁》《红军大反攻》《动员起来》等秧歌,并认为这是"发动群众的有力武器"③。李公朴就指出新秧歌剧"在观众眼前展开的是令人泣下,或是令人发指的血淋淋的人生和战争的实。在这里面还能看出未来的光明远景,和侵略者、反动力量的灭亡。每一出戏中都充满了乡土气息和人民英勇斗争的情绪"④。

版画也是动员的重要媒介,延安版画家以刻刀为武器,创作了大量揭露日本帝国主义侵略暴行、表达全中国人民抗战决心的版画作品。如 1939 年 3 月,"鲁艺木刻工作团"在延安成立,团长胡一川,成员有罗工柳、华山、邹雅、彦涵等,曾去吕梁山、太行山敌后根据地及八路军所在地举办木刻展览。1940 年 4 月,"鲁艺木刻研究班"在延安成立,负责人沃渣、陈铁耕、胡一川、罗工柳,该团体主要活动是宣传全民抗战方针,曾举办"延安首届木刻展览会",编辑出版《木刻集》。1943 年 4 月 25 日,胡乔木在《从春节宣传看文艺的新方向》指出,鲁艺、古元的木刻以及许多美术工作者的街头画,都收到了很大的教育的效果。⑤

街头诗也是抗战动员的重要形式。在 1938 年的《街头诗歌运动宣言》中就提出在印刷、纸张更为困难的情况下,大众街头诗歌(包括墙头诗)运的动目的不但是利用诗歌作为战争的武器,也要使诗歌走向大众化的道路,并强调"一首抗战大众诗比一句政治标语,在某些地方,就更能发挥效力了""街头诗歌运动,就是使诗歌服务抗战"⑥。可见,街头诗成为特殊条件下进行抗战社会

---

① 孙晓忠、高明:《延安乡村建设资料3》,上海大学出版社2012年,第78页。
② 雷铁鸣:《戏剧运动在陕北》,《解放》1937年第8期,第24—26页。
③ 《检阅延安新文艺运动的成果》,《解放日报》1944年2月25日第2版。
④ 李公朴:《华北敌后—晋察冀》,三联书店1979年,第153页。
⑤ 孙晓忠、高明:《延安乡村建设资料3》,上海大学出版社2012年,第73页。
⑥ 林山:《关于街头诗运动》,《新中华报》1938年8月15日。

动员的重要方式。

在电影、广播等新兴媒体使用方面,1940年延安新华广播电台的开播,使大后方和沦陷区拥有几十万架收音机的听众有可能直接听到中国共产党的声音,被国民党统治区的听众称为"茫茫黑夜中的灯塔",成为永不消逝的电波。1938年4月1日,党创办的第一个电影组织"陕甘宁边区抗敌电影社",9月成立延安电影团,总称"八路军总政治部电影团",自此电影社活动自动结束。电影团拍摄了中国共产党第一部纪录片《延安与八路军》,反映了党在延安和华北抗日根据地领导抗日斗争的情景,揭露了日本帝国主义侵略中国的滔天罪行。① 1939年秋,周恩来从苏联回延安时,特地携带一台35毫米移动式放映机和一些苏联影片,如《列宁在十月》《列宁在一九一八》《夏伯阳》等。1942年,周恩来从重庆带回一台16毫米放映机。在延安电影团的推动下,夜幕下免费观看电影成为延安人民群众的奢侈享受和文化怯魅。在手摇发电机的烘托下,电影放映工作人员现场配音解说,仍然令观众激动不已,电影放映队成为边区最受欢迎的团队之一。党正是通过对这些新兴媒体的使用,来动员群众积极参与抗战。

为了塑造和传递良好的形象,党在对外传播中善于讲述延安故事。由于国民党政府的新闻封锁和妖魔化,长征后红军形象和声誉不为外人所知。党抱着开放、坦诚的态度,很好地借助了国际力量,向外界传递了自己的声音、塑造了自己的形象。在延安《解放日报》的社论《欢迎美军观察组的战友们!》中指出,由于国名党反动派的欺骗政策和封锁政策,把边区封锁得像铁桶似的,一不许共产党发表战报,二不许边区报纸对外销售,三不许中外记者参观,四不许边区内外人民自由往来。② 毛泽东在《论联合政府》中指出,在国民党统治区,同时在国外,由于国民党政府的封锁政策,很多人被蒙住了眼睛。③ 因此,中国共产党积极寻求外国记者的采访报道,精心讲述延安故事,传递延安声音。费正清在《西行漫记》的序中写到,刚好在毛泽东准备让人对自己进行报

---

① 艾克恩:《延安文艺史下》,河北教育出版社2009年,第496—498页。
② 中共中央文献研究室、中央档案馆编:《建党以来重要文献选编 第21册》,中央文献出版社2011年,第469页。
③ 毛泽东:《毛泽东选集》第3卷,人民出版社1991年,第1054页。

道的时候见到了斯诺,《西行漫记》的非凡之处不仅在于第一次对外国人呈现了关于毛泽东等同志的生平与故事,而且极为准确预言了这场鲜为人知的运动的前景。[1] 以毛泽东为代表的党中央总以坦诚的姿态迎接到访的外国记者,对于外国记者的提问,不设禁区,敢于回答,善于讲述中国革命的核心元素,力争破除外国记者的错误认识。斯坦因在《红色中国的挑战》里说,我完全自由地去做调查,行动自由,采访自由,没有不准问的问题,没有被拒绝的答复;毛泽东没有回避我的任何一个问题,他坚定不移的信念是诚实的。[2] 正如在《斯诺文集》中斯诺所言:"他(指毛泽东)时常搁下大堆报告和电报,取消一些会议,以便跟我交谈。"毛泽东获知外国记者组团来西安时,特地在1944年4月30日致电董必武转外国记者:"诸位来延,甚表欢迎","只要政府同意即可动身"[3]。中外记者西北参观团中的武道,在延安采访并与毛泽东交往后,对中国共产党的立场从反对变为同情与理解。这些传播活动,特别是外国记者的新闻稿件经翻译后再在国内出版发行,突破了国民党政府对延安的污蔑与封锁,为中国共产党赢得了国际声望与人民的支持,激发了成千上万名革命志士、爱国人士长途跋涉,奔赴延安,成为抗日战争的重要力量。

五、结语

延安抗战社会动员成为全民族抗战胜利的重要一环,它充分实现了动员的目的,有效拓宽了抗战精神的内涵。随着媒介技术的数字化、网络化发展,今天社会动员的手段、路径已与延安时期大不一样,但延安抗战动员的优良传统并不过时,值得借鉴。2014年9月,习近平在纪念中国人民抗日战争暨世界反法西斯战争胜利69周年座谈会上的讲话中指出,伟大的抗战精神是中国人民弥足珍贵的精神财富,永远是激励中国人民克服一切艰难险阻、为实现中华

---

[1] [美]埃德加·斯诺著,董乐山译:《西行漫记》,外语教学与研究出版社2005年。
[2] [英]斯坦因著,李凤鸣译:《红色中国的挑战》,新华出版社1987年,第4、22页。
[3] 中共中央文献研究室:《毛泽东年谱:1893—1949》(修订本)中卷,中央文献出版社2013年,第510页。

民族伟大复兴而奋斗的强大精神动力。① 2020年9月3日,习近平在《在纪念中国人民抗日战争暨世界反法西斯战争胜利75周年座谈会上的讲话》指出:"在艰苦卓绝的抗日战争中,全体中华儿女为国家生存而战、为民族复兴而战、为人类正义而战,社会动员之广泛,民族觉醒之深刻,战斗意志之顽强,必胜信念之坚定,都达到了空前的高度……中国人民抗日战争胜利是全民族众志成城奋勇抗战的伟大胜利。中国共产党坚持动员人民、依靠人民,推动形成了全民族抗战的历史洪流。"②在中华民族的伟大复兴中,中国人民将会创造更加伟大的辉煌,抗战社会动员的红色基因将会得到更好的继承和充盈。

(李亘,陕西师范大学新闻与传播学院文艺与文化传播学博士生;许加彪,陕西师范大学新闻与传播学院教授、博士生导师)

Forging and Symbol of Yan'an Road: Media Resources Utilization of Social Mobilization in Yan'an Anti-Japanese War

Li Gen　Xu Jiabiao

Abstract: During the War of Resistance against Japanese Aggression, Yan'an became the holy land and center of the people's war of resistance against Japanese aggression despite its barren land and underground culture. Among them, active social mobilization has played the most full effect. The Communist Party of China not only attached great importance to the social mobilization of the Anti-Japanese War, but also built a flexible and practical target design and system, and built a good communication force system. These experiences became an organic part of the Yan'an spirit. Decoding and inheriting these good experiences and red genes can provide strategies and

---

① 习近平:《在纪念中国人民抗日战争暨世界反法西斯战争胜利69周年座谈会上的讲话》,《人民日报》2014年9月4日。
② 习近平:《在纪念中国人民抗日战争暨世界反法西斯战争胜利75周年座谈会上的讲话》,《人民日报》2020年9月4日。

wisdom for national governance and rejuvenation.

Keywords: Yan'an Period; The War of Chinese People's Resistance Against Japanese Aggression; Social Mobilization; Communication Power

王怡然作品选登

　　王怡然,1992年2月生于福建南平。2014年本科毕业于中国美术学院油画系,获学士学位;2017年研究生毕业于中国美术学院油画系,获硕士学位。广西艺术学院美术学院讲师,广西青年美术家协会理事。

那片海　120cm×150cm　布面油画　2019 年

绿洲　120cm×150cm　布面油画　2019 年

对视　140cm×170cm　布面油画　2019 年

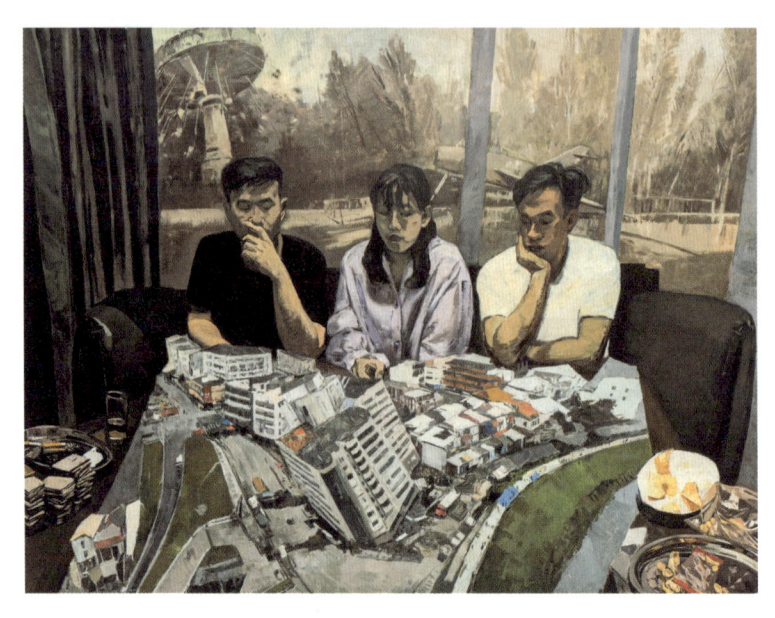

大玩家　130cm×180cm　布面油画　2019 年

夏天的故事　80cm×120cm　布面油画　2020 年

夏天的故事——网红桥　80cm×120cm　布面油画　2020 年

城市绿洲　120cm×150cm　布面油画　2021 年

吴志军作品选登

吴志军，1992年出生于广西百色，广西艺术学院油画系教师。中国美术家协会会员、广西美术家协会会员。

潮已退去·五　200cm×400cm　布面油画　2018年—2019年

正午　200cm×420cm　布面油画　2019年

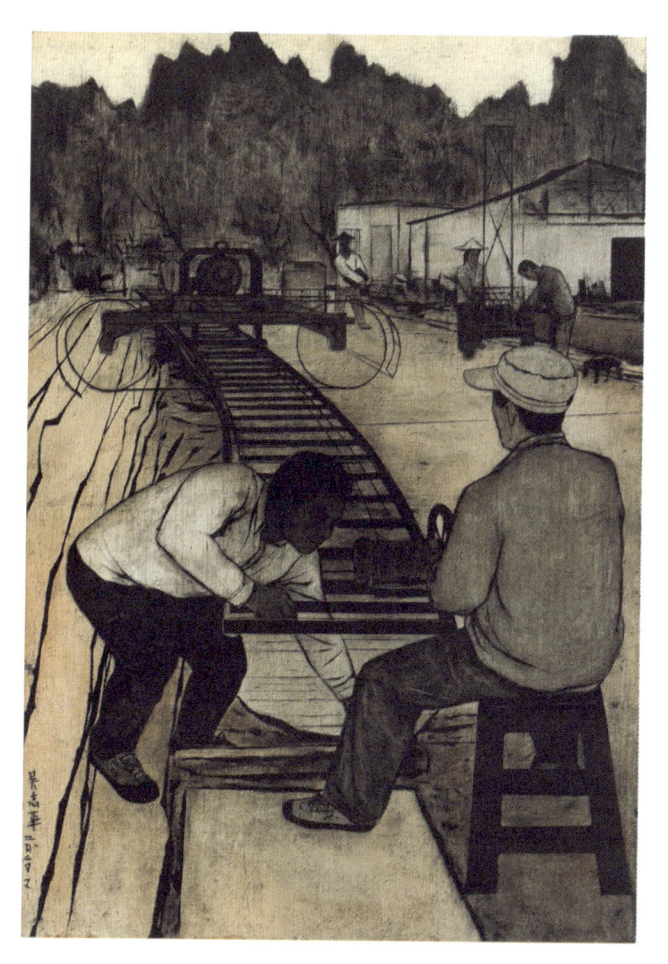

锯木头的人　200cm×140cm　布面油画　2020年

造船的人　200cm×280cm　布面油画　2020年—2021年

拆船港　140cm×200cm　布面油画　2021年

拆船的人　180cm×200cm　布面油画　2021年

编后记

本期的核心话题聚焦于算法。算法本是一个与计算机编程相关的、专业色彩浓厚的概念，但随着人工智能、互联网等技术的深入发展，今天却在各行各业大显神通，广为人知，一个由算法主导的社会俨然而至。当一切皆可为算法时，人们应该如何使用算法就成为一个备受关注的问题。卞清、陈迪的《互联网、智能算法与赛博仇恨：人类的情感干预如何可能？》探讨的是利用算法来消除网络空间的仇恨政治问题。仇恨作为人类最古老的情感之一，在网络空间有着迅速蔓延与激化之势。许多网络科技公司在倍感压力的同时，企图通过算法这一技术来进行干预和控制，但结果却不尽如人意。仇恨干预的实际操作过程，反映出了仇恨情感定义、算法应用与遣散仇恨聚集的困境。由芳、张俊、贺涵甫的《智能算法下构建相互透明的人机共生社会》一文则通过算法驱动人机关系的改变，尝试性地提出可以借由"透明性"界面的设计去增进人机互信和团队合作，进而推动一个和谐的人机共生社会构建。朱晓姝、张波的《从传媒史看算法对广告运营范式的影响》研究了算法在传媒广告发展史中的作用与影响，同时也探讨了算法技术可能给传媒广告运营带来的技术和内容创制两方面风险。宋雪的《AI时代"深度合成"的传播格局重构与技术风险》在指出"深度合成"技术给传播格局带来前所未有的新样态的同时，也存在着信息真伪难辨引发舆论场混乱、加剧社会信任危机等弊端。总之，算法所带来的利与弊,在不同的研究领域和研究者眼中呈现出了不同的样貌,但相同点是人们都意识到了它的巨大现实冲击力与深刻未来影响力,上述各篇论文或许有助于各位方家了解它将何去何从。

"偶像评论"是本刊的经典栏目,也是媒介文化研究的永恒主题之一,本辑围绕当代偶像文化中的新现象——CP文化——刊发了两篇文章。林芳毅的《符号·消费·想象:论CP文化》认为CP文化是符号"软暴力"形塑下的青年亚文化类型之一,磕CP行为透露了青年群体对爱情的强行虚构与消费,在避"重"就"轻"的CP文化想象中,潜藏着人们试图重返古典精神世界建构起爱情家园的愿望。然而,CP文化最终无法挽回已然消逝的浪漫主义,反而导致了精神史中英雄主义溃败的新危机。陈润庭的《中国"磕CP"社群的惯习流变与场域研究》则勾勒了"磕CP"社群进入中国之后由亚文化"圈地自萦"到娱乐资本新宠儿的历史路径,进而追溯了中国"磕CP"群体在场域形成与合并的各阶段中惯习的流变及其动因,使我们得以窥见"磕CP"文化在跨国流动中的复杂面貌。

这一期"新媒介学理"栏目共刊发了5篇文章,值得关注的是陈守湖的《声音景观的流变与地方性知识的调适》。该文以世界非物质文化遗产侗族大歌为研究对象,以声音媒介为依托因素,分析了侗族大歌背后声音景观的更动,富有洞见地指出这些变化表征着侗族族群对现代性的想象和由此做出的主体性文化调适,整个阐释过程细腻丰满且颇具功力,给人以启迪。白紫璇、鲍海波的《小街故事:媒介情境中街景变迁的阐释与反思》,以山西临汾鼓楼街区改造为着眼点,从泛媒介的视角分析了街景变化带来的城市景观变化,反映出城市作为空间媒介在建构过程中产生的种种冲突,构思精巧新颖,颇有可读之处。

在《影像批评》栏目中,桂琳的《二次元青春片:全媒体时代青年文化的电影表达》以"青年异托邦"为关键概念,对一批"二次元青春片"展开了研究,认为它们是观察全媒体时代青年文化乃至整个社会文化的重要窗口。本期《图像与视觉文化》栏目的三篇文章都各有其细腻独到之处。董外平《暴力的三副面孔》以暴力观念为线索,勾勒了十七年文学、新时期先锋文学和批判现实主义文学的三幅不同暴力面孔,令人玩味之余不乏思想的深度。徐书琪的《媒介何为》让我们注意到了图像传播过程中"屏幕"这一物质性存在,以及它在各历史阶段的关键变形和原因,让我们"看见"屏幕作为一种艺术媒介具有自身的表征与意涵,富有创新价值。李亘、许加彪的《延安道路的铸造和表征:延安抗战社会动员的媒介资源利用》分析了中国共产党延安时期如何利用有限的媒介资源来进行高效的社会动员,为党在当代新的历史条件做好国家治理和民族复兴提供了智慧与方略。

最后,本刊编辑部想借此一角向广大作者和读者表达我们的谢意。自2021年本刊成为南大核心辑刊后,得到了学界朋友们的广泛支持与重视,其中突出的一个表现是来稿量激增,我们在备受鼓舞的同时,也感到了身上重重的压力与责任,促使我们不断改进。这一期的一项改进措施是我们重新修改了稿约,规范了投稿的格式和流程,请大家关注并配合,再次感谢大家的厚爱,后续我们一起努力把刊物办好。